Mut zum Risiko

Ich widme dieses Buch

Irene und John
Nancy und Wilfried
Jean und Ian

sowie allen unseren britischen Freunden.

Ohne sie wäre unser Auslandsabenteuer
vielleicht ganz anders verlaufen.

JOHANNES MARIA LUDWIG

Mut zum Risiko

Vier Jahre Großbritannien

Bibliografische Information der Deutschen Nationalbibliothek:
Die Deutsche Nationalbibliothek verzeichnet diese Publikation in der
Deutschen Nationalbibliografie; detaillierte bibliografische Daten sind im
Internet über dnb.dnb.de abrufbar.

© 2022 Johannes Maria Ludwig
Satz, Umschlaggestaltung, Herstellung und Verlag: BoD – Books on Demand,
Norderstedt
ISBN: 978-3-7557-4974-5

Inhalt

Vorwort

Unser vierjähriges Auslandsabenteuer in Großbritannien liegt nun schon viele Jahre zurück. Ich schrieb die Erlebnisse dieser aufregenden Zeit grenzenloser Freiheit nieder, ließ das Ganze aber ruhen. Nach einem aktiven Berufsleben reifte der Gedanke, den Text zu digitalisieren und zu veröffentlichen.

Die technischen Hilfsmittel zur Planung und Realisierung einer solchen Unternehmung haben sich in der Zwischenzeit enorm verändert und das Vereinigte Königreich ist seit dem 31. Januar 2020 kein Mitglied der Europäischen Union mehr. Die Art und Weise, wie wir ein solches Auslandsprojekt mit viel Mut und Eigeninitiative durchführten, kann trotzdem auch heute noch inspirieren.

Wir hatten viel Glück! Aber ohne ein gewisses Risiko einzugehen, hätten wir diesem Glück nie begegnen können. Noch heute haben wir eine ganz besondere Beziehung zu unserem damaligen Gastland, gute Freunde und einzigartige Erinnerungen. All das ist unbezahlbar! Könnte ich einen Abschnitt meines Lebens wiederholen, so würde ich genau diese vier Jahre wählen. Finanziell wären wir heute sicher bessergestellt, hätten wir damals unsere beruflichen Karrieren im eigenen Land begonnen. Doch dann hätten wir all diese wertvollen Erfahrungen und prägenden Erlebnisse nicht machen können und in unserem Freundeskreis würden ein paar sehr wichtige Personen fehlen.

Bei der Überarbeitung des Textes kamen die Erinnerungen derart intensiv zurück, als hätte ich Großbritannien erst vor kurzem verlassen.

Süddeutschland, im Herbst 2021
J. M. Ludwig

Aufbruch von Osnabrück
nach Derby in Großbritannien

Sonntag, 10. März 1985. Wir gehen in der Altstadt von Osnabrück spazieren, die Sonne scheint, es ist mild. Ein ganz gewöhnlicher Sonntagnachmittag, könnte man meinen. Man erholt sich, um fit zu sein für die Herausforderungen einer neuen Arbeitswoche. Doch für meine Frau Marie und mich ist dieser Sonntagnachmittag nicht wie jeder andere, sondern etwas ganz Besonderes. Heute ist nicht nur mein letzter Tag in Osnabrück, sondern auch mein letzter Tag in Deutschland. In wenigen Stunden werde ich zu einer abenteuerlichen Reise aufbrechen. Ziel dieser Reise ist Großbritannien. Während der nächsten Wochen will ich dort Fuß fassen. Das heißt, ich werde versuchen, einen Job und eine Wohnung zu finden. Vorerst gehe nur ich, meine Frau wird noch eine Weile in Osnabrück bleiben. Erst wenn die Suche erfolgreich war, wird sie nachkommen. Zwei Jahre wollen wir in Großbritannien leben, arbeiten, unsere Sprachkenntnisse vertiefen und Erfahrung sammeln. Wir planen diesen Auslandsaufenthalt völlig selbständig durchzuführen. Wird uns das gelingen? An Mut und Ehrgeiz mangelt es jedenfalls nicht. Die Entscheidung, ein solches Projekt zu realisieren, fiel vor drei Monaten. Wir haben sie gemeinsam getroffen. Jetzt ist der Zeitpunkt gekommen, den ehrgeizigen Plan auch umzusetzen.

Wir kehren zu unserer Wohnung zurück. Obwohl etwas Außergewöhnliches bevorsteht, bin ich nicht nervös. Vor elf Jahren war ich das letzte Mal in Großbritannien. In der Zwischenzeit wird sich einiges verändert haben. Die Stadt, in die ich reise, heißt Derby. Sie ist die englische Partnerstadt von Osnabrück.

9

Die Region »East Midlands« ist mir vollkommen unbekannt. Für drei Wochen kann ich bei einer Gastfamilie unterkommen, die Vertreterin der Stadt Derby in Osnabrück (Derby Envoy) konnte das arrangieren. Einen Job muss ich mir selbst suchen. Noch zwanzig Minuten bis zur Abreise. Was erwartet mich? Es ist, wie wenn man ein stockdunkles Zimmer betritt und keine Ahnung hat, was sich hinter der Tür verbirgt. Dann ist es Zeit, Abschied zu nehmen und aufzubrechen. Wenn alles gut geht, werde ich Marie in sieben Wochen wiedersehen. Bis dahin hoffe ich sowohl eine Arbeit als auch eine Wohnung gefunden zu haben. Erst wenn das geschafft ist, wird sie ihren aktuellen Arbeitsplatz kündigen und nachkommen. In sieben Wochen, so der Plan, will ich für einige Tage nach Osnabrück zurückkehren, beim Packen helfen und das Auto nach Großbritannien überführen. Doch bis dahin gibt es noch viel zu tun. Ein letzter Kuss, ein letzter Blick zurück. Noch ist Zeit, das Projekt zu stoppen, nichts zu riskieren und weiterzuleben wie bisher. Doch ich kneife nicht! Wir haben alles sorgfältig geplant und vorbereitet, so wird es jetzt auch durchgeführt. Marie lächelt mir zu, dann fällt die Tür ins Schloss. Die Reise in die Zukunft hat begonnen, der Augenblick der Trennung ist vorbei, vor mir liegt die ganze weite Welt! Von der Bushaltestelle aus kann ich Marie noch einmal am Fenster stehen sehen. Sie winkt mir zu. Dann kommt der Bus, ich steige ein, die Fahrt beginnt. Vom Hauptbahnhof aus will ich den Zug nach Hoek van Holland nehmen. Von dort wird mich eine Fähre nach Harwich bringen.

Der Zug verlässt den Bahnhof, rollt vorbei an vertrauten Straßen, Häusern und Landschaften. Melancholie kommt auf. Ich reiße mich zusammen und denke an das Abenteuer, das auf mich wartet. Bald haben wir bekanntes Terrain verlassen. Ich nehme ein Buch zur Hand und beginne zu lesen. Im Augenblick möchte ich einfach nur meine Ruhe, habe keine Lust, mit anderen Reisenden im vollbesetzten Abteil zu sprechen. Ein Buch vor der Nase ist immer der beste Schutz, ungewollter Konversation aus dem Weg zu gehen. Mir direkt gegenüber sitzen zwei Engländer, die sich leise unterhalten. Nach und nach leert sich das Abteil, wir nähern uns der holländischen Grenze. Nachdem diese passiert ist, sind nur noch die beiden Engländer und ich im Abteil. Die zwei sprechen nun lauter. Ich verstecke mich noch immer hinter dem Buch, lese aber schon lange nicht mehr. Sonderbar! Da fahre ich nach Großbritannien, um meine Sprachkenntnisse zu vertiefen, möchte Land und Leute kennenlernen, sitze nun zwei Engländern gegenüber und versuche mit allen Mitteln eine Konversation hinauszuzögern. Sicher ist das die Scheu, den ersten Schritt zu wagen, eine Fremdsprache aktiv anzuwenden. Die beiden blicken hin und wieder zu mir herüber, sprechen mich aber nicht an. Immer öfter sehen sie nun herüber, würden mich gerne etwas fragen. Mit der Zeit finde ich es selbst lächerlich, mir weiter ein Buch vor die Nase zu halten, in dem ich schon lange nicht mehr lese, gebe mir einen Ruck und lege die Literatur beiseite. Nun gibt es keine Barriere mehr zwischen mir und den beiden anderen Reisenden. Wir sehen uns an. Ein freundliches Nicken, ein aufmunterndes Lächeln. Einer der beiden fragt mich, wohin die Reise denn gehe. »Nach Derby, Freunde besuchen«, antworte ich. Na also, geht doch, der erste Schritt ist getan. Wie lange ich denn bleiben wolle, möchte der andere wissen. Soll ich jetzt die Wahrheit sagen? Würde dies vielleicht eine Diskussion über Sinn oder Unsinn eines solchen Vorhabens auslösen? Wie würden die beiden reagieren? Würden sie mich mit Ratschlägen überhäufen, mir vielleicht sogar abraten? Die Situation auf dem britischen Arbeitsmarkt ist aktuell nicht gerade rosig, man findet sicher nur schwer einen Job. Ich entscheide mich für eine Notlüge. »Ich mache drei Wochen Urlaub«, erwidere ich, die beiden sind zufrieden. Sie zeigen mir nun Geschenke, die sie für Freunde und Verwandte gekauft haben, ziehen Wein- und Schnapsflaschen sowie leckere Würste aus ihrem Reisegepäck. Es entwickelt sich ein lebhaftes Gespräch. Ich merke gar nicht, dass ich schon längst meine eigene Sprache verlassen und die meines Gastlandes angenommen habe. Draußen ist es dunkel geworden, Straßenlampen begleiten den Zug. Im Gespräch habe ich sogar die Zeit vergessen, alles geht plötzlich sehr schnell. »Wo sind wir eigentlich?« »Nicht mehr weit von der Küste entfernt.« Hoek van Holland rückt immer näher. Ich fühle mich gut, der erste Test ist bestanden. Ich kommuniziere mit Engländern in deren Sprache, die Verständigung klappt. Das gibt mir den Auftrieb, den ich jetzt so dringend brauche.

Wir erreichen Hoek van Holland, Endstation des Zuges. Von hier aus geht es mit dem Schiff weiter. Meine beiden Reisebegleiter sind nicht zum ersten Mal hier, kennen sich aus. Ich folge ihnen. Wir verlassen den Bahnhof und betreten das Hafengelände. Es geht in Richtung Großbritannien, da wollen die anderen Reisenden ebenfalls hin. Also folge ich ihnen und gelange in eine große Halle. Hier herrscht reges Treiben. Überall stehen Gepäckstücke herum, der Zoll fertigt ab, Pässe werden kontrolliert. Aus Lautsprechern ertönen Durchsagen auf Flämisch und Englisch. Mittlerweile ist es 23 Uhr. Gegen Mitternacht soll das Fährschiff auslaufen. Ich komme ohne Probleme durch den Zoll, muss mein Gepäck nicht einmal öffnen, verlasse das Hafengebäude und sehe zum ersten Mal das Fährschiff, das mich heute Nacht über den Kanal bringen wird. Was für ein beeindruckender Anblick! Vor mir ragt das riesige Schiff hell erleuchtet in den dunklen Nachthimmel. An Bord treffe ich auf Schiffsuniformen, Bullaugen, enge Gänge, internationale Sprachen. In einer Kabine wartet ein reservierter Liegeplatz auf mich, damit ich den ersten Tag in der neuen

Wahlheimat ausgeruht antreten kann. Ein Steward nennt mir die Kabinennummer und beschreibt den Weg dorthin. Ich ziehe los. Über mehrere Treppen gelange ich tief hinein ins Innere der Fähre. Wir sind zu viert in der Kabine. Nachdem meine wenigen Habseligkeiten verstaut sind, kehre ich an Deck zurück. Müdigkeit kenne ich plötzlich nicht mehr, habe im Gegenteil Lust, das Schiff zu erkunden. Die Gänge und Säle beginnen sich zu füllen. In einigen Räumen duftet es angenehm nach Speisen, in anderen mehr nach Alkohol. Viele der jungen Passagiere lassen sich auf Stufen, Böden und in Aufenthaltsräumen nieder, um dort die Nacht zu verbringen. Ich bin froh, einen Liegeplatz in einer Kabine zu haben, in der ich angenehmer schlafen werde als auf dem Boden. Bevor ich dorthin zurückkehre, gehe ich an Deck, um frische Luft zu schnappen. Nach dem Gedränge und der verbrauchten Luft im Inneren der Fähre tut das richtig gut. Ich stehe an der Reling, es ist kurz vor Mitternacht. Viele Lichter erleuchten die gegenüberliegende Seite des Hafens. Dort, wo keine Lichter zu erkennen sind und die Nacht pechschwarz auf uns wartet, muss das offene Meer sein, das wir schon bald überqueren werden. Ich verweile eine Zeitlang hier draußen und genieße die Ruhe. Und wie ich so an der Reling stehe und über das dunkle Wasser blicke, schweifen meine Gedanken zurück nach Osnabrück, zu meiner Frau, die dort zurückgeblieben ist. Schon morgen wird uns nicht nur Land, sondern auch Wasser trennen. Mit einem Mal sehe ich das, was ich verlassen habe. Doch in einem solchen Augenblick der Schwäche darf man Sentimentalität erst gar nicht aufkommen lassen. Man muss sich ganz klar darüber sein, die richtige Entscheidung getroffen zu haben, die es nun zu realisieren gilt. Ich verdränge die Melancholie, blicke fest und entschlossen in die Zukunft, freue mich darauf, Neues zu entdecken. Schon morgen werde ich in Großbritannien sein und in ein paar Tagen mit der Job- und Wohnungssuche beginnen.

Einige Monate später wird Marie nachkommen. Weiter denke ich im Augenblick nicht. Kommt Zeit, kommt Rat!

Es ist bereits nach Mitternacht. Die Schiffsmotoren laufen, es wird bald losgehen. Dann legt das riesige Fährschiff langsam von der Pier ab. Die Motoren dröhnen stärker und wir gleiten sanft in die Dunkelheit hinaus, dem offenen Meer entgegen. In acht Stunden werden wir Harwich erreichen. Noch einmal blicke ich in die Nacht, dem Meer entgegen. Irgendwo da draußen liegt Großbritannien, liegt Derby, das Ziel meiner Reise. Dort leben all die Menschen, die mir jetzt noch unbekannt sind, die ich aber in den nächsten Jahren kennenlernen werde. In diesem Augenblick bin ich voller Zuversicht, fühle mich stark. Packen wir es an, erleben wir dieses Abenteuer! Mit einem Mal fühle ich eine angenehme Müdigkeit. Ein letzter Blick hinaus auf die dunkle See, auf die Gischt, die unser Schiff erzeugt, das jetzt zunehmend an Fahrt gewinnt, dann kehre ich zu meiner Kabine tief unten im Bauch der Fähre zurück. Die anderen Fahrgäste liegen bereits in ihren Kojen und es dauert nicht allzu lange, dann schlafe auch ich ein. Mitten in der Nacht wache ich plötzlich auf. In der engen Kabine ist es warm und stickig. Ganz deutlich ist das leise Geräusch fallender Regentropfen zu vernehmen. Das ist aber völlig unmöglich, denn ich befinde mich hier unten tief im Bauch des Schiffes. Doch es ist deutlich zu hören! Draußen muss es regnen. Sicher handelt es sich bei diesem Phänomen um einen Belüftungsschacht, der das Geräusch fallender Regentropfen von weit oben bis tief ins Innere des Schiffes überträgt. Draußen regnet es also. Hier unten ist es warm. Ich drehe mich zur Seite und schlafe wieder ein.

Montag, 11. März. Um 7 Uhr wird geweckt. Über Lautsprecher erschallt die Durchsage, dass wir bald in Harwich einlaufen. Ich ziehe mich an, packe und gehe nach oben. Überall drängen sich Menschen auf den Gängen, schon bald gibt es kein Durchkommen mehr. Ich schiebe mich, so weit es geht, nach vorne, dem Ausgang entgegen, bleibe aber im dichten Gedränge stecken und warte wie alle anderen darauf, dass die Türen geöffnet werden. Bevor ich stecken bleibe, kann ich mich jedoch bis zu einem Fenster nach vorne kämpfen, um einen ersten Blick auf die englische Küste zu erhaschen. Ich erkenne von Hecken umrandete Wiesen, ein paar vereinzelte Häuser und Bäume. Es ist 8 Uhr, der Himmel klar, es scheint ein schöner Tag zu werden. Jetzt erschallen Hinweise, auf welcher Seite wir anlegen, welche Türen auf welchem Deck zu benutzen sind, und was man sonst noch so alles wissen muss, um an Land zu gehen. Es dauert trotzdem ziemlich lange, bis es endlich losgeht. Alle drängen und schieben, als ob es etwas zu gewinnen gäbe! Über eine Anlegerbrücke gelange ich in die Abfertigungshalle mit der Pass- und Zollkontrolle. Es gibt drei Reihen. Die linke ist für Reisende mit britischen Pässen, die mittlere für EU-Bürger, und die rechte für alle anderen Nationalitäten. Ich reihe mich bei EU-Bürger ein und werde zügig abgefertigt. Der Beamte wirft nur einen kurzen Blick auf meinen Personalausweis, nickt freundlich, dann bin ich eingereist. Wie in Hoek van Holland fahren die Züge auch in Harwich bis fast ans Schiff heran. Ich muss nicht weit laufen. Über eine Treppe gelange ich an eine Absperrung, ein Bahnbediensteter kontrolliert die Fahrkarte, dann bin ich auf dem Bahnsteig. Der Zug von British Rail steht schon bereit. Es sind nicht allzu viele Personen in den Waggons, kein Vergleich mit dem Gedränge auf dem Schiff. Nach kurzer Zeit setzen wir uns in Bewegung, verlassen das Hafengelände. Es ist 9 Uhr. Fünf Stunden Fahrt liegen nun vor mir, ich sollte Nottingham gegen 14 Uhr erreichen. Ein letzter Blick zurück zum Hafengebäude, über welches das riesige Fährschiff hinausragt, mit dem ich gerade angekommen bin. Der Zug ruckelt gemächlich an der Küste entlang. Ich blicke aus dem Fenster, sehe Boote, die von der Ebbe auf Grund gelegt wurden. Schon bald verlassen wir die Küste und rollen landeinwärts. Erster Halt in Ipswich. Dann geht es weiter an der Kathedrale von Ely vorbei in Richtung East Midlands, Nottingham entgegen. Die Sonne scheint, der Himmel ist strahlend blau. Das wird ein wunderschöner Tag, ideal für den Beginn eines außergewöhnlichen Projekts. Wir durchfahren eine Landschaft, die mich an das norddeutsche Tiefland erinnert. Der Südosten Englands ist flach, Kanäle durchziehen das Land, weite Äcker und Felder begleiten uns. Nach zwei Stunden wird das Land hügeliger, auf grünen, von Hecken umrandeten Wiesen grasen Schafe. Vor meinem Fenster gleitet eine typisch englische Landschaft vorbei, wie aus dem Erdkundebuch. Der friedliche Eindruck der sanften Hügel wird durch den strahlend blauen Himmel noch verstärkt. Ich bin froh, hier zu sein, habe das positive Gefühl, die richtige Entscheidung getroffen zu haben. In Nottingham will mich der Onkel eines englischen Bekannten vom Bahnhof abholen und zu meiner Gastfamilie nach Derby fahren. Wie der Mann aussieht, weiß ich nicht. Er hat jedoch ein Bild von mir. Irgendwie werden wir uns schon treffen.

Wir nähern uns Nottingham. Aufmerksam blicke ich aus dem Fenster, betrachte die Gegend neugieriger. Das hier wird für die nächsten Jahre unsere neue Heimat. Der Zug fährt in den Bahnhof ein. Ich bin nervös, nun wird es ernst! Hoffentlich treffe ich den Mann, der mich abholen soll. Jetzt beginnt das Abenteuer erst richtig! Doch in einer solchen Situation bleibt man am besten gelassen. Denke ich an mein Hochschulexamen, so weiß ich, dass ich schon so manche kritische Situation gemeistert habe. Dagegen ist das hier doch nur ein Kinderspiel, versuche ich mich zu beruhigen. Es hilft. Da bin ich also, habe den Zug verlassen, stehe auf dem Bahnhof von Nottingham. Für eine Stadt mit rund 300.000 Einwohnern ist er ziemlich übersichtlich. Aber das interessiert im Augenblick weniger. Vielmehr sehe ich mich nach einem Mann um, der vielleicht seinerseits nach mir Ausschau hält. Die übrigen Reisenden, die hier ausgestiegen sind, haben mich längst überholt und sind über eine Treppe im Bahnhofsgebäude verschwunden. Ich stehe allein mit meinem Gepäck auf dem Bahnsteig, wie bestellt und nicht abgeholt. In diesem Augenblick verlässt mich dann auch noch der Zug, der sich langsam wieder in Bewegung setzt und an mir vorbeizieht. Nachdem das Dröhnen der Dieselmotoren verklungen ist, herrscht eine große Stille. Wo ist nun der Mann, der mich abholen wollte? Langsam dürfte er aufkreuzen. Aber niemand lässt sich blicken. Es hat keinen Sinn, weiter auf dem Bahnsteig herumzustehen, mir sollte lieber etwas einfallen. Vielleicht wartet er ja im Inneren des Bahnhofsgebäudes. Ich nehme das Gepäck auf, drehe mich noch einmal um, vergewissere mich, dass wirklich niemand nach mir Ausschau hält, und laufe zur Treppe. Als ich diese emporsteige, erkenne ich am oberen Ende eine strategisch günstig positionierte Person, die auf jemanden zu warten scheint. Vielleicht auf mich? Das wird sich ja gleich herausstellen. Der Mann muss mich ja kennen, denn er hat ein Bild von mir. Ist er es? Er ist es! Er hat mich schon erkannt. Das war sicher nicht sehr schwer, denn wir beide sind im Moment die einzigen Menschen, die sich noch in der Nähe des Bahnsteigs befinden. Er begrüßt mich, fragt, wie die Reise war. Ich bedanke mich für das Abholen, finde ihn sympathisch. Wir laufen zum Parkplatz. Beim Einsteigen schaut er mich überrascht an und meint, ob ich fahren wolle. »Ich, wieso? Sieht es etwa so aus?« Der Mann hat Recht, es sieht wirklich so aus, als ob ich fahren möchte. Wer auf der Fahrerseite einsteigen will, der hat sicher auch die Absicht zu fahren. Dies ist meine erste Begegnung mit dem Linksverkehr.

Natürlich will ich nicht fahren,»um Gottes Willen, nein!« Ich wechsle schnell auf die andere Seite und steige links ein. Wir fahren zum Wohnhaus des Mannes in einem Vorort von Nottingham. Hier gibt es fast nur Einfamilienhäuser mit Gärten. An den Linksverkehr muss ich mich erst noch gewöhnen. Zum Glück bin ich nur Beifahrer! Vor allem beim Abbiegen habe ich jedes Mal den Eindruck, auf der falschen Seite zu sein. Kommt uns dann auch noch ein anderes Fahrzeug entgegen, befürchte ich das Schlimmste. Im Haus bekomme ich dann meine erste »cup of tea« angeboten. Während wir gemütlich Tee trinken, unterhalten wir uns. Nach einer guten Stunde wird es Zeit, nach Derby aufzubrechen. Schließlich wartet dort eine Gastfamilie auf mich. Wieder betrachte ich aufmerksam die Gegend. Im Süden erkenne ich mehrere Kraftwerke, ansonsten ist die Landschaft sehr grün.

Wir erreichen Derby, umfahren das Zentrum und gelangen nach Darley Abbey. Die Spannung steigt, bald erreichen wir das Ziel. Wie werden die Mitglieder meiner Gastfamilie wohl aussehen? Wie wird das Haus sein? Wie werde ich aufgenommen? Alles Fragen, die mich jetzt beschäftigen, auf die ich sicher schon in wenigen Minuten eine Antwort bekomme. Wir biegen in eine Seitenstraße ab, fahren durch ein angenehmes Wohnviertel mit großen Häusern und prächtigen Gärten. Nach einer Weile biegen wir links in eine Einfahrt, der Wagen kommt vor einem schmucken Haus zum Stehen. Wenn nun meine Gastfamilie genauso wunderbar ist, wie das hier alles aussieht, dann kann ich äußerst zufrieden sein. Wir steigen aus und laufen durch den Garten. Unser Kommen wurde bereits bemerkt, die Tür ist geöffnet, ich werde erwartet. Eine Frau mit sehr freundlicher Ausstrahlung begrüßt mich. Auch sie kennt mich von einem Foto. Der Mann aus Nottingham bleibt nicht lange, gibt mir seine Telefonnummer, verabschiedet sich und geht. Die Frau, sie heißt Irene, zeigt mir mein Zimmer. Es ist geräumig und bietet einen herrlichen Blick über den großen Garten hinter dem Haus. Stille! Zum ersten Mal seit vielen Stunden herrscht Ruhe. Irene arbeitet unten in der Küche, ich bin hier oben alleine im Zimmer, stehe am Fenster und schaue hinaus. Mein Blick schweift über den Garten hinunter in ein breites Tal und wieder hinauf zu den Häusern eines Wohnviertels auf der anderen Seite. Alles hier sieht irgendwie anders aus als Zuhause. Die Häuser, deren Fenster, die Kirchtürme, ja sogar die Bäume und Wiesen sehen anders aus, als ich das gewohnt bin. Es riecht anders, schwer zu beschreiben, aber es riecht hier tatsächlich anders. Ich bin nun mal in einem anderen Land und da sind viele Dinge einfach anders. Während der nächsten Wochen werde ich diese Unterschiede sicher noch mehr als genug erfahren. Jetzt muss ich all diese neuen Eindrücke auf mich wirken lassen, mich langsam an sie gewöhnen. Eine positive Einstellung all dem Neuen gegenüber bringe ich auf jeden Fall mit, und das ist bei einem solchen Projekt äußerst wichtig. Nachdem ich mit dem Einräumen, dem Nachdenken und dem »aus dem Fenster schauen« fertig bin, gehe ich nach unten in die Küche. Irene bietet mir eine Tasse Tee an und fragt, ob ich anschließend mit ihr in die Stadt gehen möchte. Dies wäre eine gute Gelegenheit, den Weg ins Stadtzentrum kennenzulernen, sodass ich mich morgen bereits alleine zurechtfinden könne. Ich sage zu. 15 Minuten später sind wir bereits auf dem Weg. Hatte ich gehofft, wir würden den Wagen oder wenigstens den Bus nehmen, so werde ich enttäuscht. Eine Fahrt in der oberen Etage eines Doppeldeckerbusses hätte mir jetzt schon gefallen, doch wir laufen. Warum eigentlich nicht? Das Wetter passt und der Weg durch den Darley Abbey Park hat auch seine Reize. Beim Überqueren der Straßen werde ich erneut mit dem Linksverkehr konfrontiert. Konsequent blicke ich in die falsche Richtung, bevor ich die Fahrbahn betrete.

Statt nach rechts, schaue ich automatisch zuerst nach links. Aller Anfang ist schwer! Als Erstes besuchen wir die Stadtbücherei, Irene hat einige Bücher abzugeben. Bei dieser Gelegenheit könnte ich mir doch gleich eine Benutzerkarte ausstellen lassen. Sicher möchte ich während der nächsten Jahre das ein oder andere Buch ausleihen und dazu bräuchte ich eine solche Karte. Ich gebe also meine Personalien zu Protokoll. Mit einer nagelneuen Benutzerkarte der Stadtbücherei geht es dann weiter. Aufpassen beim Überqueren der Straßen! Linksverkehr! Ich mache es immer noch konsequent falsch. Zum Glück passiert nichts. Irene hält mich jedoch oft am Arm zurück, sonst hätte ich heute viele Autos zum Bremsen oder mich unter die Räder gebracht.

»Job Center«, schwarze Buchstaben auf orangem Grund. Mit diesem Logo werde ich in den nächsten Tagen noch öfters zu tun haben. Wir biegen von der Stadtbücherei aus um ein paar Ecken und stehen jetzt direkt vor dem Job Center. Irene wollte mir das Gebäude nur kurz von außen zeigen, damit ich in den nächsten Tagen weiß, wohin ich gehen muss. Aber da wir nun schon einmal hier sind, Zeit haben und das Center noch nicht geschlossen ist, warum nicht bereits heute mal reinschauen? Gesagt, getan! Schon sind wir drinnen. Warum etwas auf morgen verschieben, was heute bereits erledigt werden kann? Diesen Grundgedanken hielt ich in den kommenden Jahren oft ein und bin stets gut damit gefahren. Wir steigen die Treppe empor und betreten ein Großraumbüro. An mehreren Schreibtischen sitzen Mitarbeiter. Nach einer Weile komme auch ich an die Reihe. Die Sachbearbeiterin nimmt meine Personalien auf, fragt nach Ausbildung, beruflichem Werdegang, welche Tätigkeit ich in Großbritannien ausüben möchte. Ob ich Papiere besäße, um hier arbeiten zu dürfen? »Welche Papiere?« Da Großbritannien Mitglied der Europäischen Union sei, wäre für mich als EU-Bürger keine Arbeitserlaubnis erforderlich, erwidere ich. Die Reaktion kann ich in den nächsten Wochen, Monaten, ja sogar Jahren, noch des Öfteren beobachten. Sie schaut mich an, überlegt und stellt dann fest, dass Großbritannien ja tatsächlich ein Mitglied der EU sei und ich daher Recht hätte, mit der Behauptung, keine extra Papiere zu benötigen. Ich bin überrascht! Hat sie das denn vorher wirklich nicht gewusst oder nie darüber nachgedacht? Dieser Punkt ist somit abgeklärt, besondere Arbeitspapiere brauche ich nicht. Habe ich eine Arbeit gefunden, könne ich diese in Großbritannien ausüben. Das aktuelle Problem ist lediglich, zuerst einmal eine Arbeit zu finden, und deshalb bin ich ja hier im Job Center. Wird man mir hierbei helfen können? Oder werde ich nur registriert? Nachdem die Personalien aufgenommen sind, teilt man mir mit, ich solle morgen um 11 Uhr wiederkommen. Dann könne ich mich mit einer Mitarbeiterin intensiver über Jobs unterhalten. Ich erhalte eine Karte mit Uhrzeit und dem Namen der Fachberaterin. Das war es dann auch schon für heute. Irene tätigt noch einige Einkäufe, dann kehren wir nach Hause zurück. Das Wetter ist herrlich! Der Rückweg erscheint mir viel kürzer als der Hinweg. Zuhause angekommen, verspüre ich eine große Müdigkeit. Das Laufen, die Konversation in der Fremdsprache, das alles verlangt nun seinen Zoll. Ich ziehe mich auf mein Zimmer zurück, lege mich hin und versuche die vielen Eindrücke, die im Moment auf mich hereinstürzen, so gut es geht, zu verarbeiten. Eine halbe Stunde später werde ich zum Abendessen gerufen. Nach den Wundern des englischen Straßenverkehrs soll ich nun auch noch in die Geheimnisse der englischen Küche eingeweiht werden. Hoffentlich ist das nicht zu viel des Guten auf einmal! Doch es folgt eine angenehme Überraschung! Irene ist eine gute Köchin. Heute Abend gibt es Roast Beef, Roast Potatoes, knackiges Gemüse und frischen Salat. Es sieht sehr appetitlich aus und schmeckt vorzüglich. Der schlechte Ruf, den die englische Küche auf dem Kontinent genießt, trifft hier und heute überhaupt nicht zu. Die Speisen vor mir auf dem Tisch sind gesund, lecker und schmecken. Ich habe einen Bärenhunger! Eigentlich sollte ich beim Abendessen Irenes Mann John kennenlernen, der aber beruflich heute Abend zu einem Meeting musste. Also werde ich ihn erst morgen beim Frühstück kennenlernen.

Ich bin sehr müde, der Tag war anstrengend. Bevor ich jedoch zu Bett gehe, möchte ich noch kurz meine Frau anrufen, um ihr zu sagen, dass ich gut angekommen bin. Ich frage Irene nach einer nahen Telefonzelle, denn ich will nicht gleich am ersten Tag von ihrem Apparat aus ein Auslandsgespräch führen. Ein paar Meter die Straße hinunter befinde sich eine Telefonzelle. Ich mache mich auf den Weg, draußen ist es bereits dunkel. Ich laufe ein Stück die Straße entlang und halte nach einer dieser roten, typisch britischen Telefonzellen Ausschau. Weit muss ich wirklich nicht laufen, dann stehe ich vor einer solchen Zelle. Leider lässt sich von hier aus keine Auslandsverbindung herstellen. Da bleibt mir also nichts anderes übrig, als zurückzukehren und Irene doch zu bitten, ihren Hausapparat benutzen zu dürfen. Natürlich lässt sie mich telefonieren. Jetzt klappt die Verbindung. Ich spreche kurz mit Marie, die Moral auf beiden Seiten des Kanals ist gut. Dies war nun endgültig die letzte Tat für heute. Ich wünsche eine gute Nacht und ziehe mich auf mein Zimmer zurück. Keine zehn Minuten später liege ich auch schon in den Federn. Trotz der Müdigkeit fällt mir das Einschlafen schwer, zu viel geht mir durch den Kopf! Die neuen Eindrücke müssen erst einmal verarbeitet werden. Die Fremdsprache, das Gefühl, weit von der alten Heimat entfernt zu sein, die neuen Menschen, die ich kennengelernt habe, das Ungewisse, das vor mir liegt. Was geht mir heute Abend nicht alles durch den Kopf. Ich liege wach, von draußen dringt fahles Licht durchs Fenster. Ich blicke auf mein bisheriges Leben zurück, denke an das Erreichte der letzten Jahre und die Entscheidung, nach Großbritannien überzusiedeln. Vier Jahre ist es nun her, dass ich meinen Heimatort verlassen habe, um im Saarland zu studieren. Über drei Jahre lebte ich dort zusammen mit Marie. Nach Abschluss des Studiums der Wirtschaftswissenschaften heirateten wir im Sommer 1983 und zogen Anfang 1984 nach Osnabrück. Dort war ich ein Jahr lang im Außendienst tätig. Nebenbei besuchte ich am Abend einen Englischkurs. Der Dozent kam vor 14 Jahren nach Deutschland, um hier ein paar Jahre zu leben, zu arbeiten, seine deutschen Sprachkenntnisse zu verbessern. Er begann mit einfachen Jobs, arbeitete eine Zeitlang bei einer Transportfirma, stieg auf und wurde Lehrer an einer Sprachschule. Heute besitzt er sein eigenes Sprachinstitut und übersetzt für lokale Industrieunternehmen. Es geht ihm gut. Warum, so dachte ich, könnte mir das umgekehrt nicht auch gelingen? Die Idee, ins Ausland zu gehen, behielt ich anfänglich für mich. An einem Abend im November 1984 fragte ich Marie, was sie von der Idee halten würde, für zwei Jahre nach Großbritannien überzusiedeln. Ich erwartete Skepsis. Immerhin hatten wir etwas zu verlieren. Marie arbeitete als Sekretärin an der Universität, ich verdiente gut im Außendienst und konnte einen Firmenwagen nutzen. Sie sah mich an und meinte:»Warum nicht.« Von diesem Augenblick an wusste ich, dass auch sie an einem solchen Abenteuer Interesse habe. Nun gab es kein Halten mehr. Ich plante, organisierte und realisierte dieses Projekt. Im Januar 1985 kündigte ich. Jetzt gab es kein Zurück mehr! Gestern nun machte ich mich auf den Weg und jetzt bin ich hier, in Großbritannien, bei einer Gastfamilie. Ab morgen wird es ernst! Jetzt gilt es, die Theorie in die Praxis umzusetzen. Zuerst einmal muss ich einen Job finden, dann eine Wohnung. Aber das macht mir im Augenblick keine Sorgen. Ich fühle mich stark, verlasse mich auf die eigenen Fähigkeiten, bin überzeugt, dass ich etwas finden werde. Vom vielen Nachdenken bin ich nun doch müde geworden.

Dienstag, 12. März. Da ich erst spät eingeschlafen bin, ruhe ich heute Morgen etwas länger und erscheine spät am Frühstückstisch. Somit werde ich John erst heute Abend kennenlernen. Nach dem Frühstück mache ich mich auf den Weg in die Stadt, um den für 11 Uhr vereinbarten Termin im Job Center wahrzunehmen. Den Weg dorthin konnte ich bereits gestern auskundschaften. Es ist ein sonniger Morgen, ich stecke voller Tatendrang. An einem solch herrlichen Tag kann nichts schiefgehen! Ich finde das Job Center ohne Probleme und muss dank des Termins nicht lange warten. Die Fachberaterin ist nicht überfreundlich, aber korrekt. Als Ausländer konkurriere ich mit vielen lokalen Arbeitslosen. Vielleicht macht es für sie keinen Sinn, mir, einem Deutschen, bei der Jobsuche zu helfen, während viele ihrer Landsleute ebenfalls Arbeit suchen. Ich nehme es ihr nicht übel. Ich werde einen Job finden! Auch wenn er noch so dreckig und hart ist, ich werde hierbleiben! Meine persönlichen Daten werden komplettiert, danach ist ein Fragebogen auszufüllen. Nachdem alles vorschriftsmäßig notiert ist, informiert sie mich, dass ich für die nächsten drei Monate sowohl in Derby als auch in Nottingham als arbeitssuchend registriert sei. Sollte ein Jobangebot auftauchen, welches für mich in Frage komme, würde ich schriftlich benachrichtigt. Das war's, mehr kann ich nicht erreichen. Hatte ich geglaubt, ich könne bereits heute einen Job ergattern, so war das naiv! Trotzdem leidet meine positive Einstellung nicht. Ich werde etwas finden, davon bin ich noch immer fest überzeugt! Es ist kurz vor 12 Uhr. Ich verlasse das Job Center und gehe auf Entdeckungsreise in dieser mir völlig unbekannten Stadt. Im Shopping-Center esse ich eine Kleinigkeit in einem Self-

Service-Restaurant, sehe mir danach die Auslagen der Schaufenster an, kaufe mir eine lokale Zeitung und trete langsam den Rückweg an. Im Darley Abbey Park setze ich mich ans Ufer des Derwent Rivers, stecke meine Nase in die Zeitung und genieße den Sonnenschein, die Ruhe, die Flusslandschaft, einfach alles. Dabei überfliege ich die Stellenanzeigen unter der Rubrik »Job Vacancies«. Wer wird gesucht? Sales-Staff, Bar-Keeper, Cleaner, Temps (zeitlich befristete Aushilfskräfte). Ich sollte mir erst einmal genau erklären lassen, was sich hinter all diesen Job-Bezeichnungen verbirgt. Zuhause bietet mir Irene eine Tasse Tee an, dann gehen wir gemeinsam die Stellenanzeigen durch. Irene meint, es sei heute nichts Besonderes dabei, vor allem nichts, was für mich in Frage komme. Mir fällt die Bezeichnung »Employment Agency« auf, und ich frage nach. Employment Agencies seien private Arbeitsvermittler, die für Unternehmen Personal suchen. Vielleicht wäre es keine schlechte Idee, diese Agenturen in den nächsten Tagen einmal zu besuchen, um mich persönlich zu erkundigen, welches Personal mit welcher Qualifikation derzeit gesucht werde. Gleich morgen könnte ich damit beginnen, die Adressen entnehme ich dem Telefonbuch. Nun habe ich großen Hunger, denn außer dem Frühstück plus etwas Fast-Food habe ich nichts im Magen. Beim Abendessen treffe ich dann auch John, Irenes Mann. Heute war ein anstrengender Tag, ich bin sehr müde. Meine Gasteltern nehmen es mir nicht übel, dass ich bereits früh zu Bett gehen möchte, zumal ich mir für morgen viel vorgenommen habe. Ein Besuch bei den »Employment Agencies« erscheint mir sehr vielversprechend. Sie arbeiten erfolgsorientiert. Also werden sie sich auch mehr anstrengen als zum Beispiel das Job Center. Morgen weiß ich sicher mehr. Heute Abend habe ich keine Probleme mit dem Einschlafen. Kaum liege ich im Bett, bin ich auch schon im Reich der Träume.

Mittwoch, 13. März. Ich bin zeitig auf den Beinen und brenne regelrecht darauf, mein Glück bei den Agenturen zu versuchen. Wieder laufe ich in die Stadt. Mittlerweile kenne ich den Weg schon ziemlich gut. Ich muss auch nicht lange suchen, bis ich die erste Agentur gefunden habe. »Service on a plate« heißt deren Devise. Über eine Treppe gelange ich in den ersten Stock eines alten Hauses, öffne eine Tür, trete ein, stehe in einem kleinen Büro, niemand ist anwesend. Ich räuspere mich einmal, zweimal. Ein Mann erscheint. »What can I do for you«, fragt er. Wie wäre es zum Beispiel mit einem Jobangebot? Doch so schnell geht das auch hier nicht. Er überfliegt meinen Lebenslauf, ich übergebe ihm Kopien meiner Zeugnisse. Er vertieft sich darin und behauptet, er verstünde etwas Deutsch. Besonders freundlich ist er nicht. Das Büro sieht auch nicht gerade aufgeräumt aus, außer ihm scheint niemand anwesend zu sein. Nach einigem Nachdenken meint er, er werde die Unterlagen behalten. Sollte etwas Passendes reinkommen, würde er mich benachrichtigen. Ich nenne ihm meine derzeitige Adresse sowie Telefonnummer, mehr tut sich bei dieser Agentur nicht. Das war leider kein guter Anfang, aber es gibt ja noch mehr von diesen Jobvermittlungen. Nur nicht entmutigen lassen. Die nächste ist sicher besser! Ich frage mich zur zweiten Adresse durch, ein Mann beschreibt mir den Weg. Trotz des starken Akzents verstehe ich ihn. Das motiviert, jedes noch so kleine Erfolgserlebnis ist jetzt wichtig. Die zweite Agentur residiert in einem Bürohaus. Die Räumlichkeiten sind modern, schon beim Eintreten bin ich angenehm überrascht. Die junge Frau am Empfang ist sehr freundlich. Ich solle einen Augenblick warten, gleich komme jemand. Es dauert auch nicht lange, dann werde ich abgeholt. Zuerst einmal muss ich einen Personalbogen ausfüllen. Etwas Geduld müsste ich schon haben, lässt man mich wissen. Ich würde benachrichtigt, sobald sich etwas ergebe. Vor allem aber solle ich jeden Tag in der Zeitung

»Evening Telegraph« die Stellenanzeigen der Agentur studieren und bei Interesse sofort anrufen. Details dieser Stellenangebote würden nur an Personen weitergegeben, die bei der Agentur registriert sind. Die Registrierung sei kostenlos. Mehr ist auch hier nicht zu erreichen. Ich habe mir die Erfolgsaussichten bei diesen Agenturen rosiger vorgestellt. Aber es bleiben für heute ja noch zwei weitere Adressen. Wer weiß, vielleicht wendet sich das Blatt doch noch. Es ist Mittagszeit und ich verspüre Hunger. Wie gestern gehe ich wieder in das Einkaufszentrum und esse im gleichen Fast-Food Restaurant. Gegen 13 Uhr mache ich mich auf die Suche nach der dritten Agentur. Plötzlich überkommt mich eine erste Panikattacke! Vielleicht lässt sich das Auslandsprojekt doch nicht so einfach realisieren wie geplant. Die berühmte Frage spukt in meinem Kopf herum, »Was ist, wenn?« Was mache ich, wenn ich keinen Job finde? Was passiert, wenn sich keine Wohnung finden lässt? Für ein bis zwei Minuten verspüre ich Angst, dass alles scheitern könnte. Die Jobsuche war bis jetzt nicht sehr erfolgreich, die Aussichten, einen Job zu finden, sind alles andere als rosig. Von Irene weiß ich seit gestern, dass es mit Mietwohnungen allgemein schlecht aussieht, da die Briten lieber Häuser kaufen als anmieten. Ein Haus zu kaufen ist für mich im Augenblick unmöglich, so viel Kapital habe ich nicht. Diese trüben Aussichten befeuern das plötzliche Angstgefühl, das mich jetzt mitten in der Stadt völlig unerwartet trifft. Ich versuche mich zu beruhigen, weiß, dass es kein Zurück mehr gibt. Die Anstellung in Deutschland ist gekündigt, ebenso die Wohnung in Osnabrück. Ich stehe mit dem Rücken zur Wand, könnte zwar nach Deutschland zurückkehren, aber wie würde ich dastehen? Bleibt also nur die Flucht nach vorne. Es fällt mir schwer, positiv zu denken, doch es gelingt. Ich muss die Zuversicht, den Glauben an den Erfolg, auf jeden Fall behalten, sonst werde ich scheitern. Heute ist erst der zweite Tag in Großbritannien, versuche ich mich zu beruhigen. Ich finde die dritte Arbeitsvermittlungsagentur. Der Manager ist freundlich und bittet mich in sein Büro. Ich übergebe meine Unterlagen, informiere ihn über die aktuelle Situation, erkundige mich nach Jobmöglichkeiten. Meine Ausbildung, insbesondere Qualifikationen, scheinen ihn zu beeindrucken. Es müsste möglich sein, meint er dann, mich vermitteln zu können. Er verspricht mir, sich bei einigen Unternehmen zu erkundigen. Der Mann macht einen seriösen Eindruck. Er sagt das sicher nicht nur, um mich schnell wieder los zu werden, sondern sieht vielleicht auch für sich gute Chancen, durch eine erfolgreiche Vermittlung etwas zu verdienen. Er werde mich benachrichtigen. Die Zeugniskopien und den Lebenslauf überlasse ich ihm. Zwar konnte ich auch bei dieser Agentur heute keinen Job ergattern, doch das Gespräch gibt mir enormen Auftrieb. Zumindest hat dieser Mann erkannt, dass ich etwas zu bieten habe. Er war sogar der Meinung, ich sollte einen Job finden. Jetzt nur nicht aufgeben! Der Anflug von Schwäche, die Krise von vorhin, ist überwunden. Ich habe durchgehalten, habe nicht aufgegeben. Ganz im Gegenteil, die Offensive hat eben erst richtig begonnen. Es ist früher Nachmittag. Die vierte Agentur lässt sich nicht finden und ich fühle mich viel zu müde, um weiter zu suchen. Ich sollte nach Hause gehen und zusammen mit Irene die Stellenanzeigen der heutigen Ausgabe der Nachmittagszeitung durchsehen. Dies halte ich für den besten Weg, an Adressen zu kommen. Zuhause gibt es erst einmal eine Tasse Tee. Dann sehen wir in aller Ruhe die Stellenanzeigen durch. Ich bin froh, nicht alleine zu sein. Irene berät mich, welche Anzeigen seriös erscheinen und von welchen ich lieber die Finger lassen sollte. Nach dem Überfliegen der Angebote stellen wir fest, dass heute nur wenig wirklich Interessantes dabei ist. Einige Angebote könnten es aber wert sein, bei den Adressaten einmal anzurufen. Da ist zum Beispiel die Anzeige einer Schokoladenfabrik, die in Kürze im Umland ein neues

Werk eröffnen wird. Dort werden Arbeitskräfte gebraucht. Da ich bereit bin, jede Art von Arbeit anzunehmen, sollte ich einmal nachfragen. Ich bitte Irene für mich anzurufen, da mir der starke lokale Akzent noch Schwierigkeiten bereitet. Sie tut mir den Gefallen. Man werde mir einen Personalbogen zuschicken, lässt sie mich anschließend wissen. Den solle ich ausfüllen und zurücksenden. Das ist wenigstens ein kleiner Erfolg. Wir entdecken eine weitere interessante Anzeige. Ein Mitarbeiter im Vertrieb wird gesucht. Durch einen Anruf könne man auch hier mehr erfahren. Wieder tut mir Irene den Gefallen und ruft an. Das Ergebnis ist ein Vorstellungstermin für morgen 9 Uhr. Der Tag hört besser auf, als er begann! Ich habe drei Arbeitsvermittlungsagenturen besucht, meine Unterlagen abgegeben, eine erste Motivationskrise überstanden, bekomme in den nächsten Tagen einen Personalbogen zugeschickt und habe morgen Vormittag ein Vorstellungsgespräch. Wenn das nach nur zwei Tagen im Lande kein Teilerfolg ist!

Doch der größte Hit dieses Tages kommt am späten Nachmittag. Ich bin gerade in meinem Zimmer, sitze am Tisch und ordne Adressen und Namen von Agenturen und Firmen, als Irene nach mir ruft. Ich gehe nach unten. Von einer Freundin habe sie soeben erfahren, dass diese eine Zweizimmerwohnung zu vermieten habe. Vielleicht wäre das ja etwas für mich? Wenn ich möchte, könnten wir sofort hinfahren, um die Wohnung anzusehen. Und ob ich das will! Der Tag wird ja immer besser! Keine Viertelstunde später brausen wir mit Irenes kleinem blauen Mini-Cooper zu dieser Wohnung. Wenige Autominuten nördlich von Darley Abbey liegt die kleine Ortschaft Duffield. Dort biegen wir auf eine Nebenstraße ab. Links und rechts der relativ schmalen Fahrbahn reihen sich hübsche »Cottages« (alte, zumeist kleine Häuser aus Natursteinen) aneinander. Irene biegt um eine Kurve, dann sind wir auch schon da. Das Wohnviertel strahlt Ruhe aus. Der erste Eindruck ist positiv. Das Haus, in dem sich die Mietwohnung befindet, ist relativ alt. Zur Straße hin wirkt es eher schlicht, auf der Gartenseite vermitteln große Erkerfenster britisches Flair. Es gibt vier Wohnungen. Das Mietobjekt, das aktuell frei ist, liegt im ersten Stock. Irene trifft ihre Freundin und wir sehen uns gemeinsam die Wohnung an. Blickfang des geräumigen Wohnzimmers ist ein ehemals offener Kamin, in den jetzt ein Gasofen integriert ist. Vom mehrteiligen Erkerfenster aus hat man einen phantastischen Ausblick in den Garten. Direkt vor dem Fenster steht ein mächtiger Kastanienbaum. Ich schließe dieses Zimmer sofort ins Herz! Möbliert wird es hier urgemütlich sein! Dem Wohnzimmer gegenüber liegt die Küche. Ihr Zustand ist ernüchternd! Abgenutzter Boden, betagter Gasherd, der teilweise angesengt ist, nicht gerade ansprechendes Spülbecken. Die Fensterscheibe zur Straße hin hat einen Sprung und ist notdürftig verklebt. Der erste Eindruck der Küche ist nicht gerade positiv. Aber mit etwas Farbe und Reinigungsmitteln lässt sich hier sicher einiges verändern. Über den Gang gelangt man ins Schlafzimmer. Dieser Raum ist in einem extrem schlechten Zustand! Von den Wänden bröckelt der Putz. Laut Vermieterin hätte es Probleme mit dem Dach gegeben, Wasser sei in die Außenmauer eingedrungen. An einigen Stellen klafft ein Spalt zwischen Wand und Bodenleiste. Das Dach, so wird mir versichert, sei nun saniert, die Wände müssten aber noch ausgebessert werden. In diesem Zimmer befindet sich weder eine Heizung noch ein Gasofen. Das Bad ist klein, dunkel und mit einer abgenutzten Tapete verziert, die sich am Rande der Badewanne bereits von der Wand löst. Aber auch hier wirkt ein bisschen Farbe sicher Wunder. Der Mietpreis für diese Zweizimmerwohnung mit Küche und Bad liege aufgrund der gehobenen Wohngegend bei 88 Pfund pro Monat, kalt. Was die Küche, das Bad und vor allem das Schlafzimmer mit den beschädigten Wänden betrifft, habe ich Bedenken. Das urgemütliche Wohnzimmer mit dem herrlichen Ausblick gefällt mir dagegen sehr, sein Flair strahlt Geborgenheit aus. Es ist Liebe auf den ersten Blick! Positiv ist auch die Wohngegend. Der Ort ist ländlich geprägt, dennoch ist die Großstadt Derby mit ihren rund 250.000 Einwohnern nur etwa zehn Kilometer entfernt. Man lebt hier also nicht ganz hinter dem Mond. Der Mietpreis ist für die Lage angemessen. Nun steht die entscheidende Frage an: Werde ich die Wohnung überhaupt bekommen, oder gibt es noch andere Interessenten? Die gibt es! Da aber die Vermieterin Irenes Freundin ist, habe ich eine Art Referenzvorsprung. Diesen Vorteil sollte ich nutzen. Mein Nachteil ist aktuell, dass ich noch keinen Job habe und nicht weiß, wann und vor allem wo ich einen solchen finden werde. Sollte ich in Derby fündig werden, läge die Wohnung günstig. Würde sich jedoch in Nottingham etwas ergeben, wäre der Weg dorthin von hier aus sehr weit. Ich stecke in der Zwickmühle! Die Wohnung gefällt mir. Ich weiß, dass ich bei dem geringen Angebot an Mietwohnungen nicht wählerisch sein darf, jedoch auch vernünftig sein sollte, da ich erst einmal einen Job finden muss. Erst wenn ich weiß, wo ich mein Geld verdiene, kann ich mir in der näheren Umgebung des Arbeitsplatzes eine Wohnung suchen. Würde ich diese Wohnung jetzt verbindlich anmieten, aus Angst, jemand anderes könnte sie mir eventuell wegschnappen, und fände dann einen Job sehr weit von Duffield entfernt, säße ich ganz schön in der Patsche. Was also soll ich tun? Ich versuche es diplomatisch. Auf gar keinen Fall will ich die Wohnung durch unüberlegte Bemerkungen verlieren. Ich spreche also das Problem der Jobsuche an und die Tatsache, dass noch nicht feststeht, wo genau ich arbeiten werde. Ich weiß Irene auf meiner Seite. Sie wird mich sicher unterstützen, sollte ihre Freundin bezweifeln, ob ich mir die Wohnung überhaupt leisten kann. Die Rechnung geht auf, der Referenzvorteil wirkt. Die Vermieterin versteht meine augenblickliche Lage, ich scheine ihr sympathisch zu sein. Sie ist an Mietern interessiert, die keine Schwierigkeiten machen. Sie werde mir die Wohnung eine Woche lang freihalten. Während dieser Zeit könne ich mich intensiv um einen Job bemühen. Werde ich fündig und noch immer an der Wohnung interessiert, könne ich sie anmieten. Das ist ein fairer Kompromiss! Etwas Besseres hätte ich nicht erreichen können. Jetzt heißt es, möglichst schnell eine Arbeit zu finden, dann winkt auch noch eine Wohnung. Wäre das ein Erfolg! Doch noch ist er nicht da, noch muss ich mir etwas einfallen lassen, um in den nächsten Tagen eine Verdienstmöglichkeit zu finden. Leicht wird es sicher nicht, was die letzten beiden Tage gezeigt haben.

Wieder in Darley Abbey lerne ich den Nachbarn kennen. Er arbeitet bei Rolls-Royce, neben British-Rail aktuell der größte Arbeitgeber in Derby. Vielleicht hat er Beziehungen oder weiß, ob und wo jemand gesucht wird. Jedenfalls könnte er sich einmal erkundigen. Er ist sehr hilfsbereit und verspricht, sich umzuhören. Ich übergebe ihm einen Satz Zeugniskopien plus Lebenslauf und bitte ihn, diese Unterlagen im Unternehmen abzugeben. Er verspricht, dies morgen zu tun. Es ist eine Chance und ich muss jetzt alles versuchen und jede Möglichkeit nutzen. Es geht nun auch um die Wohnung, dessen großes Wohnzimmer mich so fasziniert hat. Dort würde ich so gerne einziehen. Was für ein Tag! Plötzlich merke ich, dass ich todmüde bin. An diesem Abend schlafe ich fast schon vor dem Fernseher ein. Nur mit Mühe kann ich die Augen offenhalten. Es wird Zeit, ins Bett zu gehen, denn morgen wartet ein weiterer erlebnisreicher Tag auf mich, nicht zu vergessen das Vorstellungsgespräch. Die Angst von heute Mittag ist verflogen, die Zuversicht zurückgekehrt. Ich werde auf keinen Fall aufgeben. An diesem Abend schlafe ich schnell ein.

Donnerstag, 14. März. Heute Morgen darf ich auf gar keinen Fall verschlafen, denn um 9 Uhr muss ich in der Stadt sein, um den Vorstellungstermin wahrnehmen zu können. Ein Bus bringt mich ins Zentrum. John hat mir einen Stadtplan gegeben, die Orientierung klappt. Ich biege um die letzte Ecke in die Straße ein, die ich suche. Der Anblick ist trostlos! Die Häuser sind heruntergekommen, bei einigen sind die Fenster zugemauert, bei anderen sind sie vernagelt. Schmutz liegt überall auf dem Gehweg und der Straße. Wo um Himmels Willen soll hier eine einigermaßen seriöse Firma ansässig sein? Hatte ich mir heute Morgen noch viel von diesem Gespräch versprochen, macht sich jetzt Enttäuschung breit. Ein paar Straßen vorher sah es noch ganz verheißungsvoll aus. Dort standen Häuser, in denen man Büros vermuten könnte. Aber dieser Anblick ist ganz ehrlich gesagt niederschmetternd! Am liebsten würde ich sofort umkehren und das Weite suchen. Doch dann reiße ich mich zusammen. Wenn ich schon einmal hier bin, werde ich auch herausfinden, um was für eine Firma und welche Art von Job es sich handelt. Ich laufe weiter, suche die Hausnummer, finde sie an einem Gebäude, das genauso heruntergekommen ist, wie so ziemlich alles in dieser Straße, trete ein und stehe im Halbdunkel. In einer Ecke sitzen ein paar Personen an einem Tisch, ihnen gegenüber befindet sich die Rezeption. Hier kann ich mich anmelden. Ich bin vorgemerkt, die Organisation scheint zu funktionieren. Nach etwa fünf Minuten bittet mich ein Mitarbeiter ihm zu folgen. Wir laufen einen schmalen Korridor entlang und betreten an dessen Ende ein Büro. Was für ein Unterschied zum trostlosen Rest! Dieser Raum kann sich sehen lassen. Teppichboden, Bilder an den Wänden, großer Schreibtisch, Ledersessel. Hinter dem Schreibtisch erhebt sich nun der Mann, der mich zu diesem Interview eingeladen hat, reicht mir die Hand und bittet mich auf einem der Ledersessel Platz zu nehmen. Er stellt sich mir als Geschäftsführer vor, ist ziemlich dick und scheint Goldschmuck zu mögen. Jedenfalls glitzert es an ihm so ziemlich überall. Das lässt mich innerlich auf Distanz gehen. Hier sucht man sicher einen Mitarbeiter, der Kunden irgendein Produkt aufschwatzen soll. Und genau so ist es! Ein Autowaschmittel soll an der Haustüre veräußert werden. Wir reden eine gute halbe Stunde miteinander. Der Mann ist korrekt und höflich. Schon alleine aus dem Grund, dass ich erst seit ein paar Tagen im Lande bin und die Sprache noch nicht fließend beherrsche, um Kunden überzeugen zu können, ist dieser Job für mich ungeeignet. Das sieht auch mein Gegenüber so. Das Gespräch war aber durchaus positiv. Hier wird jemand für eine bestimmte Tätigkeit gesucht und ich wurde zum Gespräch eingeladen.

Es ist fast Mittag, ich esse etwas. Am Nachmittag suche ich das Job Center auf. Dort hängen Karten mit Stellenangeboten an Wandtafeln. Ich lasse mir Zeit, lese möglichst viele der Angebote aufmerksam durch. Vielleicht ist ja auch etwas für mich dabei. Aber ich bin nicht der einzige Interessent. Sehr viele Menschen suchen einen Job. Das ist in diesem Raum deutlich zu erkennen. Ich konkurriere praktisch mit allen Arbeitssuchenden ohne besondere Qualifikationen, also für ganz einfache Jobs. An manche der Wandtafeln komme ich erst gar nicht heran, so dicht sind diese umringt. Ich gehe erst einmal zu den Tafeln, vor denen wenig Andrang herrscht. Die Angebote sind nach Arbeitsgebieten untergliedert. Es gibt Jobs im Verkauf, im Büro, in der Fertigung oder im Pflegebereich. Einige würden mich schon interessieren, doch ich verfüge nicht über die Erfahrungen und Kenntnisse, die verlangt werden. Das System gefällt mir. Die einzelnen Karten beschreiben kurz den Job, nennen die Voraussetzungen, die erforderliche Berufserfahrung und die Höhe des Stundenlohns. Ohne mit einem Sachbearbeiter reden zu müssen, kann man sich informieren. Leider hapert es bezüglich der Jobs, die mich interessieren, an der nötigen Erfahrung. Ich frage erst gar nicht nach, sondern suche weiter nach Arbeiten, die keine speziellen Erfahrungen verlangen, mit deren Hilfe ich in den nächsten Wochen und Monaten in der neuen Wahlheimat erst einmal Fuß fassen könnte. Ein Lagerarbeiter wird gesucht, ein »mobile park ranger«, also ein Arbeiter in einem städtischen Park, sowie ein weiterer Lagerarbeiter. Ich nehme die drei Karten von der Wandtafel, gehe damit zu einer der Sacharbeiterinnen und schildere kurz meine Situation. Die junge Frau mir gegenüber ist sehr freundlich. Wir besprechen die Angebote. Die erste Stelle eines Lagerarbeiters ist leider schon vergeben. Für die zweite Stelle werden spezielle Erfahrungen vorausgesetzt, die ich leider nicht vorweisen kann. Das dritte Angebot, der »mobile park ranger«, sei noch zu besetzen. Erfahrungen werden keine verlangt. Wenn ich wolle, erklärt die Sachbearbeiterin, gebe sie mir die Adresse des Anforderers. Es könne sicher nicht schaden, dort einmal vorbeizuschauen. Ich erhalte die Anschrift und ziehe los. Wieder ist mir der Stadtplan sehr behilflich. Ich finde die Adresse, gebe das Kärtchen vom Job Center ab und bekomme erst einmal einen Personalbogen, der auszufüllen sei. Dies nimmt einige Zeit in Anspruch, denn viele Personalbögen in englischer Sprache habe ich bisher noch nicht ausgefüllt und einige Ausdrücke sind mir unbekannt. Ich frage mich durch, lasse mir das ein oder andere Wort erklären, bin schließlich fertig. Es gebe viele Interessenten für diesen Job, wird mir erklärt, als ich den Bogen zurückgebe. Alle werden ausgewertet, in ein paar Wochen bekäme ich dann Bescheid. Das klingt nicht sehr vielversprechend! Ich mache mir keine großen Hoffnungen. Erstens ist dies eine öffentliche Stelle der Stadt Derby, die man sicher bevorzugt an einen arbeitslosen Einheimischen vergibt, und zweitens wird die Wohnung in Duffield in ein paar Wochen sicher schon längst weg sein! Ich brauche jetzt einen Job, nicht erst in ein paar Wochen. Die Bewerbung läuft, ich lasse sie laufen, werde aber auf jeden Fall intensiv weitersuchen. Hinsichtlich der Wohnung in Duffield ist keine Zeit zu verlieren! Ich kehre ins Zentrum zurück, wollte erneut den Bus nehmen, entschließe mich aber zu laufen. Der Weg durch den Park nach Darley Abbey ist angenehm, Laufen beruhigt, der Abend ist sonnig und ich brauche etwas Ablenkung. Auch heute ließ sich der Durchbruch nicht erzwingen. Noch immer ist meine Jobsuche erfolglos. Die Stimmung sinkt. Wieder beginnen sich Zweifel zu regen, ob es richtig war, hierhergekommen zu sein. Je mehr ich darüber nachdenke, desto größer werden die Zweifel, desto unruhiger werde ich. Jetzt heißt es motiviert zu bleiben, die Angst darf nicht die Oberhand gewinnen. Morgen ist wieder ein Tag mit neuen Chancen. Ich werde sie nutzen. Zuhause trinke ich mit Irene und John eine Tasse Tee und esse etwas Gebäck. Das beruhigt. Ich sehe die Dinge nicht mehr ganz so schwarz und erzähle den beiden, was ich heute alles unternommen habe. Dabei bemerken sie an meiner Stimme die Enttäuschung darüber, dass nichts Passendes dabei war. Sie versuchen mir Mut zu machen, sind der Meinung, dass ich sicher bald etwas finden werde, wenn ich weiter so engagiert und intensiv suche wie bisher. Das Gespräch tut gut, Optimismus kehrt langsam wieder zurück. Doch meine positive Einstellung wird an diesem Abend noch einmal auf eine harte Probe gestellt. Der Nachbar, dem ich gestern meine Unterlagen überlassen hatte, und der bei Rolls-Royce nachfragen wollte, ob Stellen zu besetzen wären, schaut kurz vorbei. Leider hat er keine guten Nachrichten. Derzeit würden keine Mitarbeiter mit meinen Qualifikationen gesucht. Er habe die Unterlagen an bestimmte Personen weitergeleitet, glaube aber nicht, dass sich etwas finden ließe. Bei Rolls-Royce seien erst vor kurzem Mitarbeiter entlassen worden. Die Enttäuschung ist mir deutlich anzusehen. Auf diesen Nachbarn hatte ich große Hoffnung gesetzt. Die ist nun zunichte. Es fällt mir zunehmend schwerer, an den Erfolg zu glauben. Da hat Irene eine Idee. Nicht weit von hier, nur die Straße hinunter, jenseits des Derwent Flusses, liegt die Darley Abbey Mill. Dort haben sich Reparaturwerkstätten, Handwerksbetriebe und weitere kleinere Firmen angesiedelt. Vielleicht wäre es keine schlechte Idee, wenn ich morgen dort einmal vorbeischauen und mich direkt vor Ort nach Jobs erkundigen würde. Der Vorschlag gefällt mir. Er kommt im richtigen Augenblick, bringt mich wieder in die Spur. Anstatt mich nur bei Jobvermittlern vorzustellen, sollte ich Unternehmen direkt aufsuchen. Der Gedanke, diese Strategie morgen einfach mal auszuprobieren, motiviert.

Nach dem Abendessen setzen wir uns ins Wohnzimmer. Draußen ist es schon dunkel. Plötzlich verspüre ich das Bedürfnis, alleine zu sein. Während meiner Studienzeit habe ich oft lange Spaziergänge unternommen, um mich auf das Examen vorzubereiten, Prüfungsstoff zu lernen oder einfach nur nachzudenken. Das tat immer gut und hat mir geholfen, richtige Entscheidungen zu treffen. Daher möchte ich jetzt kurz an die frische Luft gehen, um meine Lage zu überdenken. Ich hoffe, meine Gastfamilie wird das verstehen und sich nicht gekränkt fühlen. Kein Problem, einen Haustürschlüssel brauche ich nicht, denn lange wird es nicht dauern. Als ich draußen an der Straße entlanglaufe, hole ich erst einmal tief Luft. Das entspannt. Vier Tage bin ich nun in Großbritannien, habe in den letzten Tagen intensiv nach einem Job gesucht, konnte aber noch nichts Passendes finden. Die Suche erweist sich als komplizierter und schwieriger, als angenommen. Doch an Aufgeben denke ich noch immer nicht. Dies sind einfach neue Tatsachen, die ich vorher nicht kannte und daher auch nicht einplanen konnte. Auf diese neuen Tatsachen muss ich mich jetzt einstellen und mit ihnen fertig werden. Bisher besuchte ich nur Agenturen, die Jobs vermitteln. Bis auf das eine Interview habe ich noch kein Unternehmen direkt angesprochen. Das muss sich ändern. Vielleicht bringt die neue Strategie den Durchbruch. Trotz der nicht gerade idealen Situation bezüglich Mietobjekte, habe ich bereits eine Wohnung in Aussicht. Die Bilanz dieser vier Tage fällt also gar nicht so schlecht aus. Ich darf mich durch Rückschläge nicht entmutigen lassen, darf den Glauben an den Erfolg nicht verlieren. Es gibt nur einen Weg für mich, nach vorne. Ein Zurück ist nicht mehr möglich. Der Spaziergang tut gut. Ich komme auch aus dieser zweiten Krise gestärkt heraus und bin fest entschlossen, nicht aufzugeben. Ich kehre zum Haus zurück, die Erleichterung ist mir anzusehen. Ich bin jetzt viel gelöster, unterhalte mich noch etwas mit meinen Gasteltern und gehe dann zu Bett. Auch an diesem Abend schlafe ich sofort ein.

Freitag, 15. März. Auch heute Morgen bin ich wieder früh auf den Beinen, brenne förmlich darauf, mit der direkten Jobsuche zu beginnen. Die für heute geplante Vorgehensweise ist völliges Neuland für mich. Von Tür zu Tür bin ich bisher noch nie gegangen, um mir auf diese Art und Weise einen Job zu suchen. Wie werden die Menschen in den Unternehmen reagieren? Wird es mir gelingen, Arbeit zu finden? Nach dem Frühstück mache ich mich voller Hoffnung und Selbstvertrauen auf den Weg. Bis zur Darley Abbey Mill sind es nur wenige Minuten zu Fuß. Vor mir, auf der anderen Seite des Derwent Rivers liegt ein eindrucksvolles Areal aus der Zeit der Industriellen Revolution. Die Gebäude aus roten Ziegelsteinen sind teilweise vier Etagen hoch und haben Sprossenfenster. Im Hintergrund ragen ein paar Schornsteine in den Himmel, die aber nicht mehr rauchen. Früher lieferte der Derwent River den nötigen Strom für die Fabriken. Heute werden hier keine Textilien mehr hergestellt. Kleine Handwerksbetriebe und Reparaturwerkstätten haben sich auf dem Gelände angesiedelt. Sie alle möchte ich heute besuchen. Vielleicht gibt es ja einen Job für mich. Ich überquere den Fluss, der hier schäumend über das Wehr rauscht, und betrete das Industriegelände. Die Schranke am Eingang ist hochgezogen, kein Pförtner sitzt im Häuschen. Im ersten Gebäude ist eine Maschinenfabrik untergebracht, dahinter eine Reparaturwerkstatt. Jetzt wird es ernst! Bisher war alles nur theoretische Planung. Jetzt heißt es, der Theorie auch Taten folgen zu lassen. Der innere Schweinehund macht sich bemerkbar und muss bekämpft werden. Gekniffen wird nicht! Ich werde an jeder Tür anklopfen und mein Glück versuchen. Fragen kostet nichts und rausschmeißen wird mich sicher auch niemand. Ich habe nichts zu verlieren. Eine noch so perfekte Planung hilft nichts, wenn man nicht den Mut hat, das Angedachte auch zu realisieren. Diesen Mut werde ich jetzt aufbringen.

Ich entscheide mich, mit der kleinen Maschinenfabrik zu beginnen, laufe zur erstbesten Tür, trete ein, treffe auf Lärm, Maschinen, ein paar Arbeiter, und frage einen der Männer nach der Personalabteilung. Er zeigt mir die Richtung, ist beschäftigt, kümmert sich sonst wenig um mich. Keiner in diesem Betrieb scheint den Fremden zu beachten, der hier auftaucht und durch die Räume geht. Ich laufe in die Richtung, die mir beschrieben wurde, und finde das Personalbüro. Dort nehme ich meinen ganzen Mut zusammen, öffne die Tür und trete ein. Meine Knie sind weich, ich versuche nicht so nervös zu wirken, wie ich es im Augenblick tatsächlich bin. Das Personalbüro ist klein, an zwei Tischen sitzen zwei Damen. Ich wende mich an eine der beiden: »Ich komme aus Deutschland, möchte einige Jahre in Großbritannien arbeiten und bin auf der Suche nach einem Job. Hätten Sie vielleicht etwas für mich?« Die beiden Frauen reagieren im ersten Augenblick etwas verwundert. Ein solches Anliegen wird ihnen sicher nicht alle Tage vorgetragen. Sie sind jedoch sehr freundlich und hilfsbereit, wollen mehr von mir wissen, woher ich genau komme und warum ich hier arbeiten möchte. Die Situation entspannt sich, ich werde ruhiger, wirke souverän, mein Selbstvertrauen steigt. Leider, so stellt sich jedoch schon bald heraus, gibt es derzeit bei dieser Firma überhaupt keine freien Stellen, obwohl mir die beiden Frauen gerne helfen würden. Im Moment könnten sie leider nichts für mich tun. Sie geben mir aber dennoch einen Personalbogen mit, den ich ausfüllen und zurückgeben solle. Sollte sich in der näheren Zukunft etwas ergeben, würde man mich benachrichtigen. Ich mache mir aber keine großen Hoffnungen. Hier gibt es nichts und wird es auch kurzfristig nichts geben. Ich konnte zwar keinen Job finden, habe aber soeben ein Stück Lebenserfahrung gewonnen. Zum ersten Mal bin ich bei einer Firma im Ausland persönlich auf Jobsuche gegangen. Der Anfang ist gemacht, jetzt heißt es dranzubleiben! Es gibt hier noch weitere Firmen, welche besuche ich also als nächste? Ich laufe weiter, komme zur nächsten Maschinenfabrik, gehe auf die erstbeste Tür zu und trete ein. Auch hier stehen Maschinen im Raum, es ist laut, stickig und riecht nach Öl. Ich frage den ersten Mitarbeiter, den ich treffe, nach der Personalabteilung. Er reagiert erstaunt, ein Personalbüro gebe es nicht. Aber ich solle den Mann dort hinten fragen, der wüsste vielleicht mehr. Ich befolge den Rat und wende mich an die besagte Person. Dieser Mann scheint ein Vorarbeiter oder vielleicht sogar der Chef zu sein. Auf meine Frage nach eventuellen Jobs antwortet er mit einem kurzen aber eindeutigen»Nein!« Es gebe keine offenen Stellen. Da ist nichts zu machen und schon bin ich wieder draußen. Dies war also der zweite Streich, und er führte wie der erste zu nichts.

Gleich nebenan befindet sich eine Farbenfabrik. Neuer Versuch! Etwas Routine habe ich bereits, jedenfalls sind meine

Knie nicht mehr so weich wie beim ersten Versuch. Durch eine schmale Tür betrete ich ein enges Treppenhaus, erreiche über ein paar Stufen den ersten Stock und gelange in einen großen Raum, in dem mehrere Personen, meist Frauen, arbeiten. Hier herrscht reges Treiben, es riecht nach Leim. Die Mitarbeiter stehen oder sitzen an Tischen, auf denen sie etwas streichen, schneiden oder kleben. Was es genau ist, kann ich auf den ersten Blick aber nicht erkennen. Radiomusik erfüllt den Raum. Ich frage die mir am nächsten stehende Arbeiterin nach dem Personalbüro. Ein solches Büro gebe es nicht, aber ich solle einmal den Abteilungsleiter fragen, sein Büro liege gleich hier vorne um die Ecke. Sie zeigt mir den Weg dorthin. Die Tür steht offen, ich klopfe trotzdem an. Der Mann spricht gerade mit jemandem. Ich warte einige Minuten, dann bittet er mich auf einem Stuhl vor seinem Schreibtisch Platz zu nehmen und fragt, was er für mich tun könne. Wie wäre es denn zum Beispiel mit einem Job? Könne er mir vielleicht einen solchen anbieten? Ich beschreibe kurz meine aktuelle Situation und überreiche ihm dabei eine Kopie meines Lebenslaufs. Er liest ihn aufmerksam durch. Auch hier scheint es nicht alltäglich zu sein, dass jemand, noch dazu ein Ausländer, plötzlich auftaucht und nach Arbeit fragt. Er ist überrascht, jedoch freundlich und möchte mehr über mich wissen. Unser Gespräch dauert rund 15 Minuten. Er informiert mich über die Firma, die Produkte und welche Art von Jobs es gibt. Was die Arbeit betrifft, so versichere ich ihm, sei ich bereit, jede Art von Tätigkeit anzunehmen, egal welche. Dies scheint ihm zu imponieren. Er denkt kurz nach, ruft dann die Vorarbeiterin zu sich und bittet sie, mit mir einen Test zu machen. Ich folge der Frau zurück in den Arbeitsraum. Dort bekomme ich zuerst einmal die Produkte gezeigt, die hier gefertigt werden. Kleine Tapetenstücke werden im Akkord auf Vordrucke geklebt, die dann als Musterbögen in Kaufhäusern zu finden sind. Der Test, dem ich mich jetzt unterziehen muss, besteht aus zwei Teilen. Der erste Teil ist ein Farbentest, um festzustellen, ob ich eventuell farbenblind sein könnte. Das ist kein Problem für mich. Im zweiten Teil muss ich einige Tapetenmuster sauber untereinander auf einen Vordruck kleben. Auch dies gelingt problemlos. Die Vorarbeiterin scheint mit meiner Arbeit zufrieden zu sein, schaut die Arbeitsproben an, dann mich, und meint, dass sich ein Job finden lasse. Eine feste Anstellung würde es aber nicht sein, nur eine zeitlich befristete Tätigkeit. Bei Interesse solle ich mich am Montagmorgen um 9 Uhr bei ihr melden, sie würde mich dann für eine Arbeit einteilen. Ich kann es kaum fassen! Träume ich, oder ist es Wirklichkeit? Ich habe gerade meinen ersten Job in Großbritannien angeboten bekommen. Wahnsinn! Mein erster Job im Ausland und ich habe ihn ganz alleine gefunden! Niemand hat ihn mir vermittelt oder Beziehungen spielen lassen. Darauf bin ich unheimlich stolz! Die Eigeninitiative hat den Durchbruch gebracht! Vor nicht einmal zwei Stunden kam ich hier an. Jetzt kehre ich als Sieger zurück und fühle mich unendlich reich.

Natürlich möchte ich sofort von meinem Erfolg berichten, doch niemand ist zuhause. Irene ist sicher in die Stadt gegangen. Ich denke an die Wohnung. Vor lauter Freude über den Job hatte ich sie für einen Augenblick ganz vergessen. Jetzt, da ich die Lage wieder etwas nüchterner betrachte, denke ich wieder daran. Seit der Besichtigung sind erst zwei Tage vergangen. Eine Woche sollte sie für mich reserviert bleiben. Ich müsste die Vermieterin anrufen und die Wohnung sofort verbindlich anmieten. Doch ich kenne weder ihre Telefonnummer noch den Zeitpunkt, wann Irene aus der Stadt zurückkehrt. Ich muss etwas tun, stecke voller Energie und Tatendrang, möchte keine Minute verschenken. Wie komme ich also von Darley Abbey nach Duffield? Mit dem Bus! Auf zur nächsten Bushaltestelle.

Ich muss nicht weit laufen, erreiche die Haltestelle, wann gehen die Busse? Ein Fahrplan hängt nicht aus. Also warten, bis ein Bus kommt. Ich habe Glück, es dauert nicht lange, dann kommt einer. Vor zwei Tagen fuhr ich die Strecke mit Irene im Wagen, weiß daher ungefähr, wo es hingeht, wo ich aussteigen und in welche Straße ich dann zu Fuß gehen muss. Sollte ich dennoch das Haus nicht finden, kann ich mich ja durchfragen. Die Busfahrt dauert rund zehn Minuten. In Duffield steige ich aus und werde nach nur wenigen Minuten fündig. Die Vermieterin wohnt mit ihrer Familie in einem neuen Domizil, etwas unterhalb des Mietshauses, inmitten eines weiten Gartens. Ich lenke meine Schritte dorthin, läute und brenne darauf, die Neuigkeit loszuwerden. Doch niemand öffnet. Ich bin enttäuscht. Aber da ist nichts zu machen. Wenn ich nun schon einmal hier bin, dann sollte ich die Zeit auch für eine Erkundungstour nutzen, mir einen ersten Eindruck von der Umgebung verschaffen, denn außer der Wohnung selbst habe ich vorgestern nicht viel gesehen. Ich laufe in Richtung Ortsende. Links und rechts der Straße stehen ansprechende Häuser, umgeben von liebevoll gepflegten Gärten. Jetzt im März präsentieren sich die Bäume und Sträucher noch kahl. Wie herrlich muss es hier aber im Sommer aussehen! Das Wohnviertel gefällt mir auf Anhieb. Vieles ist anders als in Deutschland, die Häuser, deren Fenster, Kamine, ja sogar die Gärten. Alles unterscheidet sich vom bisher Gewohnten. Ich finde das schön und kann es noch gar nicht so richtig glauben, dass ich vielleicht schon bald in dieser herrlichen Umgebung würde wohnen können. Solange aber nicht ganz sicher ist, ob ich die Wohnung auch wirklich bekommen werde, versuche ich mich nicht zu früh zu freuen. Die Enttäuschung würde dann nur umso schlimmer ausfallen. Wenn doch die Vermieterin nun endlich nach Hause käme, dann wüsste ich schon heute Bescheid. Ich kehre zu ihrem Haus zurück, doch leider ist noch immer keiner anwesend. Noch einmal drehe ich eine Runde, wieder vergeht eine halbe Stunde, noch immer ist keiner zu Hause. Wenn ich Pech habe, kann das lange so weiter gehen, denke ich und entschließe mich, den Versuch abzubrechen und nach Darley Abbey zurückzukehren. Immerhin wurde mir versprochen, dass die Wohnung eine Woche lang für mich freigehalten werde. Ich muss mich also darauf verlassen, dass die Vermieterin Wort hält. Etwas anderes bleibt mir auch nicht übrig.

Wieder zurück in Darley Abbey ist dort ebenfalls noch niemand zu Hause. Es scheint mir nicht vergönnt zu sein, die Freude über den ersten Job mit jemandem teilen zu können, obwohl ich es doch so gerne voller Stolz erzählt hätte. Ich setze mich ins Wohnzimmer und schalte den Fernseher ein. Eine halbe Stunde später kommt Irene nach Hause. Ich nehme mir vor, mit der Neuigkeit wenigstens so lange zu warten, bis sie ausgepackt hat, doch es gelingt mir nicht! Kaum ist sie im Haus, platze ich auch schon mit der Neuigkeit heraus. In der ganzen Euphorie darf ich jetzt aber die Wohnung nicht vergessen. Wenn möglich, würde ich sie gerne noch heute vertraglich fest vereinbaren. Ich bitte Irene, die Vermieterin anzurufen, um ihr mitzuteilen, dass ich einen Job gefunden habe und die Wohnung in Duffield ab dem 01. April anmieten möchte. Sie tut mir den Gefallen und so weiß ich noch an diesem Abend, dass die Wohnung nun ganz sicher unser neues Zuhause werden wird. Der Mietvertrag werde mir in der nächsten Woche zugeschickt, in zwei Wochen könne ich einziehen.

An diesem Abend liege ich lange wach. An Einschlafen ist jetzt überhaupt nicht zu denken, zu viel geht mir durch den Kopf. Steckte ich noch vor zwei Tagen in einer Krise, hatte Angst, das Projekt könnte scheitern, so hat sich heute die Situation komplett verändert. Ich habe jetzt eine erste Arbeitsstelle und eine Wohnung in einem angenehmen Wohnviertel. Es hat sich gelohnt, nicht aufgegeben zu haben, als erste Schwierigkeiten auftauchten. Der Durchbruch musste kommen, nach allem, was ich in den letzten Tagen unternommen hatte. Das »Projekt Großbritannien« scheint für den Augenblick gesichert zu sein! Fünf Tage bin ich jetzt auf der Insel. Am Ende dieser ersten Woche habe ich Arbeit und eine Wohnung. So im Nachhinein gesehen ging es trotzdem schnell. Sicher, ich hatte Glück, vielleicht sogar großes Glück. Aber ich habe auch viel riskiert. Wer kein Risiko eingeht, der kann auch nichts gewinnen. Doch es gibt noch viel zu tun, dies ist erst ein kleiner Anfang. Aber ich bin so selbstbewusst und stark wie nie zuvor. Was auch immer noch kommen wird, ich werde es meistern! So denke ich heute Abend. Was die Zukunft bringen wird, ob Glück oder Unglück, das liegt noch im Verborgenen, aber ich habe keine Angst.

Jetzt ist erst einmal Wochenende und ich habe eine Pause verdient. Während der vergangenen Tage war ich nur auf Jobsuche, von Derbyshire habe ich noch nicht viel gesehen. Dieses erste Wochenende soll nun ganz der Entdeckung meiner neuen Wahlheimat gehören. Matlock, rund 25 Kilometer nördlich von Derby, soll sehr schön sein. Am Samstagmorgen nehme ich einen der roten Trent-Überlandbusse von Darley Abbey aus nach Norden. Wir passieren Duffield, Belper, Wirksworth, Cromford und Matlock Bath. Die Landschaft ist so typisch für England, sanfte Hügel, von Hecken umrandete Wiesen, vereinzelte Baumgruppen. Auch die Ortschaften mit ihren typischen Häusern und Kirchtürmen lassen sofort erkennen, in welchem Land man ist. Nahe Matlock Bath ragen zu beiden Seiten des Tales imposante Felswände empor. Ich lasse all die neuen Eindrücke auf mich wirken und male mir aus, wie schön diese Gegend erst im Sommer sein muss. Wir erreichen Matlock. Gleich gegenüber dem Busbahnhof liegt ein Supermarkt. Heute habe ich Zeit, keine Termine sind einzuhalten. Interessiert durchstreife ich den Markt. Es macht mir immer Spaß, in Supermärkten fremder Länder Neues zu entdecken, unbekannte Waren, Produktnamen, Verpackungen, Preise. Ich tat dies oft in Frankreich, heute nun zum ersten Mal in Großbritannien. Nachdem sich jetzt um die Mittagszeit Hunger bemerkbar macht, kaufe ich eine »German Sausage«, etwas Brot, eine Milch und zwei Äpfel. Mit diesem »Fresspaket« starte ich die Entdeckungstour. Hoch über Matlock thront die Burgruine »Riber-Castle«. Dort hinauf möchte ich wandern. Sicher hat man von da oben einen weiten Blick über die umliegende Landschaft. Ich laufe eine gute Stunde bergan. Zuerst scheint die Sonne, später ziehen dunkle Wolken auf. Erstaunlich, wie schnell sich die Witterung verändert. Es beginnt zu regnen. Kurze Zeit später prasseln dicke Hagelkörner zu Boden. Dann beginnt es zu schneien. Doch auch das Schneegestöber hält nicht lange an. Oben an der Burgruine strahlt erneut die Sonne. Großbritannien zeigt mir während dieser Stunde, was das Wetter alles zu bieten hat. Nebel zog noch keiner auf, dafür soll das Land doch so berühmt sein! Mit dem Ausblick hatte ich Recht. Von hier oben bietet sich dem Wanderer ein wunderbarer Blick hinunter auf Matlock und über die Berge der Pennines. Neben dem »Riber-Castle« befindet sich ein kleiner Zoo mit Luchsen, Vögeln, Klein- und Farmtieren, sowie eine große Modelleisenbahnanlage und ein Museum mit alten Autos und Motorrädern. Plötzlich beginnt es erneut zu schneien. Dicke Flocken begleiten meinen Abstieg ins Tal. Das erneute Schneegestöber ebbt jedoch schnell wieder ab und wechselt über Sonnenschein zu Regen. In Matlock suche ich noch einmal den Supermarkt auf, um mir einen persönlichen Lebensmittelvorrat anzulegen, den ich zuhause im Schrank verwahren möchte. Ein paar eigene Lebensmittel vermitteln zumindest ein bisschen wieder das Gefühl von Unabhängigkeit, wenn man wie ich im Augenblick keine eigenen vier Wände besitzt. So hilfsbereit meine Gasteltern auch sind, ich brauche wenigstens etwas das Gefühl, unabhängig zu sein, auch wenn sich das im Moment nur dadurch ausdrückt, etwas essen zu können, ohne danach fragen zu müssen. Ein Überlandbus bringt mich am späten Nachmittag nach Derby zurück.

Am Sonntag besuche ich die Messe in der Kathedrale von Derby. Es ist meine erste Messe in einer »Church of England«. Der Ablauf ähnelt der einer katholischen Messfeier. Am Ende reicht der Pfarrer am Ausgang jedem die Hand. Als ein neues Gesicht war ich bereits aufgefallen. Er fragt mich, woher ich komme. Wir unterhalten uns eine Weile, er kennt Osnabrück, hat dort Freunde, wünscht mir für mein Vorhaben alles Gute. Heute ist in Großbritannien zudem Muttertag. Vor der Kathedrale werden Blumensträußchen verkauft. Ich erstehe eines. Irenes Sohn Peter ist zurzeit weit weg in Deutschland, meine Mutter ebenfalls. Ich gebe daher das Sträußchen in Vertretung von Peter an Irene, die ihrerseits heute in gewisser Weise meine Mutter vertritt. Sie freut sich sehr darüber. Zu Mittag gibt es das traditionelle »sunday meal«, bestehend aus: roast beef, roast potatoes und yorkshire pudding. Es ist mein erstes Sonntagsessen in Großbritannien und schmeckt fabelhaft! Am Nachmittag laden mich Irene und John zu einem Spaziergang ein. Sie möchten mir die nähere Umgebung zeigen. Wir fahren in die Berge der »Pennines« und wandern dort über einen Höhenrücken. Auf der einen Seite fällt das Gelände ziemlich steil ab, auf der anderen erstreckt sich eine mit Heidekraut bewachsene Hochfläche. Die Ausblicke sind grandios! An diesem Abend liege ich wieder lange wach. Morgen ist mein erster Arbeitstag. Nun wird es ernst! Wie werden mich die neuen Kollegen aufnehmen? Werden sie mich, den Ausländer, akzeptieren? Komme ich mit der Fremdsprache zurecht? Wie wird der Job sein? Fragen über Fragen schießen mir durch den Kopf, lassen mich einfach nicht zur Ruhe kommen, obwohl ich sehr müde bin. Etwas Lampenfieber habe ich schon, nun wo es richtig losgeht.

Erster Job als Gelegenheitsarbeiter in einer Farbenfabrik

Montag, 18. März. Um 9 Uhr soll ich mich heute Morgen in der Farbenfabrik melden. Kurz vor 8 Uhr stehe ich auf, frühstücke, mache mich dann zu Fuß auf den Weg, laufe 10 Minuten. Kurz vor 9 Uhr bin ich in der Fabrik. Der große Arbeitsraum ist voller Menschen, meine neuen Arbeitskolleginnen und -kollegen scheinen schon alle da zu sein. Ich stehe etwas verloren im Raum, niemand geht auf mich zu. Dann entdecke ich die Vorarbeiterin, die am Freitag den Test mit mir gemacht hat. Auch sie muss mich erkannt haben, kommt herüber und begrüßt mich. Sie werde sich gleich um mich kümmern, müsse aber vorher noch die Arbeiten des heutigen Tages verteilen. Ich warte ein paar Minuten. Die Vorarbeiterin kehrt zurück, bittet mich ihr zu folgen und führt mich an einen Tisch, an dem bereits drei Frauen arbeiten. Sie kleben Tapetenmuster auf einen Bogen. Ich solle ihnen kurz zusehen und mich dann selbst im Kleben versuchen. Die Tapetenmuster werden mit der rechten Hand aufgenommen, durch einen kleinen, von einem Elektromotor angetriebenen Apparat gezogen, über dessen zwei Walzen Klebstoff auf die Unterseite der Tapetenmuster aufgetragen wird. Danach werden die Musterstücke mit der linken Hand wieder erfasst und an die richtige Stelle auf den Bogen geklebt. Dieser Vorgang wird von den drei Frauen mit einer wahnsinnigen Geschwindigkeit ausgeführt, hunderte Male, vielleicht sogar tausend Mal am Tag. Ob ich das jemals auch so schnell werde machen können? Im Augenblick kann ich nur bewundernd zusehen. Nach einer Weile ist es dann an der Zeit, mich selbst einmal in die Kleberei zu stürzen. Auch ich bekomme einen dieser kleinen Apparate, fülle ihn mit

Klebstoff und beginne mit der Arbeit. Aller Anfang ist bekanntlich schwer, und so geht es bei mir natürlich viel langsamer. Entweder bleibt eines der Teilchen zwischen den beiden Rollen stecken oder fällt in die Klebstoffwanne, da ich es mit der linken Hand nicht schnell genug aufnehmen kann. Meine Kolleginnen amüsieren sich darüber und so entsteht ein erster Kontakt. Sie zeigen mir, wie man es machen muss, nach und nach verbessere auch ich meine Klebetechnik. Es kommt jedoch heute noch öfter vor, dass sich entweder fast kein Klebstoff auf der Rückseite meiner Tapetenmuster befindet oder zu viel, sodass mein Musterbogen verschmiert wird. Aber ich arbeite an der Technik und bin sicher, meine neuen Kolleginnen werden mich so nach und nach in die Geheimnisse des richtigen Klebens einweihen. Nach einer Stunde geht es schon besser. Ich bin zwar immer noch viel langsamer als die anderen, aber immerhin habe auch ich schon eine Anzahl Musterbögen fertiggestellt. Ab und zu kommt die Vorarbeiterin vorbei, um zu sehen, wie es klappt. Sie scheint mit meinen bisherigen Klebekünsten zufrieden zu sein, also bin ich es auch. Was die Konversation betrifft, so tut sich im Moment wenig. Musik aus dem Radio beschallt den Raum, die drei Frauen am Tisch unterhalten sich. Mich hat noch niemand ins Gespräch mit einbezogen. Zurzeit bin ich aber auch noch voll damit beschäftigt, die verschiedenen Handgriffe besser zu koordinieren. Doch nachdem ich dies nun einigermaßen geschafft habe, hätte ich schon Lust, mich etwas zu unterhalten. Der Grund, warum ich hier bin, ist es nicht, Klebetechniken zu erlernen, sondern meine Sprachkenntnisse auszubauen. Ich werfe daher öfter Blicke auf die um mich herum arbeitenden Frauen. Als dies nicht den erhofften Erfolg bringt, werfe ich mehr Blicke und blicke zum Schluss nur noch. Dabei vergesse ich sogar fast das Kleben. Doch außer einem freundlichen Lächeln tut sich immer noch nichts. Für diese Menschen bin ich nun der »Ausländer«, von dem man nicht so richtig weiß, was er hier eigentlich will. Vielleicht sollte ich ein Gespräch beginnen, um das Eis zu brechen. Das wäre sicher das Beste. Denn wenn ich warte, bis die anderen mit mir zu sprechen beginnen, kann ich bei der angeblichen Reserviertheit der Engländer sicher noch lange warten. Doch ich muss aufpassen, gerade am Anfang nicht zu aufdringlich zu wirken. Es braucht immer eine gewisse Zeit, bis man als »neuer Kollege« von einer Gruppe akzeptiert wird. Vorsichtig beginne ich eine Konversation mit den Worten: »Das ist gar nicht so einfach, wie es aussieht. Ihr habt schon viel mehr Blätter fertig als ich.« Dieser erste Versuch, Kontakt aufzubauen, wird nicht gerade lebhaft erwidert, sondern eher reserviert mit Bemerkungen wie: »wird schon werden« oder »ist doch gar nicht schlecht für den Anfang«. Alles braucht eben seine Zeit. Die Kolleginnen werden bestimmt bald neugierig werden und mich fragen, woher ich komme und was ich vorhabe. So lange muss ich mich eben gedulden und abwarten, bis auch sie das Gespräch suchen. Um 11 Uhr erinnert eine Glocke an die Frühstückspause. Diese werde 15 Minuten dauern, bekomme ich erklärt. Alle Mitarbeiter verlassen den Arbeitsplatz und strömen zur Tür. Also ströme ich mit. Wir steigen über eine Treppe zwei Stockwerke höher. Dort befindet sich ein Aufenthaltsraum mit mehreren Tischen und Stühlen. Alle setzen sich hin, belegte Brote werden ausgepackt und Teewasser wird aufgesetzt. Ich nehme an einem Tisch Platz, an dem Jugendliche Karten spielen, und sehe ihnen zu. Sie sind mit einer großen Begeisterung bei der Sache. Es redet zwar immer noch keiner mit mir, aber ich muss präsent sein, darf mich nicht absondern. Am Ende der Pause ruft uns die Glocke an die Arbeitsplätze zurück. Von 12.30 bis 13 Uhr ist Mittagspause. Eine Kantine gibt es nicht, aber in einem kleinen Laden gleich um die Ecke könne man sich etwas kaufen. Ich erstehe zwei belegte Brötchen und einen Schokoriegel. Gegessen wird

51

im Aufenthaltsraum. Ich setze mich erneut an den Tisch der jungen Kartenspieler. So ganz nebenbei werde ich jetzt zum ersten Mal gefragt, woher ich komme. Na also, geht doch! Man scheint neugierig geworden zu sein. Ich erwähne Osnabrück. Viele haben von dieser Stadt gehört, ist doch Osnabrück die deutsche Partnerstadt von Derby. Sie beginnen sich tatsächlich langsam für mich zu interessieren. Warum ich nach Großbritannien gekommen sei und wo ich hier wohne. Sie versuchen mich einzuordnen. Aber so ganz scheint ihnen das noch nicht zu gelingen. Ein Deutscher kommt nach Großbritannien und macht freiwillig einen einfachen und noch dazu schlecht bezahlten Job, nur um eine Fremdsprache besser beherrschen zu lernen? Das sagt ihnen nicht viel, denn keiner um mich herum spricht auch nur eine andere Sprache als Englisch. Sie verstehen mein persönliches Ziel nicht, halten mich sicher für leicht verrückt und spielen weiter Karten. Nach der Mittagspause kehren wir an den Arbeitsplatz zurück. An die Bedienung der kleinen Maschine habe ich mich gewöhnt. Meine Tapetenmuster beginnen auch immer geradliniger zu werden, nicht mehr leicht versetzt wie noch am Vormittag nach den ersten Versuchen. Am Nachmittag versetzt mich die Vorarbeiterin an einen größeren Arbeitstisch und teilt mich dort ein. An diesem Tisch arbeiten fünf Frauen. Ich erhalte ein fertiges Musterteil, um zu sehen, wie das Ganze einmal aussehen soll. Dann bekomme ich leere Bögen, Tapetenmuster und ein neues Maschinchen. Bezahlt wird hier Akkordlohn, also nach der Anzahl der fertiggestellten Bögen. Es gibt eine Vorgabe pro Stunde. Erreiche ich diese nicht, bekomme ich weniger Geld. Schaffe ich mehr, fällt auch das Einkommen höher aus. Doch die Vorgaben sind so hoch, dass meine Klebetechnik in den nächsten Tagen noch sehr zu verbessern ist, will ich hier reich werden. Am Ende eines jeden Tages wird genau notiert, wie viele Bögen jeder fertiggestellt hat. Heute schaffe ich pro Stunde nur etwas mehr als die Hälfte der Vorgabe. Somit verdiene ich auch nur den halben Stundenlohn, der eh schon sehr niedrig ist. Aber ich verdiene zumindest etwas. Es ist ein Anfang und ich bin im Moment zufrieden, überhaupt einen Job zu haben. An diesem Nachmittag gelingt auch etwas Kommunikation. Die Kollegin mir gegenüber beginnt Fragen zu stellen. Sie möchte mein Alter wissen, ob ich verheiratet sei, Kinder habe, eben alles, was Frauen nun mal so wissen möchten. Langsam werde ich integriert, beginne dazuzugehören. Es entsteht ein Gespräch über den Arbeitstisch hinweg. Auch die anderen beginnen nun Fragen zu stellen, akzeptieren mich als neuen Kollegen. Die Menschen in Derbyshire sprechen mit einem sehr starken lokalen Akzent, an den ich mich erst noch gewöhnen muss. Ich kann den Gesprächen der Frauen am Tisch nur schwer folgen, zumal sie auch noch sehr schnell sprechen. Doch ich schnappe das ein oder andere mir unbekannte Wort auf, frage nach, bekomme eine Erklärung und bin somit auf dem besten Weg, meine Sprachkenntnisse auszubauen. Aus dem Radio ertönt den ganzen Tag über Musik. Da beginnt man automatisch mit zu summen und bekommt einige der Melodien fast nicht mehr aus dem Kopf. Die Gespräche der Arbeitskollegen untereinander drehen sich hauptsächlich darum, wer mit wem und wo was unternommen hat. Aber auch über Fußball, Pferderennen, bekannte Sänger und Schauspieler, Autos und Geld wird geredet. Auf jeden Fall gewöhne ich mich an den lokalen Akzent und erfahre etwas über den Alltag meiner Kollegen, ihre Interessen, Freuden und Sorgen. Um 17 Uhr ist Feierabend. Jeder reinigt sein Maschinchen, sodass es am nächsten Tag wieder blitzsauber benutzt werden kann. Der restliche Klebstoff wird in einen großen Behälter geschüttet, aus dem die Maschinen wieder befüllt werden. Nachdem der Arbeitsplatz gesäubert und die Stechkarte abgestempelt ist, kann ich für heute nach Hause gehen. Das war also mein erster Arbeitstag in Großbritannien. Ich habe mich wacker geschlagen, konnte erste Kontakte knüpfen, kenne die Arbeit und den Tagesablauf, beginne mich einzugewöhnen. Schon morgen werde ich nicht mehr »der Neue« sein, den man erst einmal vorsichtig beschnuppert, sondern bereits ein bisschen dazugehören. Ich kehre nach Hause zurück, bin zufrieden. Dieser Job ist zwar kein Traumjob, aber er ist der erste Schritt in die richtige Richtung. Ich werde durch die tägliche Kommunikation mit den neuen Arbeitskollegen meine englischen Sprachkenntnisse verbessern und erweitern, und das ist schließlich das Ziel dieses Auslandsprojekts. Irene und John sind an diesem Abend natürlich sehr neugierig, wie es mir an meinem ersten Arbeitstag so ergangen ist. Da gibt es viel Positives zu berichten. Danach setzen wir uns ins Wohnzimmer und sehen fern. Ich merke jedoch schon bald, dass mich die körperliche Arbeit dieses Tages sehr müde gemacht hat. Es dauert auch nicht lange, da beginnen mir die Augen regelrecht zuzufallen. Ich wünsche eine Gute Nacht, gehe auf mein Zimmer und schlafe schon bald tief und fest.

Zweiter Arbeitstag. Kurz vor 9 Uhr bin ich wieder in der Fabrik, bereite meine kleine Maschine vor, befülle sie mit Klebstoff, hole bei der Vorarbeiterin die Bögen ab, die heute zu bekleben sind, sowie Tapetenmuster. Und los geht die Kleberei, hoffentlich etwas schneller als gestern. Der Tagesablauf ist der gleiche: Kleben, Frühstückspause, Kleben, Mittagspause, Kleben, Feierabend. In den Pausen wird wieder Karten gespielt. Mir gegenüber am Arbeitstisch sitzt jetzt ein junges Mädchen. Sie ist ein großer Fan eines bekannten Popstars, in den sie total verknallt zu sein scheint, denn sie schwärmt von diesem Sänger. Ihre schrille Stimme beginnt zu nerven! Mit der anderen Kollegin, die mir gestern gegenübersaß, kam ich besser zurecht.

In den folgenden Tagen verbessere ich meine Schnelligkeit im Kleben, erreiche aber trotzdem noch immer nicht die hohe Vorgabe, sodass ich auch nur ungefähr 80 % des Geldes verdiene, das die anderen bekommen. Beim Kartenspielen in den Pausen spiele ich jetzt ab und zu mit. Ein Kollege fiel krankheitsbedingt aus. Da habe ich einfach mal angeklopft, ob ich nicht einspringen dürfte, was für gut befunden wurde. Eigentlich gefällt es mir hier ganz gut, wäre da nicht die Kollegin mit der schrillen Stimme mir direkt gegenüber. Am Freitag redet sie fast den ganzen Tag nur darüber, in welche Kneipen sie am Wochenende gehen und was und wieviel sie dort trinken werde. Ich finde, in ihrem jungen Alter sollte sie sich lieber um ihre Ausbildung kümmern, als in einer Farbenfabrik zu arbeiten und an den Wochenenden zu viel zu trinken. Was hat so ein junger Mensch für eine Zukunft? Aber das ist zum Glück nicht mein Problem.

Freitagnachmittag ist Zahltag! Ich bekomme mein erstes, im Ausland selbstverdientes Geld. Überwältigend ist der Betrag jedoch nicht, nur 25 Pfund für eine ganze Woche Arbeit stecken in meiner Lohntüte. Aber das ist besser als gar nichts. Wenn ich in der nächsten Woche durch schnelleres Kleben die Vorgabezeiten erreiche, bekomme ich sicher mehr. Reich werden kann man mit einem solchen Job aber nicht! Doch ich bin froh, dass ich ihn habe.

In dieser Woche bekam ich auch den Mietvertrag zugeschickt. Die Wohnung in Duffield gehört nun mir, niemand kann sie mir noch wegschnappen. Vorsichtshalber lasse ich den Vertrag von Irene überprüfen, bevor ich ihn unterschreibe, um ganz sicher zu sein, dass nicht irgendwo etwas Negatives verborgen sein könnte. Vertrauen ist gut, Vorsicht ist besser! Man weiß ja nie! Es ist jedoch alles in Ordnung. Ich schicke ihn unterschrieben zurück. In zwei Wochen kann ich einziehen, dann werde ich wieder meine eigenen vier Wände haben.

Jetzt, da ich Geld verdiene, vor allem aber, da ich eine monatliche Miete plus Nebenkosten zahlen muss, brauche ich ein Girokonto. Dies ist jedoch leichter gesagt als getan, denn nach der Arbeitszeit sind die Banken bereits geschlossen. Bleibt also nur der Samstagmorgen. Von Irene weiß ich, dass eine Bank am Samstagvormittag bis 12 Uhr geöffnet hat. Eigentlich ist es sowieso egal, zu welcher Bank ich gehe. Außer flotten Marketingsprüchen sind die letztendlich doch alle gleich. Nur diese eine Bank hat am Samstagvormittag geöffnet, ich brauche ein Girokonto, also eröffne ich ein solches bei dieser Bank. 2000 DM in Traveller-Schecks habe ich mitgebracht. Das ist mein erstes Startkapital, das ich in das Auslandsprojekt investiere. Beim aktuellen Kurs bekomme ich dafür rund 500 Pfund. Davon zahle ich 250 Pfund auf mein neues Girokonto ein, den Rest je zur Hälfte auf ein Sparkonto bei der gleichen Bank sowie auf ein britisches Postsparbuch. Zurzeit zahle ich Irene 10 Pfund pro Woche für das Essen. Das ist sehr günstig! Für die Wohnung werden in Zukunft 22 Pfund pro Woche kalt plus 13 Pfund an Nebenkosten zu berappen sein. Für Lebensmittel veranschlage ich 15 Pfund pro Woche, was aber sehr knapp bemessen ist. Das wären zukünftig wöchentliche Ausgaben von 50 Pfund. Demgegenüber steht aktuell ein Einkommen von 25 bis 30 Pfund pro Woche. Ich muss also wöchentlich ein finanzielles Loch von 20 bis 25 Pfund aus eigenen Mitteln stopfen. Aber das war bei der Planung des Projekts bereits einkalkuliert. Dafür stehen zudem noch 3000 DM auf meinem deutschen Postsparbuch zur Verfügung, von dem ich auf der Hauptpost in Nottingham bei Bedarf Geld abheben kann. Mein restliches Guthaben ruht auf einem Konto in Osnabrück. Sollte das Projekt scheitern, habe ich in Deutschland noch genügend Geld, um zurückzukehren. Mehr als 5000 DM will ich nicht investieren. Derzeit fließen pro Monat 400 DM aus diesem Investitionskapital ab. Bei meinem aktuellen Einkommen hätte ich also zwölf Monate Zeit, mich einkommensmäßig zu verbessern, um nichts mehr zuschießen zu müssen. Erst dann trägt sich das Projekt. Doch bis dahin liegt noch ein langer Weg vor mir. Werde ich es schaffen?

März 1985. Am Arbeitsplatz komme ich gut zurecht, kommuniziere mit den Kollegen und werde schneller beim Kleben, wodurch sich mein Wocheneinkommen auf 35 Pfund erhöht. Auch sprachlich geht es voran. Die Fremdsprache ist ständig um mich herum, niemand spricht Deutsch. Das ist ein großer Vorteil, da ich gezwungen bin, nur Englisch zu sprechen. Jeden Tag lerne ich neue Wörter, Begriffe, Ausdrücke, Redewendungen. Einige Kollegen sind sehr freundlich und erklären mir die neuen Ausdrücke. Der Job beginnt sogar Spaß zu machen, nur die schrille Kollegin am Arbeitstisch nervt. Meine Hoffnung, sie werde bald eine neue Arbeit an einem anderen Tisch zugeteilt bekommen, erweist sich als falsch. Wenn sie also nicht von diesem Tisch verschwindet, so muss ich es! Das scheint die einzige Lösung zu sein. Ich nehme mir fest vor, an einen anderen Tisch zu wechseln. Am nächsten Morgen erscheine ich sehr früh am Arbeitsplatz, baue das kleine Maschinchen an meinem bisherigen Platz ab und versetze es an eine freie Stelle am anderen Ende des Raumes. Den Kollegen fällt das gar nicht auf, da viele von ihnen die Tische wechseln, um andere Arbeiten zu verrichten. Warum also nicht auch ich. Meine neue Nachbarin ist eine sehr nette Frau, mit der ich mich vernünftig unterhalten kann.

Einmal pro Woche rufe ich Marie an. Sie ist erleichtert, dass ich bereits nach so kurzer Zeit einen Job und eine Wohnung finden konnte. Von den Problemen und Bedenken während der ersten Woche erzähle ich ihr nichts, um sie nicht unnötig zu beunruhigen. Im Augenblick sieht alles gut aus. Sie wird ihren Job in Osnabrück wie geplant zum 30. Juni kündigen. Unser Auslandsprojekt gleicht gewissermaßen einer strategischen Operation. Einer geht voraus und bildet einen Brückenkopf. Dieser muss gehalten werden. Jenseits des Kanals wartet Verstärkung. Sollte das Unternehmen in den ersten Wochen scheitern, muss ein Rückzug möglich sein. Der Brückenkopf ist gebildet, die Stellung provisorisch ausgebaut. Nun muss ich so lange durchhalten, bis auch meine Frau nachkommt. Während dieser Zeit ist ein Rückzug noch möglich. Danach darf nichts mehr passieren, nach dem Umzug gibt es kein Zurück mehr.

Ich erfahre von der Existenz eines sogenannten »Osnabrück-Clubs« in Derby. Hier treffen sich Freunde der Städtepartnerschaft. An einem Abend gehe ich einfach mal hin. Vielleicht lässt sich ja die ein oder andere Bekanntschaft knüpfen. Und wer weiß, vielleicht treffe ich einflussreiche Persönlichkeiten und könnte meine Job-Situation verbessern. Doch diese Annahme erweist sich schnell als Flop. Ich nahm an, man würde sich für mich interessieren. Immerhin bin ich von Osnabrück nach Derby übergesiedelt, um hier eine Zeitlang zu leben und zu arbeiten. Doch niemand interessiert sich an diesem Abend wirklich für mich, von einer erhofften Unterstützung bei der Jobsuche ganz zu schweigen. Nach einem Diavortrag über Osnabrück steht man in kleinen Gruppen an der Bar, trinkt Bier und Wein, unterhält sich. Ich stehe etwas verloren dazwischen und versuche mit einigen der Anwesenden ins Gespräch zu kommen. Doch außer oberflächlichem »Smalltalk« tut sich nicht viel. Ich bleibe nicht lange, das hier ist reine Zeitverschwendung! Hatte ich mir von diesem Abend viel versprochen, so muss ich diese Hoffnung jetzt begraben. Es hat keinen

Sinn, sich auf andere zu verlassen und darauf zu hoffen, dass mir Menschen mit Einfluss behilflich sein könnten. Am besten, man verlässt sich nur auf seine eigenen Fähigkeiten. Ich jedenfalls werde genau das jetzt tun.

Erste Mietwohnung
in Duffield, Derbyshire

Samstag, 30. März. Heute Nachmittag beziehe ich mein neues Domizil in Duffield. Das Mietverhältnis beginnt zwar offiziell erst am 01. April, doch ich darf bereits heute einziehen. Einzug ist im Augenblick sicher nicht gerade das richtige Wort, denn ich besitze noch keine Möbel. Diese werden erst in etwa drei Monaten hier eintreffen, nämlich dann, wenn auch Marie Osnabrück verlassen wird. Ich übernehme also genau genommen heute nur die Wohnung. Da ich aktuell keine eigenen Einrichtungsgegenstände besitze, stellen mir meine Gasteltern freundlicherweise temporär einige zur Verfügung: einen Tisch, einen Stuhl, eine Matratze, einen Schlafsack, ein Elektroheizgerät sowie etwas Geschirr plus Besteck. Mehr brauche ich im Moment auch nicht. John fährt mich zur Wohnung und hilft mir dabei, die Leihgaben nach oben zu tragen. Ein letzter Händedruck, dann bin ich allein und stehe nach nur drei Wochen in einem fremden Land wieder auf eigenen Beinen. Eine große Stille umgibt mich. Keiner spricht, nichts bewegt sich. Während der letzten Wochen im Haus meiner Gastfamilie war immer jemand da, nie war ich dort völlig alleine. Jetzt ist das auf einmal ganz anders. Spreche ich nicht, spricht niemand. Bewege ich mich nicht, bewegt sich nichts. Jeder, der plötzlich schon einmal ganz alleine war, kennt diese fast unheimliche Stille. Ich muss etwas tun, darf jetzt auf keinen Fall sentimental werden. Gerade noch so glücklich, endlich in den eigenen vier Wänden zu stehen, darf ich jetzt vor der Stille nicht kapitulieren. Ich laufe von einem Ende der Wohnung zum anderen, mache absichtlich Krach, um die Stille zu vertreiben, baue den Tisch auf, suche einen geeigneten Platz und stelle ihn ins Wohnzimmer vor das große Erkerfenster mit Blick in den Garten. Dann setze ich mich auf den einzigen Stuhl, den ich habe, an den einzigen Tisch in diesem sonst leeren Raum und blicke hinaus in den Garten. Wie schön wird das hier wohl im Sommer sein, wenn alles grünt und blüht. Sind dann auch die Möbel da, können wir uns diese Räume gemütlich einrichten. Ich sehe schon alles vor mir. Doch bis dahin liegen noch ein paar lange Monate vor mir, die sicher nicht leicht werden. Die Matratze, den Schlafsack und das Elektroheizgerät trage ich in das kleine Schlafzimmer. Vor allem dieses Zimmer muss in den nächsten Tagen und Wochen renoviert werden. Durch die Feuchtigkeit, die in die Wände eingedrungen ist, steht die Tapete mit etwas Putz vom restlichen Mauerwerk ab. Hier ist eine Lösung gefragt. In das Badezimmer und die Küche ist ebenfalls Arbeit zu investieren, damit auch diese Räume wohnlicher werden. Aber ich habe ja während der nächsten Monate viel Zeit, kann die gesamte Wohnung neu streichen und herrichten. Langweilig wird es mir sicher nicht.

Nachdem meine wenigen Habseligkeiten in der Wohnung verteilt sind, spaziere ich durch den Ort. Es beginnt dunkel zu werden, ich laufe eine gute halbe Stunde herum, erkunde die direkte Umgebung meines neuen Zuhauses. Alles ist vollkommen neu! Man fühlt sich wie auf einer kleinen Lichtung inmitten eines riesigen, unbekannten Waldes. Überall ist Neuland! Langsam wird die Gegend vertrauter, bis man sich irgendwann zu Hause fühlt. Alles Neue hat seinen Reiz. Ich brenne förmlich darauf, Unbekanntes zu entdecken. Doch nicht alles an einem Tag! Die halbe Stunde heute reicht für den Moment. Ich kenne jetzt ein kleines Stück der näheren Umgebung. Als ich zum Haus zurückkehre, ist es bereits dunkel. In der Wohnung muss ich feststellen, dass es noch keinen Strom gibt, also auch kein Licht. Somit sitze ich im Dunkeln. Kerzen habe ich keine und auch keine Taschenlampe. Da bleibt mir nichts anderes übrig, als in den Schlafsack zu kriechen. Doch an Schlaf ist an diesem Abend nicht zu denken. Die erste Nacht in fremder Umgebung ist immer etwas Besonderes. Ich liege wach, bin zwar todmüde, kann aber nicht einschlafen. Es ist still im Haus, zu still. Dann döse ich doch ein. Plötzlich weckt mich etwas auf! In der Wohnung direkt unter mir wurde ein Fernsehgerät eingeschaltet. Ich versuche nicht hinzuhören, doch das Gerät muss direkt unter mir stehen. Jetzt wird wahrscheinlich ein Pferderennen kommentiert, die Stimme des Reporters wird immer schneller und lauter, die Pferde scheinen sich der Zielgeraden zu nähern. Wie soll man da nur schlafen können! Wie lange wird der Nachbar wohl noch fernsehen? Endlich kehrt Ruhe ein, das Gerät wird abgeschaltet und ich döse wieder ein.

Sonntag, 31. März. Gegen 8 Uhr schaltet mein Nachbar den Fernseher erneut ein. Ich stehe auf und frühstücke. Irene hat mir etwas Brot und ein Glas Marmelade mitgegeben. Gleich morgen Abend werde ich mir nach der Arbeit einen kleinen Lebensmittelvorrat anlegen. Ich sitze am Tisch im Wohnzimmer, esse ein paar Scheiben Brot mit Marmelade und trinke ein Glas Wasser dazu. Draußen scheint die Sonne, das Fenster steht einen spaltweit offen. Mein erstes Frühstück in der neuen Wohnung. Dieser Sonntag verläuft relativ ruhig. Am Vormittag lese ich, am Nachmittag breche ich zu einem ausgedehnten Spaziergang auf. Eine schmale Landstraße führt mich hinaus in die Natur. Hier stehen ein paar prächtige Häuser, deren Bewohner äußerst wohlhabend sein müssen. Was für ein Glück, dass ich in dieser Gegend wohnen darf. Nach etwa zehn Minuten passiere ich das letzte Haus. Die Straße wird jetzt auf beiden Seiten von Hecken begrenzt, die so typisch sind für dieses Land. Ich bewege mich auf einem Höhenzug. Links von mir weitet sich ein breites Tal mit grünen, von Hecken umrandeten Wiesen, vereinzelten Baumgruppen und hier und da einem Bauernhof. Weit drüben, auf der anderen Seite, steigt das Land wieder sanft an, um sicher dahinter, von hier oben nicht einsehbar, in ein anderes Tal abzufallen. Zu meiner Rechten sieht das Bild ganz anders aus. Das Land fällt steiler ab, im Tal findet nur ein Bauernhof mit einigen Wiesen und Weiden Platz. Dahinter erhebt sich ein Bergrücken, der erste Ausläufer der »Pennines«, dem Mittelgebirge, das sich von hier aus bis hinauf an die schottische Grenze zieht. Ich erreiche Hazelwood. Hier begleiten nur ein paar Häuser die Straße. Das Wetter ändert sich, im Nordwesten ziehen dunkle Wolken auf. Es könnte bald regnen und ich habe keinen Schirm dabei. Das sollte einem in England nicht passieren! Ich trete den Rückweg an. Eigentlich wollte ich mich heute bei den Nachbarn kurz vorstellen. Aber nach dem langen Spaziergang bin ich müde und verschiebe dieses Vorhaben auf morgen. Außerdem soll man nicht schon am ersten Tag mit der Tür ins Haus fallen. Ich möchte auf keinen Fall den Anschein erwecken, aufdringlich zu wirken. Heute Abend esse ich meine restlichen Lebensmittel. Morgen muss ich unbedingt zum Einkaufen gehen! Danach lese ich noch etwas. Ich habe mir viele Bücher mitgebracht, deutschsprachige Literatur wird sich hier wohl nur schwer finden lassen. Langsam wird es dunkel. Licht kann ich nicht einschalten, da es noch immer keinen Strom gibt. Also gehe ich mit dem letzten Tageslicht ins Bett, vielmehr in den Schlafsack, und bin gespannt, wie sich diese zweite Nacht anfühlen wird. Muss ich wieder ein Pferderennen oder Ähnliches über den Fernseher meines Nachbarn mithören? Das Gerät läuft zwar, der Geräuschpegel ist aber erträglich. Gegen 23 Uhr ist endlich Ruhe.

In der zweiten Nacht schlafe ich schon wesentlich besser. Heute ist Montag, ein neuer Arbeitstag beginnt. Ein Bus bringt mich von Duffield nach Darley Abbey. Von der Haltestelle sind es nur ein paar Minuten zu Fuß bis zur »Mill«. 9 Uhr, Arbeitsbeginn. Die kleinen Maschinen setzen sich in Bewegung, alle Kolleginnen und Kollegen beginnen ihre Muster zu kleben. Nach der Frühstückspause erscheint der Abteilungsleiter und zeigt mir den Geschäftsbrief einer deutschen Firma, der leider nicht auf Englisch, sondern auf Deutsch verfasst ist. Der gute Mann kann ihn daher nicht lesen und bittet mich um eine Übersetzung. Da ich ihm diesen ersten Job verdanke, verspreche ich, dies zu tun. Am Abend kehre ich per Bus nach Duffield zurück. In der Wohnung gibt es immer noch keinen Strom, obwohl mir die Vermieterin fest versprochen hat, sich darum zu kümmern.

Heute Abend will ich mich kurz bei den Nachbarn im Haus vorstellen. Zuerst klopfe ich an die Tür der gegenüberliegenden Wohnung. Hier soll eine junge Frau wohnen, doch niemand öffnet. Das fängt ja gut an! Ich steige die Treppe hinunter und versuche es im Erdgeschoß. Dort befindet sich die Wohnung mit dem Fernseher direkt unter meinem Schlafzimmer. Schritte sind zu hören, ein älterer Mann öffnet die Tür. Ich stelle mich ihm als neuen Mieter vor. Er nickt freundlich und bittet mich für einen Augenblick hereinzukommen. Wir trinken eine Tasse Tee und unterhalten uns. Ich erzähle, woher ich komme und was ich vorhabe, er hört interessiert zu. Zwischendurch sehe ich mich um und entdecke den Fernseher. Er steht fast genau unter der Stelle, an der eine Etage höher meine Matratze liegt. Kein Wunder also, dass er stört, wenn er eingeschaltet ist. Ich sage jedoch nichts. Der Mann ist freundlich, ich bin neu und möchte nicht gleich mit einer Beschwerde auffallen. Ich werde mich eben an das Gerät gewöhnen müssen, es sei denn, es ließe sich ein anderer Schlafplatz finden. Ich erwähne das Stromproblem. Ohne darum gebeten worden zu sein, bringt mir der Mann eine ganze Schachtel mit Kerzen, die ich benutzen könne, bis ich Strom hätte. Das ist sehr freundlich! Ich kehre in meine Wohnung zurück. Dank der Kerzen und einiger Streichhölzer sitze ich heute Abend nicht im Dunklen. Die gegenüberliegende Wohnung werde ich morgen besuchen, die läuft mir ja nicht davon. Heute Abend will ich auf jeden Fall den Geschäftsbrief übersetzen. Dafür stelle ich ein paar Kerzen auf den Kaminsims, einige ans Fenster, und zwei vor mich auf den Tisch. Die Atmosphäre ist wahnsinnig romantisch! Das große Zimmer wird durch die züngelnden Flammen leicht erhellt, vor dem Erkerfenster ruht der dunkle Garten. Fast könnte man meinen, man wäre in einem Schloss. Die Kerzen auf dem Kaminsims erinnern an eine Zeit, in der es überhaupt noch keinen Strom gab. Plötzlich bin ich gar nicht mehr böse, kein elektrisches Licht zu haben. Ich sitze hier bei Kerzenschein in einem alten Haus mitten in England. So in etwa könnte ein Poet vor langer Zeit im Schein flackernder Kerzen an einem Tisch gesessen sein. Im Gegensatz zu ihm schreibe ich heute Abend aber keine romantischen Gedichte oder spannenden Romane, sondern übersetze einen Geschäftsbrief ins Englische. Hierbei handelt es sich um ein Angebot neuer Materialien für Tapeten, Stoffe und Garne. Der Inhalt ist sehr technisch und ich muss oft im Wörterbuch nachschlagen. Meine erste Übersetzungsarbeit in Großbritannien bei Kerzenschein im neuen Wohnzimmer! Einige Kerzen sind bereits ziemlich abgebrannt und beginnen heftig zu flackern. Ich ersetze sie durch neue. Immerhin habe ich einen ganzen Karton davon bekommen, das reicht noch für mehrere Abende. Draußen ist es stockdunkel geworden. Es ist fast schon unheimlich still. Nichts bewegt sich, außer den Flammen der Kerzen, die mal in die eine und dann wieder in die andere Richtung züngeln. Ich sitze im Halbdunkel und tue nichts, lasse die Stille einfach nur auf mich wirken, bin ruhig und zufrieden. Ich habe die richtige Entscheidung getroffen! Es war gut, hierhergekommen zu sein.

Welche Schwierigkeiten in Zukunft noch auf mich warten, heute Abend, in diesem Augenblick, bin ich fest entschlossen, für alles eine Lösung zu finden. Ich bin müde, Zeit, mich in den Schlafsack zu rollen, um morgen fit zu sein für eine erneute Steigerung meiner Klebeleistung. Der Fernseher läuft heute Abend ausnahmsweise mal nicht und ich schlafe schnell ein.

Mein Verdienst steigt in den nächsten Wochen, da ich schneller werde und mehr Musterbögen fertigstelle. Trotzdem lassen sich damit die Kosten bei weitem noch nicht decken. Die Kollegen haben mich akzeptiert, ich gehöre dazu, kann meinen Wortschatz erweitern. Einige zeigen auch Interesse, deutsche Wörter zu lernen. Leider vor allem Flüche und sonstige Kraftausdrücke, aber immerhin. An einem Samstagvormittag besuche ich einen Baumarkt. Dort kaufe ich einen Eimer mit weißer Farbe, einige Werkzeuge und was man sonst noch so braucht, um eine Wohnung herzurichten. Das kostet mich einen halben Wochenlohn! Am Nachmittag beginne ich mit der Renovierung. Zuerst kommt das kleine Zimmer dran, in dem ich aktuell schlafe. Die Matratze wird ins Wohnzimmer ausgelagert, Platz ist dort ausreichend vorhanden. Die durch den Wasserschaden abstehende Tapete einschließlich Putz ist zu reparieren. Das entpuppt sich als gar nicht so einfach, gelingt jedoch mit etwas handwerklichem Geschick. Am darauffolgenden Wochenende beginne ich mit dem Streichen des Zimmers. Der Zement ist getrocknet, die beschädigten Stellen sitzen wieder fest. In dieser Woche stelle ich mich auch den Nachbarn der zweiten Wohnung im Erdgeschoss vor. Hier residiert ein altes Ehepaar. Auch sie sind freundlich, bieten mir sofort eine Tasse Tee und ein Stück selbstgebackenen Kuchen an. Für ihr Alter sind beide noch sehr rüstig, sie heißt Rose, er Leslie. Wir kommen ins Gespräch, sie finden mein Vorhaben äußerst interessant. Leslie bietet mir an, meine Frau von seinem Telefonapparat aus anzurufen. Dankend lehne ich ab, denn ich weiß nicht, ob er sich im Klaren darüber ist, was ein solches Auslandsgespräch kostet. Ich notiere mir jedoch seine Telefonnummer. Sollte Marie einmal dringend anrufen müssen, könnte sie mich hier erreichen. Auch die junge Frau in der gegenüberliegenden Wohnung treffe ich in dieser Woche an. Sie schient ziemlich schüchtern zu sein, öffnet die Tür nur einen Spalt weit, ein längeres Gespräch entwickelt sich nicht. Sie ist sicher etwas vorsichtig, was man bei einer alleinstehenden Frau verstehen kann. Jetzt kenne ich alle Mitbewohner, langsam wird diese Wohnung mein neues Zuhause. Während der nächsten Wochen streiche ich alle Räume. Jeden Tag, wenn ich von der Arbeit nach Hause komme, greife ich zum Pinsel und arbeite ein bis zwei Stunden. An den Wochenenden renoviere ich während der Nachmittage. Zwischendurch fahre ich noch ein paar Mal zum Baumarkt und hole Nachschub an Farbe. Nach dem Schlafzimmer streiche ich das Badezimmer, die Küche und den Gang, alles in Weiß. Als ich fertig bin, sind die Zimmer fast nicht wiederzuerkennen. Sie sehen jetzt sauber und frisch aus. Von der Firma, in der ich gerade arbeite, bekomme ich ein großes Reststück Tapetenpapier geschenkt, groß genug, um die alte Fischmustertapete im Badezimmer zu ersetzen. Dazu ein neuer Spiegel, und das Bad sieht aus wie neu. In wenigen Wochen wird Marie für ein paar Tage zu Besuch kommen. Bis dahin muss alles hergerichtet sein. Mit den Renovierungsarbeiten liege ich sehr gut im Zeitplan. Hoffentlich wird ihr die Wohnung genauso gut gefallen wie mir.

Freitag, 12. April. Erster Rückschlag! Alle Gelegenheitsarbeiter, zu denen auch ich gehöre, würden wegen der aktuell schlechten Auftragslage am Ende der nächsten Woche entlassen. Sollte sich die Situation verbessern, erwäge man in einigen Wochen wieder Personal einzustellen. Das trifft nicht nur mich, sondern auch einige meiner einheimischen Kolleginnen und Kollegen, meist Jugendliche ohne eine qualifizierte Ausbildung. Die scheint das aber wenig zu stören. Ihren Gesprächen ist zu entnehmen, dass sie Arbeitslosenunterstützung beantragen werden. Bei mir ist das nicht so einfach. Erstens bekomme ich als Ausländer, der erst seit ein paar Wochen im Land ist, keine Arbeitslosenunterstützung, und zweitens bin ich nicht hierhergekommen, um arbeitslos zu sein. Eigentlich kommt mir die Situation nicht ganz ungelegen. Die eintönige Arbeit und der geringe Verdienst sind nun wirklich nicht gerade interessant. Irgendwie ist es jetzt an der Zeit, einen besseren Job zu finden. Die temporäre Entlassung hat Tatsachen geschaffen, auf die nun reagiert werden muss. In ein paar Wochen könnte ich eventuell zurückkehren. In der Zwischenzeit sollte ich versuchen, etwas Besseres zu finden. Ich sehe das Ganze positiv. Immerhin bin ich nun schon sechs Wochen in Großbritannien, kenne mich besser aus und konnte bereits sprachliche Fortschritte machen. Ich habe sogar richtig Lust, mir einen neuen Job zu suchen.

Am Wochenende gehe ich zum Einkaufen, renoviere weiter die Wohnung, überlege mir eine Strategie für die zweite Jobsuche. Ich setze ein Bewerbungsschreiben auf, das ich im Laufe der nächsten Woche an verschiedene Unternehmen versenden möchte, deren Adressen ich der lokalen Zeitung entnehme. Bis Ende nächster Woche bin ich ja noch in Arbeit. Während dieser Zeit bewerbe ich mich schriftlich. Sollte das zu keinem Erfolg führen, werde ich mich erneut selbst auf den Weg machen und Unternehmen direkt besuchen. Am Sonntagnachmittag ist herrliches Wetter, ideal zum Wandern. Ich nutze dies, um weiter die Umgebung zu erkunden, verlasse Duffield und laufe an der Hauptstraße entlang in Richtung Belper. Gleich am Ortseingang von Milford, nur knapp einen Kilometer von Duffield entfernt, entdecke ich auf der linken Straßenseite ein

Unternehmen. Hier könnte ich in einer Woche einmal anklopfen. Auf dem Weg nach Belper fallen mir weitere kleinere bis mittelgroße Unternehmen auf, bei denen sich eine Jobanfrage ebenfalls lohnen würde. Je näher ich an Belper herankomme, desto mehr Unternehmen gibt es. Ich zähle insgesamt dreizehn Firmen. Eigentlich war es heute Nachmittag nicht meine Absicht, nach neuen potentiellen Arbeitgebern Ausschau zu halten. Ich wollte einfach nur spazieren gehen. Aber ein hilfreicher Zufall ist das allemal! Auf dem Rückweg bin ich bereits voll in der Planung meiner zweiten Jobsuche. Bei einer so großen Anzahl von Firmen müsste die Chance, einen Treffer zu landen, ziemlich hoch sein. Voller Zuversicht brenne ich darauf, loszuziehen, um mein Glück zu versuchen. Die letzten Tage in der Farbenfabrik vergehen schnell. Insgesamt war ich hier fünf Wochen beschäftigt. Als ich meinen Arbeitsplatz in der Darley Abbey Mill zum letzten Mal verlasse, bin ich nicht traurig. Weiß ich doch, dass etwas Neues bevorsteht. Ich kann wieder selbst bestimmen, wie es weitergeht. Das motiviert! Ich fühle mich frei und stark! Irgendwie bin ich froh, dass diese Situation eingetreten ist. Wahrscheinlich hätte ich es nicht so bald gewagt, die relative Sicherheit eines, wenn auch nur geringen Verdienstes, gegen das Abenteuer einer ungewissen neuerlichen Jobsuche einzutauschen. Die temporäre Freisetzung hat mir die Entscheidung praktisch abgenommen. Es gibt nur einen Weg, die Flucht nach vorne! Im Laufe der Woche habe ich bereits einige schriftliche Bewerbungen abgeschickt, aber noch keine Antworten erhalten. Ich werde aber nicht nur auf den Postboten warten, sondern selbst aktiv werden. Freitag ist mein erster Tag ohne Arbeit. Ich werde ihn nutzen, um die dreizehn Unternehmen im Raum Belper aufzusuchen.

Freitag, 19. April. Heute Morgen stehe ich zeitig auf, frühstücke eine Kleinigkeit, packe Kopien meines Lebenslaufs in die Umhängetasche und ziehe los. Das Wetter ist auf meiner Seite, strahlend blauer Himmel und wärmender Sonnenschein begleiten mich. An so einem herrlichen Tag kann eigentlich nichts schiefgehen, liegt der Erfolg regelrecht in der Luft. Negative Gefühle kommen da erst gar nicht auf. Ich laufe von Duffield in Richtung Milford, fühle mich frei, kann mein Schicksal selbst bestimmen. Keine Grenzen engen mich ein. Ich bin von niemandem abhängig, vertraue nur auf die eigene Kraft. Am Ortseingang von Milford treffe ich auf das erste Unternehmen. Aller Anfang ist schwer, ich bin nun doch etwas nervös. Wie bei der ersten Jobsuche, ist diese Nervosität auch jetzt zu überwinden. Erfolge geben Selbstvertrauen und je mehr davon vorhanden ist, desto geringer sind die Zweifel. Das Verwaltungsgebäude liegt inmitten eines kleinen Parks. Ich trete ein, stehe am Empfang, niemand ist zu sehen. Auf dem Tisch steht ein Telefon. Ich greife zum Hörer und wähle die angegebene Nummer. Eine Frauenstimme meldet sich. Ich bitte um ein Gespräch mit der Personalabteilung. Ich solle warten. Immerhin werde ich hier nicht sofort abgewiesen. Meine Zuversicht steigt. Nach ein paar Minuten erscheint eine Frau. Sie ist freundlich und bittet mich, ihr in ein Konferenzzimmer zu folgen. Dort überreiche ich ihr eine Kopie meines Lebenslaufs und lege den Schnellhefter mit den Zeugniskopien auf den Tisch. Sie scheint beeindruckt zu sein, aber auch erstaunt darüber, dass ich hier so einfach aufkreuze und nach Arbeit frage. Sie sei die Sekretärin des Geschäftsführers, der aktuell beruflich in den USA unterwegs ist. Deshalb könne sie mir leider im Moment nichts Konkretes sagen. Sie würde meine Unterlagen aber gerne behalten, um sie ihrem Chef vorzulegen, sobald dieser zurück ist. Danach verabschiedet sie sich, wünscht mir alles Gute und verspricht, ihren Chef zu informieren. Als ich wieder draußen bin, habe ich zwar noch keinen neuen Job, aber ein Teilerfolg war das allemal. Ich wurde nicht abgewiesen, man hat meine Unterlagen behalten und war beeindruckt. Ich muss die positive Stimmung, in der ich mich gerade befinde, nutzen, um intensiv weiterzusuchen. Gleich auf der anderen Straßenseite wirbt ein »Garden Center« um Kunden. Während der Sommermonate, so konnte ich erfahren, würden hier manchmal Gelegenheitsarbeiter eingestellt. Es ist zwar noch kein Sommer, aber einen Versuch wäre es auf jeden Fall wert, dort einmal anzuklopfen. Die Nervosität hat sich gelegt. Niemand wird mir den Kopf abreißen, die meisten Menschen sind freundlich und hilfsbereit, auch wenn es keine Jobs gibt. Überall traf ich bisher nur auf anerkennende, aufmunternde Worte. Ich überquere die Straße und betrete das Gartencenter. Der Mann hinter der Verkaufstheke ist ziemlich wortkarg. Ich frage nach einem Job, er schüttelt den Kopf. Derzeit gebe es keine offenen Stellen! Da kann man nichts machen. Nach diesem kurzen Gastspiel bin ich wieder draußen und mache mich auf den Weg zu neuen Chancen. In Milford gibt es einen weiteren Fabrikkomplex. Das Eingangstor steht offen, ich gehe hindurch, überquere den Hof und steuere das Bürogebäude an. Ein Wachmann hat mich bereits beobachtet. Ich frage ihn nach der Personalabteilung. Da sei ich hier leider falsch, lautet die Antwort. Die Personalabteilung befinde sich im Werk Belper. Dort solle ich es versuchen. Eine klare Antwort. »Kein Problem, nach Belper will ich sowieso«. Meine Moral ist immer noch sehr gut. Drei Firmenbesuche, ein Teilerfolg, verbleiben noch zehn Chancen. Die Wahrscheinlichkeit, einen Treffer zu landen, ist immer noch relativ hoch. Am Ortsausgang wartet schon das nächste Unternehmen. Hier gelange ich jedoch erst gar nicht auf das Firmengelände, der Pförtner lässt mich nicht passieren. Ich darf aber in der Personalabteilung anrufen. Solche Telefonate führen meist zu nichts, man wird relativ schnell abgewimmelt. Hier ist das nicht anders. Ich spreche kurz mit einem Mitarbeiter, der mich sofort wissen lässt, dass es keine Jobs gebe. Sollte ich mich bewerben wollen, müsse dies schriftlich erfolgen. Das war's dann auch schon bei diesem Unternehmen. Ich laufe weiter an der Hauptstraße entlang. Etwas Enttäuschung macht sich bemerkbar. Doch es hat keinen Sinn, den Kopf hängen zu lassen. Neun Firmen gibt es ja noch. Kurz vor Belper haben sich drei weitere Unternehmen angesiedelt. Ich versuche mein Glück beim ersten. Hier kann ich das Bürogebäude problemlos betreten, das ist schon mal ein großer Vorteil. Ich schildere der Sekretärin am Empfang mein Anliegen, sie bittet mich einen Moment zu warten. Ich nehme auf einem Sessel unter einer großen Zierpflanze Platz. Nach einigen Minuten erscheint ein Mitarbeiter aus dem Personalbüro. Er ist jedoch in Eile und lässt mich dies auch deutlich spüren. Ich erkläre ihm kurz, warum ich hier bin. Er antwortet ebenso kurz, dass es derzeit keine Stellen zu besetzen gebe. Er redet zumindest nicht um den heißen Brei herum, sondern gibt eine klare Antwort. Auch hier ist nichts zu gewinnen. Doch gleich nebenan wartet ein weiterer potentieller Arbeitgeber. Also, nicht entmutigen lassen, weitersuchen. Auch hier behindert mich kein Pförtner. Durch den Haupteingang gelange ich an den Empfang. Auf dem Tisch steht ein Telefonapparat. Ich wähle die Null, eine Stimme meldet sich, ich schildere mein Anliegen, die Antwort ist negativ. Auch hier gibt es keine Jobs! Ich lege den Hörer auf, verlasse den Raum, überquere die Straße und wende mich der dritten Chance zu. Hier gibt es einen Pförtner, der mich nicht passieren lässt. Ich darf aber in der Personalabteilung anrufen, was jedoch nichts bringt. Auch hier gibt es keine Jobs! Und wieder muss ich mich geschlagen geben. Wo nichts ist, da kann man auch nichts finden.

Ich ziehe Zwischenbilanz: Sieben Unternehmen besucht, das Ergebnis ist bisher eher mager bis ernüchternd. Doch jetzt schon aufgeben kommt nicht in Frage! Noch bleiben mir sechs Chancen und die werde ich nutzen. Ich laufe weiter die Straße entlang nach Belper hinein. Die Zuversicht von heute Morgen beginnt zu bröckeln, Resignation kommt auf. Ich erreiche die nächste Firma. Sie ist sehr klein, besteht praktisch nur aus einer Halle. Die ist jedoch neu. Warum vorbeigehen, nur weil die Firma klein ist. Ich habe nichts zu verlieren, jede Chance wird genutzt. Ich trete ein, im Büro ist niemand anwesend. Ich gehe wieder nach draußen, laufe um die Halle herum, finde einen weiteren Eingang, höre Stimmen, gehe hinein, treffe auf zwei Männer, spreche sie an und frage nach einem Job. Aber auch hier gibt es keine Arbeit! Zum Glück ist wenigstens das Wetter auf meiner Seite. Die Sonne wärmt und überall blühen bunte Blumen. Wie furchtbar wäre jetzt ein verregneter, kalter, grauer Novembertag. Doch es ist Frühling! Noch kann ich mich motivieren. So leicht gebe ich mich nicht geschlagen! Es bleiben ja noch fünf Firmen und wer weiß, vielleicht bin ich gar nicht mehr weit von einem Treffer entfernt. Ich nähere mich dem Zentrum von Belper. Rechts der Straße präsentiert sich mir ein weiteres großes Unternehmen. Der Pförtner lässt mich passieren! Es ist fast nicht zu glauben, aber er lässt mich tatsächlich durch und beschreibt mir sogar den Weg zum Personalbüro. Am Empfang ist dann aber Schluss! Die Rezeptionistin hat ihre Vorschriften, kommt mir aber doch wenigstens etwas entgegen, ruft in der Personalabteilung an und bittet jemanden zu schicken, um mich anzuhören. Meine Hoffnung, hier einen Job zu finden, sinkt. Sie sinkt weiter, je länger ich warten muss und erreicht ihren Nullpunkt als endlich eine junge Frau erscheint, nur um mir mitzuteilen, dass es keine offenen Stellen gebe. Ich merke, wie ich innerlich verzweifle. Warum gibt es keine Jobs? Ich bin doch bereit, jede Art von Arbeit anzunehmen. Aber bis jetzt gab es nichts, absolut nichts. Wohin ich auch komme, immer wieder die gleiche Antwort: »No jobs!«

Das schafft mich langsam! Ich reiße mich zusammen, vier potentielle Möglichkeiten gibt es ja noch. Also weiter! Ich überquere die Straße und treffe auf ein Verwaltungsgebäude, das sicher schon bessere Zeiten gesehen hat. Durch eine museale Drehtür gelange ich in die Empfangshalle und fühle mich in eine andere Zeitepoche versetzt. Zwei ältere Damen sitzen am Empfang, im Hintergrund ist die Telefonvermittlung zu erkennen. Beide Frauen sind freundlich und äußerst hilfsbereit. Ich schildere kurz mein Anliegen. Sie zeigen Interesse, finden es sehr interessant, dass sich ein Deutscher in diesen kleinen Ort verirrt zu haben scheint. Doch ich habe mich keineswegs verirrt, sondern bin ganz bewusst hier und hoffe, auch hier bleiben zu können, das heißt, wenn es mir endlich gelingen möge, einen Job zu finden. Die beiden überlegen, wen ich ansprechen könnte. Die Person, die am geeignetsten wäre, sei leider außer Haus. Dann greift eine zum Telefon, wählt eine Nummer, gibt mir den Hörer und erklärt, ich solle doch der Person, die sich gleich melden werde, mein Anliegen vortragen. Obwohl ich Telefongesprächen keine großen Erfolgsaussichten beimesse, nehme ich den Hörer und versuche mein Glück. Eine Frauenstimme meldet sich. Ich schildere meinen Jobwunsch. Am anderen Ende der Leitung wird kurz nachgedacht. Im Moment könne sie mir leider nichts Definitives sagen, denn der Mann, der mir weiterhelfen könnte, sei leider außer Haus. Dieser Mann scheint wirklich sehr wichtig zu sein, denn schon die beiden Frauen am Empfang hatten auf ihn verwiesen. Wann komme er denn wieder zurück? So in einer Stunde, nach dem Mittagessen, sollte er wieder im Haus sein. Ich bedanke mich und lege den Hörer auf. Also, in einer Stunde wird er wieder zurück sein, der Mann, den hier alle für den richtigen Ansprechpartner halten. Ich nehme mir vor, hier am Nachmittag erneut aufzukreuzen. Vielleicht habe ich dann ja mehr Glück. Durch die Drehtür gelange ich aus dem

Halbdunkel wieder hinaus in die Mittagssonne. Gleich um die Ecke befindet sich eine Schokoladenfabrik, die ich vor ein paar Wochen angeschrieben habe. Da ich nun schon einmal hier bin, sollte ich die Gelegenheit nutzen, nachzufragen, was aus meinen Bewerbungsunterlagen geworden ist. Das Personalbüro residiert in einem Bürocontainer neben der Straße. Ich gehe hinein und habe nicht viel Glück. Meine Unterlagen seien abgelegt, wo genau, kann mir die Sekretärin aber nicht sagen. Sollte es Gelegenheitsjobs geben, würde ich benachrichtigt. Das klingt nicht sehr vielversprechend. Ein paar Häuser weiter treffe ich zufällig auf die Niederlassung einer deutschen Firma. Hier sind aber nur wenige Mitarbeiter beschäftigt. Die für das Personal zuständige Frau würde gerne helfen, könne mir aktuell aber nichts Passendes anbieten. Zumindest war auch diese Nachfrage einen Versuch wert. Von den ursprünglich dreizehn Unternehmen bleibt jetzt nur noch eines übrig. Ich mache mich auf den Weg, auch diese letzte Chance zu nutzen. Die Stimmung ist schlecht. Aber ich will zumindest das, was ich mir für heute vorgenommen habe, zu Ende führen. Dreizehn Firmen wollte ich besuchen, dreizehn Firmen sollen es am Ende des Tages auch gewesen sein! Das Unternehmen liegt am anderen Ende der Stadt in der »Belper East Mill«, einem imposanten Fabrikbau aus roten Backsteinen, die sich heute besonders intensiv gegen einen tiefblauen Himmel abheben. Das Pförtnerhäuschen am Tor ist verwaist. Ich laufe einfach durch und trete an den Empfang. Dort endet dann dieser letzte Versuch für heute, Arbeit zu finden. Die Empfangsdame lässt mich zwar in der Personalabteilung anrufen, doch das führt auch hier zu nichts. Die übliche Antwort lautet: »Sorry, no jobs«. Das war's dann für heute! Aus dreizehn Chancen kam nichts Konkretes heraus.

Ich habe Hunger. Immerhin ist es bereits nach Mittag und ich habe heute Morgen fast nichts gegessen. Die Stimmung hat sich eingetrübt. Gleichgültigkeit vermischt sich mit Resignation. Ich bin zu müde, um die Lage jetzt groß zu analysieren, kehre ins Zentrum zurück und suche den Supermarkt auf. Dort kaufe ich mir etwas zu essen. Für den sofortigen Verzehr zwei belegte Brötchen, als Vorrat für die nächsten Tage ein paar Dosen Suppe, abgepackten Fisch, etwas Wurst, Brot und Kekse. Draußen vor dem Geschäft setze ich mich auf eine Bank in die Sonne. Ich habe einen Bärenhunger! Nach den belegten Brötchen verschwindet dann auch noch die halbe Packung Kekse in meinem Magen. Jetzt fühle ich mich besser. Aber für heute reicht's! Nach all den Niederlagen brauche ich keinen weiteren Misserfolg mehr. Daher verspüre ich auch keine große Lust auf einen zweiten Besuch des Unternehmens, bei dem ich vorhin den richtigen Mann nicht angetroffen hatte und nach der Mittagspause noch einmal vorbeischauen soll. Ich überlege hin und her. Einerseits bin ich frustriert, andererseits habe ich nichts zu verlieren. Warum eine Chance ungenutzt lassen? Ich reiße mich zusammen und gehe hin.

Die Umhängetasche voller Lebensmittel, so mache ich mich auf den Weg. Durch die Drehtüre gelange ich wieder ins Halbdunkel der Empfangshalle, die beiden Damen am Empfang kennen mich bereits. Der zuständige Mann sei jetzt im Haus, teilen sie mir lächelnd mit. Er sei erst vor wenigen Minuten zurückgekommen. Ich muss auch nicht lange warten, ein älterer Herr erscheint und bittet mich, ihm in sein Büro zu folgen. Dort nehme ich auf einem Stuhl direkt vor seinem Schreibtisch Platz. Der für mich angeblich richtige Ansprechpartner ist freundlich, fragt, woher ich komme, welche Ausbildung ich besitze, was ich bisher beruflich gemacht habe, warum ich nach Großbritannien gekommen sei und was ich hier vorhabe. Ich beantworte alle Fragen und schildere kurz meine aktuelle Situation. Er hört interessiert zu. Ob ich eine Arbeitserlaubnis für Großbritannien hätte, will er wissen. Als EU-Bürger bräuchte ich kein solches Papier, werfe ich ein. »Ach ja, stimmt, Großbritannien ist ja in der EU«, fällt es ihm wieder ein. Wie bereits im Job-Center, so scheint auch bei meinem heutigen Gesprächspartner die Kenntnis über die EU-Zugehörigkeit Großbritanniens nicht allzu ausgeprägt zu sein. Doch nun fällt es ihm wieder ein und das ist doch zumindest erfreulich. Hat er nun einen Job für mich oder nicht? Das ist im Augenblick so ziemlich alles, was mich interessiert. Er informiert mich nun seinerseits über das Unternehmen, die Produkte, die Exportländer, die Unternehmensgruppe. Und? Jobs? Gibt es welche? Oder gehe ich auch hier leer aus? Plötzlich kippt meine, vor mir auf dem Boden stehende Umhängetasche mit den Lebensmitteln zur Seite, und eine Suppenkonserve rollt dem Schreibtisch entgegen. Ich kann sie gerade noch rechtzeitig mit dem Fuß stoppen und schiebe das vorwitzige Objekt so unauffällig wie möglich in die Tasche zurück. Der Vorfall ist mir peinlich, scheint aber zum Glück nicht bemerkt worden zu sein. Mein Gegenüber erwähnt jetzt, dass die Bundesrepublik Deutschland ein wichtiges Exportland für britische Textilfirmen sei. Ich werde hellhörig! Sollte das etwa heißen, hier würden deutsche Sprachkenntnisse gebraucht? Ich sitze bereits ziemlich lange im Büro dieses Mannes, er nimmt sich Zeit und informiert mich eingehend über das Unternehmen. Das sieht doch alles gut aus. Die Hoffnung, vielleicht ins Schwarze zu treffen und einen Job zu ergattern, steigt von Minute zu Minute. Hier muss doch etwas zu holen sein, sonst hätte er mich schon längst vertröstet und weggeschickt. Einen qualifizierten Job könne er mir leider nicht anbieten, bemerkt er. Aber im Warenlager würden Gelegenheitskräfte gesucht. Er wolle prüfen, ob ich dort eingesetzt werden könnte, reicht mir einen Bewerbungsbogen und bittet mich, diesen umgehend ausgefüllt zurückzuschicken. Sollte ich hier tatsächlich gerade einen Treffer erzielt haben? Er überreicht mir seine Visitenkarte. Zu meiner Überraschung stelle ich fest, dass vor mir kein Geringerer sitzt, als einer der Direktoren dieses Unternehmens. Das ist doch alles zu schön, um wahr zu sein! Ich bin doch hoffentlich nicht auf der Bank vor dem Supermarkt eingeschlafen und träume das alles nur! Aber es ist tatsächlich Wirklichkeit, ich träume nicht, alles ist real!

Ich kehre nach Duffield zurück, könnte vor Freude in die Luft springen und jeden, der mir entgegenkommt, umarmen. Was für ein prickelndes Gefühl, zu siegen! Noch habe ich den Job aber nicht in der Tasche, doch die Zeichen stehen gut. Der Direktor selbst hat sich Zeit für mich genommen, mein Lebenslauf hat ihn interessiert und ich solle schnellstmöglich den Bewerbungsbogen ausfüllen. Auf dem Rückweg phantasiere ich bereits, welche Tätigkeit mich wohl erwarten würde und welche Aufstiegsmöglichkeiten sich daraus ergeben könnten. Vergessen sind plötzlich die Niederlagen des Vormittags. Mein Motivationsbarometer ist enorm nach oben geschossen. Zuhause angekommen setze ich mich gleich an den Tisch, den einzigen, den ich habe, und fülle den Bewerbungsbogen aus. Keine Minute soll verloren gehen! Ich füge dem Ganzen noch ein paar Zeugniskopien hinzu und bringe das Kuvert sofort zur Post. Was für ein Tag! Er begann mit der realistischen Überzeugung, dass bei dreizehn Firmen gute Chancen bestünden, einen Job zu finden. Dann folgte eine Enttäuschung auf die andere. Nach dreizehn Vorsprachen hatte ich noch immer keinen Job. Fast wollte ich schon aufgeben, doch zum Glück tat ich dies nicht. Und dann kam der Treffer! Jetzt am Abend hege ich die große Hoffnung, heute den zweiten Job in Großbritannien gefunden zu haben. Doch bis zu einer positiven Antwort werde ich mich wohl noch eine Weile gedulden müssen. Auf jeden Fall will ich die Zeit nutzen und weitersuchen.

An diesem Wochenende gehe ich mit Irene und John zum Wandern in die nahen Berge. Bei dieser Gelegenheit informiere ich die beiden auch über meine neuerliche Jobsuche. Sie drücken mir ganz fest die Daumen.

Montag, 22. April. Ich mache mich erneut auf den Weg, Unternehmen zu besuchen. Diesmal habe ich mir Duffield vorgenommen. Als Erstes schaue ich bei einer Farbenfirma vorbei. Hier komme ich auf Anhieb zum Personalleiter durch. Er ist freundlich, kennt Osnabrück, war dort schon einmal zu Besuch. Ich versuche die positive Stimmung für mich zu nutzen, sozusagen in einen Job zu verwandeln, doch leider vergebens. Der Mann würde mir gerne helfen, doch leider gebe es derzeit keine offenen Stellen. Ich suche weiter. Als Nächstes besuche ich die Hauptverwaltung der lokalen Bausparkasse. Diese residiert in einem alten Herrenhaus sowie einigen neuen angrenzenden Gebäuden. Durch den Haupteingang gelange ich an den Empfang. Hier ist alles modern und blitzsauber. Ich bitte um ein Gespräch mit einem Mitarbeiter der Personalabteilung. Zu meiner Überraschung bittet mich die Empfangsdame erst einmal Platz zu nehmen, sie werde das Personalbüro benachrichtigen. Nach ein paar Minuten erscheint sogar der Personalleiter höchstpersönlich. Ich schildere ihm mein Anliegen. Das Gespräch dauert rund zehn Minuten. So aus dem Stegreif könne er mir keinen Job anbieten, lässt er mich wissen. Er gibt mir einen Bewerbungsbogen mit, den solle ich ausfüllen. Wenn es auch derzeit keine geeignete Stelle gebe, so wolle er trotzdem meine Unterlagen behalten. Als nächstes besuche ich die lokale Wäscherei. Doch auch hier habe ich kein Glück. Die Autowerkstatt gleich nebenan braucht ebenfalls niemanden. Auf dem Rückweg zur Wohnung stecke ich meine Nase noch kurz in das Büro einer kleinen Holzfirma. Doch auch hier besteht kein Bedarf an Arbeitskräften. Das war's dann für heute! Fünf

Anfragen, keinen Job gefunden. Die Bilanz ist ernüchternd, die Moral sinkt, der Frust steigt. Ich lasse den Kopf aber noch nicht hängen. Morgen gibt es sicher neue Chancen. Im Augenblick muss ich mich gedulden. Doch ich darf nicht untätig herumsitzen, muss weitersuchen, die Zeit drängt. In ein paar Wochen wird meine Frau zu ihrem ersten Besuch nach Großbritannien kommen. Bis dahin will ich unbedingt wieder einen Job gefunden haben, sonst sieht die Lage nicht besonders rosig aus und das könnte ihr vielleicht Sorgen machen.

Dienstag, 23. April. Heute will ich Rolls-Royce besuchen, die wohl bekannteste Adresse in Derby. Hier werden Flugzeugtriebwerke hergestellt. In diesem Unternehmen eine Anstellung zu bekommen, das wäre ein Traum! Rolls-Royce habe ich bisher noch nicht angeschrieben. Ich wollte mir diesen Traum noch etwas erhalten und nur persönlich vorsprechen. Ein Bus bringt mich in den Süden von Derby. Werde ich bei diesem Großkonzern überhaupt an den Pförtnern und Wachmännern vorbeikommen? Ich suche den Haupteingang, steuere auf ein mehrstöckiges Verwaltungsgebäude zu und trete ein. Weit komme ich aber nicht, werde von zwei Wachmännern abgefangen und gefragt, wen ich sprechen möchte. »Einen Mitarbeiter der Personalabteilung«, erkläre ich der Wahrheit entsprechend. Das Personalbüro befinde sich nicht in diesem Gebäude, wird mir erklärt. Ich solle die Straße wieder zurückgehen, mein Ziel befinde sich in dem großen langen Gebäude auf der linken Straßenseite. Ich werde fündig, treffe erneut auf Sicherheitsleute, Wachmänner, Uniformen, muss mich anmelden und Auskunft darüber geben, wen genau ich sprechen möchte. Ob ich einen Termin hätte? Das war's dann wohl, denke ich, denn mit einem Termin kann ich natürlich nicht aufwarten. »Ich komme aus Osnabrück, der deutschen Partnerstadt von Derby und suche einen Job«, erkläre ich und versuche die Situation zu retten. Es gelingt tatsächlich! Der Wachmann ist beeindruckt und beginnt von seinem Urlaub in Deutschland zu erzählen. Seine positiven Erinnerungen kommen mir jetzt zugute. Ich beginne zu hoffen. Er greift zum Telefon und ruft tatsächlich in der Personalabteilung an. Wird es mir gelingen, einen Termin zu ergattern, um persönlich vorsprechen zu können? Diese Hoffnung wird abrupt zerstört! Der für Angestellte zuständige Personalleiter sei aktuell in Urlaub. So ein Pech! So ein verdammtes Pech! Alles begann so gut zu laufen. Fast schon wäre ich an diesem Wachmann vorbei gewesen. Und ausgerechnet heute ist der für mich so wichtige Mensch in Urlaub. Ich kann es kaum fassen, dass dieser Vorstoß ein so jähes Ende nimmt, bin furchtbar enttäuscht! Der freundliche Wachmann hat jedoch einen kleinen Trost für mich. Es gebe einen weiteren Personalleiter für gewerbliche Mitarbeiter, der sei nicht in Urlaub. Sein Büro befinde sich jedoch in einem anderen Teil des Werkes, ungefähr eine halbe Meile von hier entfernt. Ich ziehe also erneut los. Das Büro befindet sich in einem Gebäude, das von außerhalb des Werksgeländes betreten werden kann. Über eine Treppe gelange ich in den ersten Stock, betrete einen größeren Raum, niemand ist anwesend. Durch eine geöffnete Tür sind Stimmen zu hören. Um mich bemerkbar zu machen, räuspere ich mich einige Male. Doch niemand erscheint. Auf ein mehr dahingehauchtes »Hello« erscheint eine Sekretärin und fragt nach meinem Wunsch. »Den Personalleiter hätte ich gerne gesprochen, ist er da?« »Nein, er ist leider nicht da«, lautet die Antwort. Warum ich ihn denn sprechen wolle, fährt sie fort. Die Frau ist nicht besonders freundlich. »Ich suche einen Job«. Es gebe derzeit keine Jobs bei Rolls-Royce, erwidert sie. Ich solle in ein paar Monaten wieder vorbeischauen, vielleicht gebe es dann welche. Das ist dann wohl das Ende meines Traumes, bei diesem weltbekannten Unternehmen einen Job ergattern zu können. Ich muss mich damit abfinden. Der eine Personalleiter ist in Urlaub, der andere auch nicht da, und überhaupt gebe es derzeit keine Jobs. Doch ich werde es wieder versuchen, irgendwann in der Zukunft. Für heute ist meine Jobsuche erst einmal zu Ende. Ich bin niedergeschlagen. Es fällt schwer, diese Niederlage nach der hoffnungsvollen Euphorie zu akzeptieren. Ein Bus bringt mich nach Duffield zurück. Zu Hause angekommen, merke ich erst richtig, wie müde ich bin. Ich schlemme noch schnell eine Dosensuppe, Fisch und etwas Brot. Dann gehe ich zu Bett. Morgen ist ein neuer Tag, ich werde weiterkämpfen!

Mittwoch, 24. April. Ich warte auf den Postboten und hoffe auf eine positive Antwort aus Belper. Doch leider vergebens! Ich lege einen Ruhetag ein, um die Situation zu überdenken, neue Motivation aufzubauen, vor allem aber, um nicht noch mehr Niederlagen einstecken zu müssen. Auch schreibe ich einige Bewerbungen an Firmen, deren Adressen ich der lokalen Zeitung entnommen habe. Meine Hoffnung, durch schriftliche Bewerbungen fündig zu werden, ist nicht allzu groß, aber man weiß ja nie. Auf jeden Fall unternehme ich etwas. Dann kümmere ich mich noch um die Renovierung der Wohnung und kaufe ein. Marie wird am Mittwoch, dem 01. Mai zum ersten Mal zu Besuch kommen und bis Samstag, dem 05. Mai bleiben. Das ist schon in einer Woche. Ich möchte, dass ihr die Wohnung gefällt. Hoffentlich habe ich bis dahin auch einen neuen Job gefunden. So ganz ohne Arbeit dazustehen wäre sicher kein ideales Begrüßungsgeschenk! Eine Woche habe ich noch Zeit. Morgen werde ich intensiv weitersuchen. Der Ruhetag tut gut. Ich bin erneut motiviert, um den Kampf um Arbeit wieder aufnehmen zu können. Vergessen ist der Frust von gestern.

Donnerstag, 25. April. Nach dem Frühstück bringt mich ein Bus nach Derby. Heute will ich im Stadtzentrum nach Jobs suchen. Als Erstes peile ich ein Verwaltungshochhaus an. Dort will ich versuchen, bei British-Rail, dem zweitgrößten Arbeitgeber in Derby, einen Job zu ergattern. Der Pförtner ruft in der Personalabteilung an, ein Mitarbeiter holt mich ab und führt mich in einen Warteraum. Nach einem kurzen Gespräch ist das Ergebnis jedoch negativ. Ein Job bei British-Rail sei derzeit nicht möglich. Ich versuche es bei British-Telecom, doch das Personalbüro residiert in Nottingham. Ich gehe zum Job-Center, um mir die Stellenanzeigen durchzulesen. Eines der Angebote könnte für mich in Frage kommen, ein Lagerarbeiter wird gesucht. Ich ziehe die Karte, informiere mich, erhalte einen Bewerbungsbogen, den ich ausgefüllt an die betreffende Firma schicken solle. Sicher konkurriere ich mit sehr vielen arbeitslosen Einheimischen um diesen Job und habe als Ausländer geringe Chancen. Ich nehme den Bewerbungsbogen mit, er ist besser als gar nichts und vermittelt zumindest das Gefühl, wenigstens etwas erreicht zu haben. Am Nachmittag kaufe ich mir den »Evening Telegraph« und sehe die Jobanzeigen durch. Eine davon interessiert mich. Eine Möbelfirma sucht Mitarbeiter für den Ausstellungsraum. Laut angegebener Adresse befindet sich diese Firma im Zentrum von Derby, sogar ganz in meiner Nähe. Ich mache mich auf den Weg und werde auch bald fündig. Dort erkundige ich mich nach dem ausgeschriebenen Job und muss erfahren, dass dieser bereits besetzt sei. Wieder nichts! Anschließend schaue ich noch einmal kurz bei der Arbeitsagentur vorbei, bei der ich in der ersten Woche ein Gespräch mit dem Leiter führen konnte. Er erinnert sich an mich und holt die Akte mit meinen Unterlagen. Bedauerlicherweise konnte er bis heute noch nichts Passendes für mich finden. Ich verlasse mich schon lange nicht mehr nur auf die Hilfe anderer. Entweder finde ich meine Jobs selbst, oder das Auslandsabenteuer wird scheitern. Mit dem Bus kehre ich nach Duffield zurück. Und wieder ist ein Tag vergangen, und wieder habe ich um einen Job gekämpft, und wieder hatte ich keinen Erfolg. Morgen geht es weiter, vom Aufgeben bin ich noch weit entfernt. Seit einiger Zeit schlafe ich auf meiner Matratze im Wohnzimmer. Hier ist es viel ruhiger, kein Fernseher stört beim Einschlafen. Am Abend höre ich die Stimmen meiner Nachbarn Leslie und Rose, wenn sie sich unterhalten. Das ist aber nicht störend, sondern sogar angenehm. Es vermittelt mir das Gefühl, nicht ganz alleine zu sein. Ich überlege allen Ernstes, aus dem großen Zimmer eine Art Wohn-Schlafzimmer zu machen. Der Raum ist groß genug, sodass man unser Doppelbett mit den beiden Nachttischen in einen Teil stellen und den restlichen Platz als Wohnzimmer nutzen könnte. Kein Fernseher würde die Nachtruhe stören und das kleine Zimmer könnte als Esszimmer genutzt werden.

Freitag, 26. April. Und wieder warte ich voller Ungeduld auf den Postboten. Heute muss doch endlich eine Antwort aus Belper dabei sein, positiv oder negativ. Vor einer Woche fand das Gespräch statt und auch meine Unterlagen sind seitdem unterwegs. Das kann doch nicht so lange dauern! Der Postbote kommt gegen neun Uhr, aber auch heute ist keine Antwort dabei. Irgendetwas stimmt da nicht! Alles hatte doch so gut ausgesehen. Ich konnte mit einem der Direktoren sprechen, er nahm sich Zeit und schien interessiert zu sein. Den Bewerbungsbogen habe ich zusammen mit weiteren Unterlagen rechtzeitig abgeschickt. Warum kommt denn keine Antwort? Ich werde nicht länger warten, sondern der Sache noch heute selbst nachgehen. Jetzt will ich es wissen, auch auf die Gefahr hin, dass diese Chance zerplatzt. Sofort mache ich mich auf den Weg. Der Bus braucht knapp zehn Minuten von Duffield nach Belper. Ich bin nervös! In ein paar Minuten schon kann die einzige wirkliche Hoffnung auf Arbeit, die ich im Augenblick habe, zunichte sein. Ich wäre sehr enttäuscht, muss auf alles gefasst sein. Dennoch will ich es jetzt wissen. Durch die Drehtüre am Haupteingang gelange ich wieder in den Empfangsbereich. Die beiden Damen erinnern sich an mich. Der betreffende Direktor sei im Haus, sie würden ihn benachrichtigen. Ich nehme Platz und warte. Die Anspannung steigt! Ich brauche einen Job und hier bin ich so nahe dran. Hoffentlich geht jetzt nichts schief. Ich muss nicht lange warten, mein Gesprächspartner erscheint, begrüßt mich freundlich und bittet mich in sein Büro. Er habe die Unterlagen erhalten und wollte heute antworten. Er spricht weiter und es klingt wie Musik in meinen Ohren. Er konnte einen Job für mich finden. In diesem Augenblick fallen mir mehrere Mühlsteine vom Herzen! Eine unwahrscheinliche Erleichterung macht sich breit. Das sind die Augenblicke im Leben, die man nie vergisst, an die man sich für immer und ewig erinnert. Das ist der Durchbruch! Endlich ist der Erfolg da, nach all der intensiven Suche. Seit einer Woche bin ich bis auf einen Ruhetag auf Jobsuche. Viele Niederlagen musste ich dabei einstecken, oft war ich enttäuscht und frustriert. Aber ich gab nicht auf! Immer gab es einen neuen Tag, einen neuen Morgen, an dem ich die Enttäuschung des vorherigen Tages überwinden und mutig einen neuen Angriff wagen konnte. Der Mut und die Ausdauer, immer wieder anzuklopfen und nachzufragen, haben letztendlich den Erfolg gebracht. Ich bin so glücklich, dass ich mich eigentlich noch gar nicht so richtig dafür interessiert habe, um was für einen Job es sich überhaupt handelt. Welche Tätigkeit wartet nun auf mich? Der Job sei relativ einfach. Im Warenlager werden immer wieder Aushilfskräfte gesucht, die beim Ein- und Auslagern der zahlreichen Produkte mithelfen. Das Unternehmen in Belper ist Teil eines großen Textilkonzerns. Die Bezahlung ist zwar etwas besser als in der Farbenfabrik, reich kann man davon aber auch nicht werden. Brutto werde ich 45 Pfund pro Woche verdienen. Nach den Abzügen bleiben netto rund 35

Pfund. Doch dieser Betrag hängt nicht von einer Sollvorgabe ab, sondern stellt ein regelmäßiges Fixum dar. Das ist natürlich angenehmer als der vorherige Akkordlohn. Das neue Einkommen reicht jedoch immer noch nicht, um alle Ausgaben zu decken. Ich werde also weiter Geld zuschießen müssen. Aber es ist zumindest eine kleine Verbesserung, also ein Schritt in die richtige Richtung. Am Montag könne ich anfangen, ich solle mich um 9 Uhr melden.

Bei strahlendem Sonnenschein laufe ich die rund fünf Kilometer nach Duffield zurück. Dabei genieße ich das süße Gefühl des Erfolgs, nach all den Niederlagen. Ich habe also doch noch rechtzeitig vor dem Besuch meiner Frau einen neuen Job finden können. Aber es war verdammt knapp! Heute ist Freitag, sie kommt in fünf Tagen. Jetzt heißt es, alles vorzubereiten, damit Marie das alles hier genauso gut findet wie ich. Vor allem lege ich letzte Hand an die Wohnung, flicke hier noch etwas, streiche dort noch ein bisschen, kehre, wische, putze. Alles muss schön und einladend aussehen. Am Nachmittag fahre ich mit dem Bus nach Allestree, einem Vorort von Derby, und kaufe in einem Supermarkt ein. Zur Feier des Tages gönne ich mir anschließend ein leckeres Stück Kuchen, setze mich auf eine Bank und empfinde zum ersten Mal seit Tagen wieder so etwas wie innere Ruhe. Der Stress der Jobsuche ebbt ab. Ich gehöre nicht mehr zu den zahlreichen Arbeitssuchenden, sondern stehe wieder unter Vertrag. Eine Zeitlang sitze ich einfach nur da und sehe den Passanten zu, wie sie kommen und gehen. Es ist schön, einfach nur dazusitzen, Zeit zu haben und zu wissen, dass man auf dem richtigen Weg ist. An diesem Abend teile ich meine Freude mit Irene und John. Für Marie wird mir John eine zweite Matratze, einen zweiten Schlafsack und einen zweiten Stuhl in die Wohnung bringen. Somit wäre alles für den Besuch vorbereitet. Unser neues Zuhause ist trotz einiger Nachteile urgemütlich. Es besitzt ein ganz besonderes Flair. Ich liebe es, bei geöffnetem Fenster im großen Zimmer zu sitzen und hinaus auf den herrlichen Garten zu blicken. Es ist schön hier, friedlich und ruhig. Während der letzten Tage vor Maries Ankunft mache ich noch einmal gründlich sauber, richte alles schön her, kaufe Blumen, die einem Zimmer sofort eine positive Ausstrahlung verleihen.

Zweiter Job als Lagerarbeiter in einer Textilfirma

Montag, 29. April. Mein erster Arbeitstag in Belper. Ich werde vom Direktor, der mich eingestellt hat, höchstpersönlich begrüßt und an den neuen Arbeitsplatz geführt. Wir laufen durch das Hauptgebäude, überqueren einen lichten Innenhof und gelangen in eine große Lagerhalle. Hier arbeiten Frauen und Männer an Packtischen. Ich zähle elf Personen. Auf der linken Seite dieser Halle stehen lange, hohe Regale, in denen Produkte eingelagert sind. Rechts davon befinden sich mehrere Packtische, an denen je vier Personen arbeiten. Der Direktor führt mich an einen dieser Tische und stellt mich einem älteren Mann vor. Er heißt Bill und wird mich in meine neue Tätigkeit einweisen. Jeder Mitarbeiter erhält am Morgen eine Anzahl Aufträge, die er zu kommissionieren hat. Dazu muss man sich im Warenlager gut auskennen, muss wissen, wo welcher Artikel nach Farbe und Größe eingelagert ist. Das ist gar nicht so einfach, denn viele Artikel sind auch in Nebengebäuden untergebracht. Für mich als blutigen Anfänger scheint es im Augenblick schier unmöglich zu sein, sich in diesem Gewirr von Gängen und Regalen einmal richtig auskennen zu können. Doch aller Anfang ist schwer! Ich bin aber mit der richtigen Portion Begeisterung bei der Sache und froh, diesen Job überhaupt gefunden zu haben.

Während der ersten Tage ist es hauptsächlich Bill, mit dem ich zusammenarbeite und mich unterhalte. Er ist mir sehr behilflich, führt mich herum und zeigt mir alles. Nach und nach beginnen sich auch die anderen Kolleginnen und Kollegen für mich zu interessieren. Das geht hier viel schneller als bei meiner ersten Arbeitsstelle. Sicher liegt das auch daran, dass ich nun schon eine ganze Weile im Land bin und die Fremdsprache, vor allem den starken lokalen Akzent, besser verstehe. Auch die Arbeit selbst ist angenehmer, da nicht im Akkord gearbeitet wird. Es bleibt also mehr Zeit für ein (oder zwei) Schwätzchen mit den Kollegen. Ich arbeite mich ein und präge mir die Lagerorte der verschiedenen Artikel ein. Auch ich erhalte jeden Morgen eine bestimmte Anzahl Aufträge, muss die jeweiligen Artikel nach Größe, Farbe und Design aus den verschiedenen Regalen herausholen, diese anschließend an meinem Tisch verpacken und die Kartons mit den Artikelnummern und Mengen beschriften. Die verschiedenen Teile eines Auftrags (nur die wenigsten bestehen aus nur einem Karton) werden zusammengeschnürt und gehen dann mit einer Kopie des Auftragsblatts an den Versand. Ich lerne die neuen Kollegen besser kennen und beginne mich im Warenlager auszukennen. Die Arbeit beginnt Spaß zu machen und die Menschen sind freundlich und hilfsbereit. Vor allem die jungen Kollegen sprechen jetzt sehr viel mit mir, wollen etwas Deutsch lernen. Jedes Wort wird mit Erstaunen quittiert. Sie versuchen es zu wiederholen, bekommen es aber nur halb heraus. Keiner hier spricht Deutsch, geschweige denn eine Fremdsprache. Ich bin erstaunt, wie schnell ich hier aufgenommen werde. Nach wenigen Wochen schon gehöre ich voll dazu, erledige mein Arbeitspensum, kenne mich im Lager aus. Bei den Artikeln, mit denen ich nun jeden Tag zu tun habe, handelt es sich um T-Shirts, Hemden, Jacken, Pullover, Handschuhe, Schals bis hin zu Badeanzügen, Unterwäsche und Damenkleider. An meinem Packtisch ist neben Bill auch Glen tätig. Er ist ein echtes Original! Ich schätze sein Alter auf Mitte Fünfzig. Glen ist seit 40 Jahren bei dieser Firma beschäftigt, auch sein Vater hat hier schon gearbeitet. Damals, so erzählt er mir, standen in dieser Halle noch viele Maschinen, wurde hier noch produziert. Jetzt werden in diesen Räumen leider nur noch Waren eingelagert, die woanders hergestellt werden. Viele Textilien kommen aus Italien und Fernost. Wenn man ihn so erzählen hört, dann kann man aus seiner Stimme eine Art Sehnsucht nach einer längst vergangenen Zeit heraushören. Die gute alte Zeit! Damals war alles ganz anders! Ich mag Glen, unterhalte mich oft mit ihm. Er wird in den nächsten Monaten der Kollege, dem ich am meisten vertraue, auf den ich mich immer verlassen kann. Glen arbeitet zu meiner Rechten, Bill zu meiner Linken. Bill hat ebenfalls lange bei dieser Firma gearbeitet, ist bereits pensioniert, hilft aber immer wieder mal für ein paar Wochen im Lager aus, wenn es wie jetzt viel zu tun gibt. Er war während des Zweiten Weltkriegs als Soldat in Nordafrika, war dabei, als die Alliierten in Italien landeten. Niemals jedoch ist er mir, einem jungen Deutschen, gegenüber unfreundlich. Der Krieg sei schon lange vorbei, sagt er und macht keinen Unterschied zwischen mir und den britischen Jugendlichen. Ich unterhalte mich gerne mit ihm. Er ist ein ruhiger, freundlicher, alter Mann. Mir gegenüber arbeitet Dave. Er ist 18 Jahre alt und schon länger hier beschäftigt. Ich verstehe nicht, warum er keinen Ehrgeiz besitzt, sich weiterzubilden. Denn nur wer sich qualifiziert, wird später einen besseren Job finden. Er mache diese Arbeit des Geldes wegen, lässt er mich wissen. »In der Schule verdient man nichts«. Diese Einstellung höre ich oft von jungen Kollegen. Kurzfristig gesehen mögen sie ja recht haben. Mit dem Geld, das sie jetzt verdienen, können sie sich Dinge leisten, die sich ihre Altersgenossen, die noch zur Schule gehen, nicht leisten können. Doch langfristig gesehen verbauen sie sich ihre eigene Zukunft, denn sie werden später als unqualifizierte Arbeiter für den gleichen Hungerlohn arbeiten müssen wie jetzt. Dann ist es zu spät! Dann können diese Menschen fast nichts mehr aufholen. Am zweiten Packtisch arbeitet Michele, ein junges Mädchen, das während der Pausen oft zeichnet und skizziert. Ihre Entwürfe sind wirklich gut. Sie möchte später einmal Künstlerin werden und verdiene sich durch die Arbeit hier einen Teil des Geldes, das sie für ihre Ausbildung braucht. Das finde ich gut. Neben ihr arbeitet Joan. Sie ist um die 40 Jahre jung, immer lustig und lacht viel. Den beiden gegenüber hat Brian seinen Arbeitsplatz. Er ist auch sehr jung, um die 20 Jahre alt. Auch er verdient lieber Geld, als zur Schule zu gehen. Am dritten Packtisch sitzt John und schreibt den ganzen Tag Versandpapiere. Der Job ist ziemlich eintönig und sicher auch langweilig. Daher ist John etwas eigenartig. Ab und zu singt er, dann wiederum stößt er schrille Schreie aus und hält sich für Rambo. Wenn er normal ist, dann ist er eigentlich ganz nett. Ich habe aber nicht viel mit ihm zu tun. Karl, 20 Jahre alt, arbeitet neben John. Mit ihm unterhalte ich mich auch sehr oft. Ab und zu stehen wir mit unseren Textilien unterm Arm in den schmalen Gängen und plaudern. Dabei müssen wir aufpassen, dass uns kein Vorgesetzter entdeckt. Manchmal läuft nämlich einer von ihnen durch die Gänge und taucht völlig unerwartet auf. Einige Male sind wir schon erwischt worden. Doch wir haben immer einige Artikel unter dem Arm und tun dann so, als ob wir gerade etwas aus- oder einlagern. Karl ist ein netter Kerl und versucht ein paar Wörter Deutsch zu lernen. Leider geht er abends oft in Pubs, trinkt viel und kommt manchmal am Morgen zu spät zur Arbeit. Er besaß einen schicken Sportwagen, erzählt er mir, ein sehr schönes Auto. Eines Abends fuhr er es im Suff zu Schrott. Karl muss aufpassen, dass er sich nicht sein ganzes Leben ruiniert. Dann sind da noch die Kollegen vom Versand, weitere Packer und Abteilungsleiter. Langsam lerne ich sie alle kennen.

Mai 1985. Heute am 1. Mai wird Marie ankommen. Wir haben uns seit sieben Wochen nicht gesehen, so lange ist es bereits her, dass ich Osnabrück verließ. Gestern Abend nahm sie das Nachtschiff von Hoek van Holland nach Harwich und von dort den Zug nach Nottingham. Gegen 13.30 Uhr wird sie in Nottingham eintreffen. Ich bekam unbezahlten Urlaub, um sie abholen zu können, nehme den Bus nach Nottingham und bin rechtzeitig am Bahnhof. Der Zug fährt ein und wenige Minuten später sind wir wieder vereint. Als wir uns umarmen, merke ich erst so richtig, wie lange sieben Wochen sind, wie sehr ich es vermisst habe, meine Frau im Arm zu halten. Wir sind wieder zusammen, wenn auch diesmal nur für vier Tage. Auf dem Platz vor dem Rathaus setzen wir uns auf eine Bank, die Sonne scheint, es ist angenehm warm. Vor uns thront das beeindruckende Rathaus, auf dem Platz plätschern zwei Springbrunnen, alte und neue Hausfassaden säumen die Straßen, Menschen flanieren oder ruhen wie wir auf Bänken. Ich erzähle meiner Frau, wie es mir in den letzten Wochen so ergangen ist. Sie ist vor allem sehr gespannt auf die Wohnung. Dann nehmen wir den Überlandbus nach Derby, steigen dort am zentralen Busbahnhof um und weiter geht's nach Duffield. Mit dem Wetter haben wir großes Glück. Der Himmel strahlt in blau und präsentiert die Umgebung unserer neuen Heimat noch schöner als sonst. Für Marie ist im Augenblick alles völlig fremd, wie für mich vor sieben Wochen, der Linksverkehr, die Sprache, die Landschaft, die Häuser. An all das habe ich mich bereits gewöhnt. In Duffield laufen wir zu unserer Wohnung. In den Vorgärten der hübschen Häuser aus Natursteinen (Cottages) blühen jetzt im Frühling die herrlichsten Blumen. Marie ist von der ländlichen Idylle sehr angetan. Wenn ihr nun auch noch die Wohnung gefällt, ist alles perfekt! Wir erreichen das Haus. Von der Straßenseite aus gesehen wirkt es nicht gerade ansprechend, aber das stört nicht. Hauptsache, man fühlt sich in der Wohnung wohl. Ich schließe die Haustüre auf, über die Treppe gelangen wir in den ersten Stock. Taktisch wohl überlegt führe ich Marie zuerst in das große Wohnzimmer mit dem weiten Erkerfenster zum Garten hin. Für mich war es Liebe auf den ersten Blick! Wird sie ebenso empfinden? Es klappt! Sie ist von diesem Zimmer genauso begeistert wie ich. Dann zeige ich ihr die anderen Räume. Alles ist frisch gestrichen, die Schäden an den Wänden sind repariert. Ein paar Kleinigkeiten gilt es noch zu verbessern. Da wäre zum Beispiel der Teppichboden. Dieser präsentiert sich aktuell in dem kleinen Zimmer in einem schmutzigen Rosa, im Gang in einem abgenutzten Braun, und in der Küche setzt er sich aus mehreren Reststücken zusammen. Das müsste noch geändert werden, sollte aber mittelfristig kein Problem darstellen. Auch der alte Gasherd in der Küche weist unschöne angesengte Stellen auf. Hier hat die Vermieterin bereits signalisiert, dass das alte Gerät durch einen neueren Elektroherd ersetzt werde. Während der nächsten Tage gewöhnt sich Marie an die neue Wohnung. Die Umgebung findet auch sie herrlich. Da ich tagsüber arbeite, verbringt sie die Zeit mit Irene. Ich genieße es, am Abend von der Arbeit nach Hause zu kommen und nicht alleine zu sein. Etwas Normalität kehrt zurück. Am Samstag fahren wir mit dem Bus nach Matlock, gehen spazieren und sehen uns die Schaufensterauslagen an. Am nächsten Tag heißt es dann wieder Abschied zu nehmen. Doch diesmal nur für fünf Wochen, denn Anfang Juni plane ich für einige Tage nach Osnabrück zurückzukehren, um das Auto zu holen. In Nottingham bleibt uns noch etwas Zeit, um Essen zu gehen. Dann zieht Maries Zug in Richtung Kontinent davon und ich bin wieder allein. Sentimentalität kommt auf, ein Anflug von Traurigkeit lässt sich nicht verleugnen. Ich reiße mich zusammen. Es gibt noch viel zu tun. Ich muss die Wohnung verbessern und mich beruflich weiterentwickeln.

Am neuen Arbeitsplatz komme ich gut zurecht, werde von den Kollegen akzeptiert. Da niemand Deutsch spricht, muss ich den ganzen Tag über Englisch reden. So lerne ich viele neue Wörter und ganze Satzwendungen, werde von Tag zu Tag sicherer. Schnappe ich ein mir unbekanntes Wort auf, frage ich sofort Glen oder Bill, die es mir geduldig erklären. Die beiden geben sich große Mühe, dafür bin ich ihnen sehr dankbar. Jeden Tag erweitere ich meinen Wortschatz. Jeweils am Vormittag und am Nachmittag gibt es eine Pause von zehn Minuten. Offiziell sind es zehn Minuten, tatsächlich dauern diese Pausen jedoch viel länger, manchmal fast zwanzig Minuten. Ab und zu werden sogar mal fünfundzwanzig bis dreißig Minuten erreicht! Während der Pausen lesen wir Zeitung, Glen hört Radio, wenn wieder einmal ein Cricket Match übertragen wird. Er ist verrückt nach Cricket. Ich habe ehrlich gesagt keine Ahnung, wie dieses Spiel funktioniert. Nach der Pause nehmen wir dann langsam unsere Arbeit wieder auf. Zu Beginn hat mich die Überlänge der Pausen überrascht, aber man kann sich ja bekanntlich an alles gewöhnen. Natürlich geht das nicht lange gut! Die Zeitüberschreitungen werden bemerkt. Eines Tages kracht es dann! Einer der Chefs erscheint völlig unerwartet in unserem entlegenen Winkel der Lagerhallen und findet uns statt arbeitend, zeitungslesend vor. Er bemerkt spitz, mit unverkennbar scharfem Unterton, dass die Länge der Pause zehn Minuten betrage und man es hier wohl etwas übertreibe! Das falle ihm schon seit einiger Zeit auf. Die Rüge verfehlt ihre Wirkung nicht. Wir schieben unsere Sandwiches beiseite, falten die Zeitung, drehen das Radio leiser und machen uns wieder an die Arbeit. Für ein paar Tage sind die Pausen dann auch wirklich nur zehn Minuten lang. Der Chef kontrolliert! Anfangs erscheint er öfter, dann weniger regelmäßig, und nach ein bis zwei Wochen werden die Pausen wieder länger, je seltener kontrolliert wird. Zuerst dehnen sich die zehn Minuten auf fünfzehn aus, danach werden die zwanzig Minuten in Angriff genommen. Langsam arbeiten sich meine Kollegen erneut an die dreißig Minutengrenze heran, mich natürlich solidarisch mit inbegriffen (was tut man nicht alles für ein gutes Betriebsklima). Nach kurzer Zeit gelingt dies auch! Der Chef ist nicht mehr zu sehen, wahrscheinlich hat er vorerst aufgegeben. Die Pausen sind wieder dreißig Minuten lang, man lässt sich Zeit, gönnt sich etwas Ruhe, bis zum nächsten Donnerwetter. Danach beginnt das Ganze von neuem.

Mein Verdienst ist zwar etwas höher als der meiner ersten Stelle, aber mit 45 Pfund brutto pro Woche (35 Pfund netto) gehöre ich nicht gerade zu den Spitzenverdienern des Landes. Jeden Freitagvormittag ist »Pay-Day«, da bekommen wir unsere Lohntüten. Der Inhalt ist keine Überraschung, jede Woche der gleiche Betrag. Meist gehe ich am Abend zum Einkaufen in den nahen Supermarkt. Die Hälfte des Geldes ist dann schon wieder weg. Mit der anderen Hälfte decke ich einen Teil der Mietkosten. Mehr ist mit diesem Wochenlohn nicht zu machen. Für Sonderausgaben muss ich Geld vom Konto abheben. Dies versuche ich jedoch, so gut es geht, zu vermeiden, möchte nur mit dem aktuellen Einkommen auskommen. Das bedeutet aber vor allem beim Kauf von Lebensmitteln immer nur das Billigste zu wählen und auf viele Dinge zu verzichten. Ich tue dies im Moment aus purem Ehrgeiz, möchte wissen, ob das machbar ist. Ich könnte, wenn ich wollte, zusätzlich Geld abheben. Es gibt aber Menschen, die haben wirklich nur so wenig Geld zur Verfügung und müssen damit zurechtkommen. Sie können sich fast nichts leisten, müssen jeden Penny zweimal umdrehen. Ich finde das traurig, denn nun weiß ich aus eigener Erfahrung, wie schwer es ist, mit so wenig Geld über die Runden zu kommen.

Am Abend laufe ich eine gute Stunde nach Hause. Jetzt im Mai ist das Wetter fast immer herrlich, sodass ich diesen Heimweg als äußerst erholsam empfinde. Um 17 Uhr ist Feierabend. Ich verlasse das Werksgelände und wandere ein Stück an der Hauptstraße entlang. Am Ortsende biege ich nach rechts ab, überquere den Derwent auf einer Stahlbrücke und folge einem schmalen Pfad, der sich am Flussufer entlangschlängelt. An sonnigen Tagen hat man von der Brücke einen interessanten Ausblick auf das dunkle Wasser des Flusses, der träge dahinfließt. Der Pfad am Ufer gefällt mir besonders gut. Sträucher, Bäume, dunkles Wasser, angenehme Wärme, es keimt und blüht überall, riecht nach Frühling. Weiter vorne macht der Fluss eine Biegung, ich folge einer schmalen Landstraße über einen bewaldeten Hügel. Am oberen Ende des Anstiegs drehe ich mich um und schaue zurück auf Belper. Was für ein herrlicher Ausblick! Vor mir zieht sich das dunkle Band des Derwent durch die grüne Landschaft, das Ufer gesäumt von Bäumen und Hecken, dahinter die Häuser, eingebettet in sanfte Hügel. An dieser Stelle liegt ungefähr die Hälfte des Weges hinter mir. Kurz vor Milford überquert die Straße die Bahnlinie. Wenige Meter von der Brücke entfernt münden die Schienen in einen Tunnel. Oft bleibe ich dort stehen und warte auf den Intercity von London nach Norden, der täglich gegen 17.30 Uhr hier durchkommt. Bin ich zu spät dran, ziehen die Waggons jenseits der Wiese zu meiner Linken vorbei. Erreiche ich die Brücke jedoch rechtzeitig, ist bereits das Dröhnen der Dieselmotoren im Tunnel zu hören. Wenig später schießt der IC dann aus dem Berg heraus und zieht unter mir hindurch in Richtung Norden davon. In Milford mündet die Landstraße auf die Hauptroute nach Derby. An dieser vielbefahrenen Straße laufe ich den letzten Kilometer bis Duffield. Befand ich mich zwischen Belper und Milford in einem engeren Tal, so öffnet sich nun die Landschaft nach Süden hin. Kurz vor dem Ortseingang von Duffield passiere ich eine Farm, auf deren umliegenden Weiden Kühe, Pferde und Schafe grasen. In Duffield biege ich nach rechts ab, erklimme den »Castle Hill«, biege in die »Vicarage Lane« ein und komme an. Das Haus, in dem ich wohne, trägt den Namen »The Crows Nest«, was so viel heißt wie »Das Krähennest«. Diese Bezeichnung passt perfekt, denn ich fühle mich in seinen Mauern sehr wohl und geborgen, eben wie in einem Nest. Der Name des Hauses könnte also treffender nicht sein.

In den folgenden Wochen renoviere ich weiter die Wohnung. Irene schenkt mir ein Reststück Teppichboden, ich schneide es für den Flur zurecht. Es ist der erste Teppichboden, den ich verlege! Die Enden mit einem scharfen »Stanley-Messer« gerade abzuschneiden ist gar nicht so einfach. Die ersten Versuche enden kläglich, das Material franst aus. Doch ich verbessere die Schneidetechnik und am Ende kann sich das Werk sehen lassen. Für den ersten selbst zurechtgeschnittenen und verlegten Teppichboden meines Lebens ist das Ergebnis ganz ansehnlich. Für die Küche habe ich mir eine andere Lösung einfallen lassen. Ich entferne den alten Bodenbelag. In einem Heimwerkermarkt sah ich selbstklebende Linoleumfliesen, die gut passen würden und einfach zu verlegen sind. Als Farbkombination wähle ich weiß-blau, die Farben meiner bayrischen Heimat (etwas Sentimentalität muss sein). Jede Woche kaufe ich mir jeweils acht weiße und blaue Fliesen. Das macht zusammen sechzehn Stück pro Woche. Damit kann ich eine Fläche von vier mal vier Fliesen verlegen. Nach vier Wochen ist die Küche fertig und ich mit dem Ergebnis sehr zufrieden. Der Küchenboden ist nicht wiederzuerkennen!

Am Arbeitsplatz beginnen mir die Kollegen Spitznamen zu geben. Als Deutscher wird man in Großbritannien schnell zum »Kraut«. Mir macht das überhaupt nichts aus. Manche nennen mich auch »Fritzi«. Etwas unpassend finde ich jedoch »Adolf«.

Damit spielt ein Kollege auf eine Epoche deutscher Geschichte an. Mich so zu nennen finde nicht nur ich geschmacklos, sondern auch einige Kollegen, und so hört das zum Glück sehr schnell auf. Als ich einmal in der Mittagspause eine Telefonkarte nutzen möchte, funktioniert diese nicht! Einheiten werden abgebucht, aber ein Gespräch kommt nicht zustande. Das nervt! Ich kehre an meinen Arbeitsplatz zurück und mache meiner Wut Luft. Doch das hätte ich besser nicht tun sollen, denn einige Kollegen fühlen sich anscheinend in ihrem Nationalstolz gekränkt. Nicht, dass ich die Technik meines Gastlandes kritisiert hätte. Um Gotteswillen! Auf so eine wahnwitzige Idee würde ich niemals kommen. Ich bin einfach nur sauer, weil ich Geld verloren habe und kein Gespräch führen konnte. In jedem anderen Land, sogar in meinem eigenen, hätte ich so reagiert. Doch leider muss ich feststellen, dass so mancher Brite ein äußerst sensibles Nationalgefühl zu besitzen scheint und daher Kritik an technischen Errungenschaften seines Landes sofort auch als Kritik an seiner Nation empfindet. Britischer Nationalstolz ist schon sonderbar! Das wird mir nach nunmehr drei Monaten im Lande immer klarer. Briten dürfen sich über alles lustig machen und andere Nationen kritisieren. Aber wehe, ein Ausländer ist so wahnwitzig und kritisiert eine Kleinigkeit in ihrem Lande. Denjenigen treffen ein strafender Blick, eine kalte Schulter und die Belehrung, nicht so arrogant zu sein. Ich halte es daher für äußerst ratsam, sofort damit aufzuhören, denn die gereizte Reaktion der Kollegen überrascht mich. Ich rege mich also nicht mehr auf und die Kollegen beruhigen sich wieder. Sie haben ihren Nationalstolz und ich meine Ruhe. Wieder eine Lektion gelernt.

Samstag, 08. Juni. Ich bin jetzt seit drei Monaten in Großbritannien, habe seit zwei Monaten eine Wohnung und arbeite seit nunmehr sechs Wochen in meinem zweiten Job. Heute nun werde ich zum ersten Mal wieder nach Deutschland zurückkehren, und zwar für sieben Tage nach Osnabrück. Ich werde bei der Organisierung des nunmehr anstehenden Umzugs helfen und mit unserem Auto auf die Insel zurückkehren. Irene und John werden zur gleichen Zeit ebenfalls in Osnabrück sein, um ihren Sohn Peter zu besuchen, der dort gerade ein Praktikum absolviert. Während die beiden per Flugzeug reisen, nehme ich den Zug. Sie setzen mich in Derby am Bahnhof ab und fahren weiter zum East Midlands Airport. Mein Zug verlässt Derby um 8 Uhr. In Leicester muss ich umsteigen, erreiche die Küste bei Harwich und nehme von dort das Tagesschiff nach Holland. Vor drei Monaten kam ich hier mit dem Nachtschiff an. Das Wetter ist auf meiner Seite. Die Sonne lacht, landeinwärts zeigen sich Wolken, über dem Meer präsentiert sich der Himmel strahlend blau. Das lässt auf eine herrliche Überfahrt schließen. Langsam setzt sich die riesige Fähre in Bewegung und verlässt den Hafen. Allmählich erreichen wir unsere Reisegeschwindigkeit, die Küste beginnt zu verblassen. Ich nutze einen Liegestuhl auf dem Oberdeck zum Sonnen, will auf keinen Fall den Augenblick verpassen, an dem die englische Küste am Horizont verschwindet. Doch ich verpasse ihn! Als ich aufstehe und zurückblicke, sind wir nur noch von Wasser umgeben. Die Überfahrt wird acht Stunden dauern. Als mir langweilig wird, drehe ich eine Runde durch den »Duty-Free-Shop«, esse eine Kleinigkeit in der Cafeteria, studiere das Kinoprogramm. Ein Film interessiert mich und so verbringe ich die nächsten beiden Stunden im Kino an Bord. Danach kehre ich an Deck zurück und lege mich noch ein Weilchen in die Sonne. Dann taucht die holländische Küste auf. Schnell werden die Konturen klarer, bis wir die Dünen vor der Hafeneinfahrt von Hoek van Holland passieren. Ich stehe an der Reling und beobachte das Anlegemanöver. Von hier oben kann ich weit in die Ferne blicken und bleibe so lange stehen, bis die meisten Passagiere von Bord gegangen sind. Warum sollte ich mich in die lange Schlange der Wartenden einreihen und mich inmitten vieler Menschen dem Ausgang entgegen schieben lassen? Lieber genieße ich noch ein Weilchen die herrliche Abendsonne und den Ausblick auf das geschäftige Treiben im Hafen. Dann verlasse auch ich das Schiff und passiere den Zoll. Wo blickt man da am besten hin? Sehe ich die Zollbeamten direkt an, werde ich kontrolliert. Blicke ich weg, werde ich ebenfalls überprüft. Was man auch macht, es ist verkehrt! Ich muss die Reisetasche öffnen. Da ich aber nichts zu verbergen habe, finden die Zöllner auch nichts. Gleich hinter der Zollabfertigung stehen die Züge zur Weiterfahrt bereit. Ich wähle den Zug in Richtung Berlin, den ich in Osnabrück verlassen werde. Nach kurzer Zeit setzt er sich in Bewegung und verlässt den Hafen. Wir liegen gut in der Zeit, ich sollte wie geplant gegen 23 Uhr Osnabrück erreichen. Doch nach nur zehn Minuten stoppen wir plötzlich mitten in der Landschaft und bleiben über eine Stunde stehen. Vom Schaffner ist zu erfahren, dass die Elektrolok ausgefallen sei und abgeschleppt werden müsse. »Wir warten auf eine Ersatzlok«. Endlich geht es weiter. Leider mit über einer Stunde Verspätung! Statt um 23 Uhr werde ich erst gegen 0.15 Uhr ankommen. Da stehe ich nun wieder, auf dem Bahnhof, in dem meine Reise vor dreizehn Wochen begann. Marie holt mich ab und wir fahren nach Hause. Es ist schon ein seltsames Gefühl, wieder an dem Ort zu sein, den man vor nicht allzu langer Zeit verlassen hat, der jedoch durch die vielen neuen Eindrücke und Erlebnisse der letzten Wochen schon so weit weg zu sein scheint. Hier holt mich die Erinnerung wieder ein, hier lebte ich über ein Jahr. Trotzdem bereue ich die Entscheidung nicht, aufgebrochen zu sein und Vertrautes verlassen zu haben. Es ist schön, wieder hier zu sein, doch ich freue mich schon jetzt auf die Rückkehr in die neue Heimat. Bis dahin gibt es aber viel zu tun. Möbel müssen abgebaut und zusammengelegt werden, Bücher, Geschirr und sonstiges Eigentum sind zu verpacken.

Sonntag, 09. Juni. Am Nachmittag treffen wir uns mit Irene, John und ihrem Sohn Peter. Wir holen sie vom Hotel ab und fahren zu unserer Wohnung. Ich will ihnen zeigen, wie wir in Deutschland lebten. Am Abend laden wir sie in ein Restaurant in der Altstadt ein, als Dank für die große Unterstützung während der letzten Monate. Sie halfen mir in ihrem Land Fuß zu fassen, ich revanchiere mich mit dieser Einladung in meinem Land.

Nun ist Packen angesagt. Möbel, die wir mitnehmen möchten, müssen zerlegt werden, der Rest wird verkauft. Es wäre viel zu teuer, alles mitzunehmen. Auf unsere Zeitungsannonce melden sich viele Interessenten. Die Teile, die niemand haben will, wandern auf den Sperrmüll. Organisatorisch soll der Umzug folgendermaßen ablaufen: Ein englisches Transportunternehmen, das Umzüge britischer Soldaten von und nach Osnabrück durchführt, wird unsere Möbel zu einem günstigen Preis nach Duffield bringen. Wir haben uns natürlich auch bei deutschen Speditionen erkundigt. Deren Preise waren aber deutlich höher als die der Briten. Wir zahlen 1200 DM für den Transport von Wohnung zu Wohnung, einschließlich der Zollgebühren. Beim Ausfüllen der Packliste taucht dann das erste Problem auf: Die Maße der Möbelstücke sollen in »Inches« (Zoll) angegeben werden. Nun sagt mir der Begriff »Inches« im Augenblick nicht sehr viel. Kurzentschlossen streiche ich daher »Inches« und ersetze die Maßeinheit durch »Meter«. Ein zweites Problem sind unsere Zimmerpflanzen. Da man auf der Insel einige der kontinentalen Pflanzenkrankheiten nicht kennt und vor allem auch nicht kennenlernen möchte, dürfen keine Pflanzen eingeführt werden. Das erfahren wir von einem englischen Freund. Nach anfänglicher Entrüstung erkundigen wir uns eingehend beim Pflanzenschutzamt. Dort erfahren wir, dass fünf Zimmerpflanzen eingeführt werden dürften. Dazu bräuchten wir aber ein Zertifikat vom Amt, das besagt, dass die Pflanzen keine Krankheiten aufweisen. Die Pflanzen werden überprüft, wir erhalten das Zertifikat. Somit ist auch dieses Problem gelöst. Auf der Rückreise per Auto werde ich bereits einige Wertgegenstände mitnehmen, insbesondere unser Hochzeitsgeschirr! Das Risiko einer Beschädigung während des Transports per Lkw gehen wir lieber nicht ein. Die fünf Pflanzen, die wir dank des Zertifikats mitnehmen dürfen, werden ebenfalls ins Auto gepackt. Sie würden die Fahrt im dunklen Möbelwagen über mehrere Tage sicher nicht gut überstehen. Am Donnerstagabend ist das Auto voll bepackt, ich bin startklar. Mein allerletzter Abend in Osnabrück. Da ich morgen bereits um 5 Uhr losfahren will, stelle ich den Wecker auf 4.30 Uhr. Dann heißt es erneut Abschied zu nehmen. Diesmal sind es aber nur drei Wochen, bis auch Marie endgültig nach Großbritannien übersiedeln wird. Verglichen mit der Zeit, die wir bereits getrennt waren, ist das nicht mehr viel. Bald haben wir es geschafft!

Freitag, 14. Juni. Um 5 Uhr geht es los. Ich starte den Motor, Marie steht am Fenster und winkt mir zu. Ein letzter Blick, dann bin ich wieder auf Reisen. Es dämmert, als ich Osnabrück verlasse und auf die Autobahn abbiege. Die Fahrt geht über Rheine zur holländischen Grenze. Alle Papiere für etwaige Kontrollen liegen griffbereit im Wagen, das Zertifikat vom Pflanzenschutzamt, der Mietvertrag, der Nachweis meines neuen Arbeitgebers. Man weiß ja nie, was an Grenzen so alles kontrolliert wird. Doch alle Aufregung war umsonst. Problemlos passiere ich die deutsch-holländische Grenze. Niemand will irgendwelche Papiere sehen. Was ich alles im Wagen mitführe, interessiert keinen der Zöllner. So einfach hatte ich mir das nun wirklich nicht vorgestellt. Wenn ich jetzt auch noch ohne Probleme nach Großbritannien einreisen könnte, wäre alles perfekt. In Holland komme ich auf der Autobahn zügig voran. Die Fähre wird Hoek van Holland um 12 Uhr verlassen. Bis jetzt liege ich gut in der Zeit und erreiche den Hafen eine halbe Stunde vor der geplanten Abfahrt. Erleichterung macht sich breit, der erste Teil der Reise wäre geschafft. Ich reihe mich in die lange Schlange der wartenden Fahrzeuge ein, um an Bord zu gelangen. Wieder habe ich alle Papiere griffbereit und wieder interessiert sich niemand dafür. Lediglich mein Ausweis wird kurz angesehen, dann winkt man mich auch schon durch. Somit wäre auch die Ausreise aus Holland geschafft! Neben und hinter mir fahren weitere Fahrzeuge auf. Alle warten darauf, in den riesigen Bauch des Fährschiffes einfahren zu dürfen. Nach einer Weile geht es dann endlich los. Über eine Rampe rollen auch meine Reifen in den Schiffsbauch. Dort gibt man mir zu verstehen, so dicht wie möglich auf den Vordermann aufzuschließen. Ich versuche das, ohne den vor mir stehenden Wagen zu berühren. Es gelingt, haarscharf! Ich steige aus und gelange über eine Stahltreppe zu den oberen Decks. Das Schiff beginnt sich mit Menschen zu füllen. Ich beeile mich, einen Sitzplatz am Fenster zu ergattern. Noch ist genügend Auswahl vorhanden, doch das wird sich schnell ändern. Die Sessel mit ihren hohen Lehnen sind gepolstert, das ist angenehm. Sieben Stunden saß ich hinter dem Steuer und merke, dass ich verdammt müde bin. Während der nächsten fünf Stunden habe ich nun erst einmal Ruhe, so lange wird die Überfahrt nach Harwich dauern. Wir legen ab. Langsam schiebt sich unser Riese an den Dünen vorbei, dem Meer entgegen. Im ruhigen Wasser des Hafenbereichs schwankt das Schiff nur wenig. Doch als wir die offene See erreichen, wird die Fahrt unruhiger. Vor dem Fenster tanzen weiße Schaumkronen. Das Schiff rollt jetzt durch die Fluten, die Schwankungen sind deutlich zu spüren. Plötzlich denke ich an mein Fahrzeug tief unten im Schiffsbauch. Ist die Handbremse fest genug angezogen? Ich muss daran denken, wie dicht die Fahrzeuge aufgefahren sind und welche gravierenden Schäden entstehen könnten, sollte mein Wagen nicht ordentlich gesichert sein. Kurz entschlossen entscheide ich, nochmals hinunter zu den Stellplätzen zu gehen, um nachzusehen, ob die Handbremse auch wirklich ausreichend angezogen ist. Doch das ist leichter gedacht als getan. Ich steige die Stahltreppe hinunter, finde aber die Tür zu den Fahrzeugdecks verschlossen vor. Was nun? Hier komme ich nicht mehr rein! Die Sache lässt mir keine Ruhe. Wenn ich mich jetzt nicht vergewissern kann, ob mit meinem Wagen alles in Ordnung ist, werde ich sicher keine entspannte Überfahrt erleben. Ich kehre an Deck zurück. Die nächste Person in Schiffsuniform, die mir über den Weg läuft, spreche ich an und erkläre mein Problem. Ich habe Glück! Der Mann ist hilfsbereit. Zusammen steigen wir nach unten, er schließt die Tür auf, ich gehe zu meinem Fahrzeug und überprüfe die Handbremse. Sie ist fest angezogen. Nun kann auch ich beruhigt die Reise genießen. Die Überfahrt wird rund fünf Stunden dauern. Ich döse die meiste Zeit in einem Sessel vor mich hin.

Gegen 18 Uhr englischer Zeit laufen wir in den Hafen von Harwich ein. Das Wetter ist gut, die Sonne scheint, Großbritannien begrüßt mich von seiner schönsten Seite. Ich gehe zu meinem Wagen, setze mich ans Steuer und warte, bis sich der Bug der Fähre langsam öffnet und auch ich an Land fahren darf. An der Passkontrolle gibt es keine Probleme. Nun folgt die Zollabfertigung. Ich bin gespannt, was jetzt vor allem hinsichtlich der mitgeführten Pflanzen passieren wird. Für alle Fälle liegen die notwendigen Papiere griffbereit neben mir. Eigentlich müsste alles gut gehen. Eigentlich! Doch es kommt anders. Einer der Zollbeamten signalisiert mir, rechts ranzufahren. Ich folge der Aufforderung, öffne das Seitenfenster und halte dem Beamten alle Dokumente und Nachweise unter die Nase, die ich genau für diesen Fall mit mir führe. Aber diese Papiere scheinen ihn überhaupt nicht zu interessieren. Er möchte den Führerschein sehen plus die grüne Versicherungskarte fürs Ausland. Und genau diese Versicherungskarte hatte ich leider nicht auf dem Radar! Überall bin ich gewesen, um Nachweise zu erhalten, aber an die grüne Versicherungskarte hatte ich nicht gedacht. Und genau die will der Zollbeamte jetzt sehen. Pech! Dieses Dokument habe ich leider nicht. Aber wie wäre es zur Abwechslung mit Zertifikaten vom Pflanzenschutzamt? Ich versuche es mit Humor, jedoch ohne Erfolg. Er bittet mich, ihm ins Büro seines Vorgesetzten zu folgen. Ich steige aus und begleite ihn. Schon bald sitze ich einem diensthöheren Beamten gegenüber. Der Mann ist höflich, ja sogar richtig nett, was die Sache erleichtert. Da mein Wohnsitz aktuell in Großbritannien sei, lässt er mich wissen, importiere ich praktisch mein Auto in dieses Land. Daher unterliege das Fahrzeug für ein Jahr besonderen Zollvorschriften. Sollte ich den Wagen innerhalb des ersten Jahres in Großbritannien verkaufen, müsse ich dies der Zollbehörde melden und eine Steuer bezahlen. Überrascht nehme ich dies zur Kenntnis. An so etwas hatte ich nicht gedacht. Ich muss ein Formular ausfüllen und Daten über mein Fahrzeug angeben. Diese Importangelegenheit ist aber nicht das einzige Problem, das heute auf mich wartet, denn sofort geht es weiter. Ich bräuchte für Großbritannien einen Auslandsschutzbrief meiner Kfz-Versicherung, den ich leider nicht vorweisen kann. Der Beamte weist mich darauf hin, dass ich nur dann weiterfahren dürfe, wenn ich nachweisen könne, dass der Wagen auch hierzulande rechtmäßig versichert sei. Was nun? Er schlägt folgende Lösung vor: Gleich um die Ecke sei das Büro des britischen Automobilclubs. Dort könne ich mein Fahrzeug bei einer britischen Gesellschaft versichern lassen, was ich letztendlich sowieso tun müsse, will ich länger im Land bleiben. Ich betrete also das Büro des Automobilclubs und erkläre mein Problem. Wieder sind Fragebögen auszufüllen, dann ist Warten angesagt. Ein Computer wird mit meinen Angaben gefüttert, die Antwort lässt etwas auf sich warten. Endlich gibt es ein Ergebnis! Die günstigste Versicherung für mein Fahrzeug liege bei 54 Pfund pro Jahr. Dem liegt ein Zeitraum von sechs unfallfreien Jahren zugrunde. Nun zur Bezahlung. »Ist dieser Betrag gleich zu berappen, oder kann ich das in ein paar Tagen erledigen?« »Sofort, jetzt und hier«, erfahre ich. Wo ein Problem ist, gibt es sicher auch zwei. So viel Geld habe ich nicht dabei und mein Scheckheft liegt zuhause. Phantastisch! Was nun? Das Problem lässt sich dann doch noch lösen. Der Wagen ist von heute Abend an in Großbritannien versichert, vorausgesetzt, ich überweise den Betrag von 54 Pfund innerhalb der nächsten sieben Tage, sonst erlischt der Versicherungsschutz. Ich erhalte nun endlich das Dokument, das ich dem Zollbeamten vorlegen muss, damit mich dieser zusammen mit dem Fahrzeug einreisen lässt. Kein Zöllner wollte die Papiere sehen, die ich bei mir habe, niemand hat sich auch nur annähernd für die fünf Zimmerpflanzen interessiert. Was ich nicht habe, das wollte man sehen! »C'est la vie«, so ist das nun mal im Leben.

Ich verlasse den Hafen. Jetzt heißt es: Vorsicht, Linksverkehr! Zum ersten Mal im Leben steuere ich ein Fahrzeug auf der linken Straßenseite. Was für ein Wagnis! Zu Beginn fühlt sich das sonderbar fremd an. Geradeaus zu fahren ist eigentlich gar nicht schwer. Doch das Abbiegen an Kreuzungen sowie das Ändern der Fahrtrichtung können verdammt gefährlich werden, ist man nicht immer voll konzentriert bei der Sache. Ich darf mich jetzt auf gar keinen Fall wie gewohnt verhalten! Das könnte fatale Folgen haben! Zum Glück verläuft die Straße auf den ersten Kilometern nur über Land und nicht durch Ortschaften. Hinweise erinnern in drei Sprachen, dass hier links gefahren wird! Es ist ein sonniger Abend mit wenig Verkehr auf der Straße. Ich fühle mich frisch und ausgeruht. Leider habe ich durch die Zollformalitäten über eine Stunde Zeit verloren, könnte also schon viel weiter sein. Ich erreiche Colchester. Meine erst kurze Fahrpraxis im Linksverkehr wird zum ersten Mal auf eine harte Probe gestellt. Plötzlich gibt es regen Gegenverkehr, Fußgänger tauchen auf, Radfahrer überholen mich oder müssen überholt werden. Die Straße führt mitten durch den Ort hindurch. Ich muss mich auf die Wegweiser konzentrieren, um nicht die Orientierung zu verlieren, muss abbiegen, auf den Gegenverkehr achten, und immer schön links bleiben, obwohl die Versuchung sehr groß ist, intuitiv nach rechts hinüberzuziehen. Ich fühle mich unsicher! An einer Kreuzung sind Richtungshinweise vorhanden, an der nächsten fehlen sie. Ich muss mich für eine Richtung entscheiden, biege ab und fahre mehrmals im Kreis herum. Schließlich gelingt es mir doch, Colchester zu verlassen und sogar auf der richtigen Straße zu landen. Die erste Feuerprobe im Linksverkehr ist bestanden! Bei Bishop's Stortford erreiche ich die Autobahn M11, die Fahrt wird einfacher. Auf der dreispurigen Schnellstraße sind keine Ortschaften mehr zu durchfahren. Zügig geht es nach Norden. Bei Cambridge mündet die M11 in die zweispurige A1. Es beginnt dunkel zu werden. Vor mir liegt noch ein gutes Stück des Weges bis Grantham und von dort aus weiter über Nottingham nach Derby. Ich lege eine Pause ein, ruhe mich aus und fahre danach weiter. Der Linksverkehr auf Autobahnen und Schnellstraßen lässt sich relativ problemlos meistern. Gegen Mitternacht fahre ich noch immer auf der A1 nach Norden. Um 1 Uhr erreiche ich Grantham. Laut Karte muss ich hier in Richtung Nottingham abzweigen, achte daher besonders auf die Beschilderung, finde keinen Hinweis, beginne nervös zu werden. Endlich wird auch Nottingham angezeigt. Ich verlasse die A1 und fahre nach Westen. Hinter Nottingham bin ich wieder in vertrauter Umgebung, finde meinen Weg auch ohne Hinweise, erreiche Duffield und biege in unsere Straße ein. Wir haben jetzt kurz vor drei Uhr am Morgen und es beginnt bereits zu dämmern. Ich stelle den Wagen ab und lasse alles darin liegen. Ausgepackt wird später! Todmüde möchte ich nur noch in den Schlafsack schlüpfen und ruhen. Nach einer Woche in Deutschland bin ich nun wieder zurück in meiner kleinen Wohnung im Herzen Englands, vor dem großen Kastanienbaum. Die Rückreise dauerte rund 22 Stunden. Kaum liege ich auf der Matratze, bin ich auch schon eingeschlafen. Nach sieben Stunden weckt mich der Lärm des Tages. Heute muss ich zum Einkaufen gehen, denn es ist so gut wie nichts Essbares mehr vorhanden. Zuerst leere ich jedoch den Wagen. Die Pflanzen haben die Reise gut überstanden, das Hochzeitsgeschirr ist nicht zerbrochen. Eine erste, wenn auch nur kleine Anzahl unserer Habseligkeiten ist im Lande. Bisher war die Wohnung nur spartanisch eingerichtet. Zum ersten Mal stehen nun Kartons, Pflanzen und Möbelstücke in den Räumen. Wie schön wird die Wohnung erst aussehen, wenn wir sie in wenigen Wochen mit unseren restlichen Möbeln gemütlich werden einrichten können.

Die nächsten beiden Wochen vergehen aufgrund des Berufsalltags sehr schnell. Ich habe meinen englischen Kollegen Mozartkugeln mitgebracht, in der Annahme, das wäre etwas Besonderes. Später finde ich genau diese Süßigkeiten auch in einem lokalen Supermarkt. Die Kollegen freuen sich jedoch sehr über das kleine Geschenk.

Sonntag, 23. Juni. Es regnet. Ich bleibe zuhause und lese. Am Abend lässt der Regen nach und einige Sonnenstrahlen kommen zum Vorschein. Ich entschließe mich an die frische Luft zu gehen, laufe durch die Natur und denke nach. Vier Monate bin ich nun in Großbritannien, zwei Jahre sollen es werden. Plötzlich ist das Gefühl der Unsicherheit wieder da. Während der ersten Tage hatte ich Bedenken, keine Wohnung zu finden. Danach kam die Angst, keinen Job finden zu können. Jetzt überkommt mich dieses zweifelnde Gefühl zum dritten Mal. Können wir uns finanziell in Großbritannien halten? Werden wir erfolgreich sein oder scheitern? Was passiert, wenn es schiefgeht? Bis jetzt hatten wir noch die Wohnung in Deutschland, eine Rückkehr wäre möglich gewesen. Sobald der Umzug abgeschlossen ist, gibt es zumindest für die nächsten zwei Jahre kein Zurück mehr. Konnte ich die Basis während der letzten vier Monate so weit festigen, dass unser ehrgeiziges Auslandsprojekt ein Erfolg werden kann? Das Wetter ändert sich. Von Westen ziehen dunkle Wolken heran, Wind kommt auf. Die trüben Aussichten verstärken das unsichere Gefühl. Können wir unseren Plan realisieren? Wir müssen es einfach schaffen, es gibt kein Zurück mehr! Ich muss die negativen Gedanken zum dritten Mal verdrängen. Nur keine Panik! Nicht nach allem, was ich bereits erreicht habe. Das fällt aber nicht leicht. Wie wird später die Rückkehr nach Deutschland aussehen? Fragen über Fragen schwirren mir durch den Kopf. Ich versuche logisch und ruhig zu analysieren. Wir haben uns entschieden, bisher ging alles gut, es gibt aber noch viel zu tun. Kommt Zeit, kommt Rat! Zwei Jahre sind keine Ewigkeit. Für die Zeit danach werden wir Lösungen finden, wie uns das immer gelungen ist.

Während der nächsten Tage erhalte ich Antworten auf schriftliche Bewerbungen. Leider sind alle negativ! Zum Glück habe ich den Job in der Textilfirma. Ein weiteres Antwortschreiben lässt mich dann aber doch hoffen. Ich hatte mich auch bei einem College in Derby beworben, um die Möglichkeit zu testen, Deutsch unterrichten zu können. Der Schulleiter lädt mich zu einem Gespräch ein. Dabei ist zu erfahren, dass ich derzeit nicht die Voraussetzungen erfülle, um unterrichten zu können, da ich kein ausgebildeter Lehrer sei. Es gebe aber einen Trainingskurs für Interessenten, die in der Erwachsenenbildung tätig sein wollen. Dieser sogenannte »Stage One Training Course« umfasse drei Monate, finde einmal pro Woche am Abend statt und schließe mit einem Zertifikat ab. Damit könne ich dann eingeschränkt unterrichten. Der Schulleiter deutet sogar die Möglichkeit an, dass ich eventuell bereits während des Trainingskurses eine Klasse in deutscher Konversation betreuen könnte. Klingt gut! Ich bin begeistert! Doch Konkretes könne er mir zum jetzigen Zeitpunkt leider noch nicht sagen. Sollte ich an der Teilnahme dieses Kurses interessiert sein, der Ende September beginnt, so müsse ich mich schriftlich anmelden. Die Adresse gibt er mir mit. Dieses Gespräch ist Balsam für die Moral! Es tut sich etwas! Meine Zuversicht kehrt zurück, mein Unternehmungsgeist ist ungebrochen. Ich schreibe an das »Derby County Council« und melde mich an. Ich werde mich beruflich verbessern, wie ich das von Anfang an vorhatte. Wenn man den Kopf voller Pläne hat, sich die Zukunft lebhaft ausmalt und zu realisieren beginnt, dann bleibt gar keine Zeit für negative Gedanken. Angriff ist die beste Verteidigung!

Eine Woche vor Maries finalem Eintreffen fällt mir eine Stellenanzeige auf, die genau auf ihre Ausbildung und bisherigen beruflichen Werdegang zutrifft. Derart qualifizierte Anzeigen sind rar. Ein Textilunternehmen sucht eine Sekretärin für den Exportleiter. Fließende Sprachkenntnisse in Deutsch und Französisch sowie einige Jahre Berufserfahrung in ähnlicher

Position werden vorausgesetzt. Was also tun? Marie wird erst in einer Woche hier eintreffen. Bis dahin könnte es aber schon zu spät sein. So eine Chance kann man doch nicht ungenutzt vorbeiziehen lassen! Nach reiflicher Überlegung entscheide ich mich, dem Glück etwas nachzuhelfen, und setze ein Bewerbungsschreiben auf. Dieses schicke ich noch am gleichen Tag ab. Mal sehen, ob überhaupt etwas daraus wird. Für den Fall einer positiven Antwort wird mir sicher zu gegebener Zeit etwas einfallen.

Das letzte Wochenende im Juni ist für mich dann auch das letzte Wochenende alleine. Am Mittwoch, dem 03. Juli 1985, wird nun auch meine Frau endgültig nach Großbritannien übersiedeln. Nach ihrem letzten Arbeitstag in Osnabrück wird sie am Dienstagabend das Nachtschiff von Hoek van Holland nach Harwich nehmen und von dort aus mit dem Zug nach Nottingham fahren. Da ich am Mittwoch arbeiten muss und schon zu oft um unbezahlte Urlaubstage gebeten habe, erklärt sich Irene bereit, sie in Nottingham abzuholen. Die letzten Tage des Alleinseins vergehen schneller als gedacht. Die Bewerbung, die ich für Marie abgeschickt habe, hatte ich schon fast vergessen, da finde ich eines Morgens ein Schreiben mit der Einladung zu einem Vorstellungsgespräch für Freitag, dem 05. Juli, im Briefkasten. Das wären genau zwei Tage nach Maries Ankunft! Jetzt muss mir aber ganz schnell etwas einfallen.

Juli 1985. Am Mittwoch kehre ich in der Gewissheit von der Arbeit nach Hause zurück, heute Abend keine leere Wohnung mehr vorzufinden, denn meine Frau wird da sein. Endlich sind wir wieder vereint! Den Haustürschlüssel habe ich heute Morgen bei den Nachbarn abgegeben, damit Marie bereits am Nachmittag die Wohnung betreten kann. Ich parke den Wagen wie immer hinter dem Haus unter dem Kastanienbaum und blicke hinauf zu unserer Wohnung. Eines der Schiebefenster im Wohnzimmer ist geöffnet. Maries Kopf erscheint, sie lacht mich an. Wir sind beide glücklich, dass die viermonatige Trennung vorbei ist. Die erste und schwierigste Phase unseres Auslandsprojekts ist erfolgreich beendet. An diesem Abend beichte ich ihr das Bewerbungsschreiben in ihrem Namen sowie die Einladung zum Vorstellungsgespräch in nur zwei Tagen. Sie ist überrascht, entscheidet sich aber, das Gespräch wahrzunehmen. Es ist eine Chance.

Freitag, 05. Juli. Ich fahre Marie in eine Kleinstadt rund 30 Autominuten von Derby entfernt. Das Unternehmen, das sie zu einem Vorstellungsgespräch einlädt, hat hier seinen Firmensitz. Wir treffen dort bereits um 8 Uhr ein, der Termin ist aber erst um 9 Uhr. Ich muss jedoch zurück nach Belper, denn meine Arbeit beginnt dort um 8.30 Uhr. Als ich Marie so alleine auf dem noch leeren Parkplatz vor dem Bürogebäude stehen sehe, bin ich sehr stolz auf sie. Erst zwei Tage in Großbritannien und schon muss auch sie sich ganz alleine zurechtfinden. Ich weiß, dass sie sich in dem Vorstellungsgespräch genauso wacker schlagen wird, wie auch ich das getan hätte, wäre ich jetzt an ihrer Stelle. An diesem Abend bin ich natürlich sehr gespannt zu erfahren, wie das Gespräch verlaufen ist. Marie erzählt mir, dass sie mit der Sekretärin des Exportleiters sprach, der gerade geschäftlich in Australien unterwegs ist. Sie musste einige Texte in englischer, deutscher und französischer Stenographie schreiben, etwas übersetzen und danach Fragen zu ihrer Ausbildung und Berufserfahrung beantworten. Was ihre Fremdsprachenkenntnisse in Deutsch und Französisch betrifft, entsprach sie voll und ganz den gewünschten Voraussetzungen. In Bezug auf die englische Sprache verfüge sie zum jetzigen Zeitpunkt natürlich noch nicht über die gewünschte Sicherheit und Routine. Dies sahen beide so und kamen überein, dass es besser sei, während der ersten Monate mit einem einfacheren Job zu beginnen, um sich an die Fremdsprache gewöhnen und Sprachsicherheit aufbauen zu können. Trotz dieser Entscheidung behielt das Unternehmen ihre Unterlagen. Sollte in näherer Zukunft eine passende Stelle zu besetzen sein, werde sie benachrichtigt. Natürlich sind wir enttäuscht, dass es letztendlich doch nicht geklappt hat. Aber diese Stelle wäre für eine erste Position im Ausland zu hoch gewesen. Es war eine Chance, wir haben sie genutzt. Ich bin stolz auf meine Frau! Sie hat trotz des kurzfristigen Termins nicht gekniffen. Schon allein deswegen war das ein großer persönlicher Erfolg.

Das erste gemeinsame Wochenende verbringen wir ohne Möbel. Der Transport könne bis zu zwei Wochen dauern, hat man uns in Osnabrück mitgeteilt. Doch wer weiß, wie lange er wirklich dauern wird. Wir haben die Telefonnummer der Transportfirma. Sollten unsere Möbel nach zwei Wochen noch immer nicht eingetroffen sein, sollen wir dort anrufen. Eine Woche vergeht, von unseren Möbeln keine Spur. Die Ungeduld steigt. Das Campieren auf dem Boden ist gewöhnungsbedürftig und wir würden gerne mit dem Einrichten beginnen. Am darauffolgenden Montag rufe ich an. Die Möbel seien bereits in Großbritannien, doch die Zollabfertigung könne noch einige Tage in Anspruch nehmen. Hoffentlich sind es wirklich nur ein paar Tage! Doch alles Aufregen hilft nichts. Wir können nur abwarten, ob uns das gefällt oder nicht. Tage vergehen, die Möbel treffen nicht ein. Unsere Geduld wird auf eine harte Probe gestellt. Wieder rufe ich an und wieder versichert man mir, es könne sich nur noch um wenige Tage handeln.

Möbel hin, Möbel her, Marie beginnt mit der Jobsuche. Sie versucht die gleiche Taktik wie ich, besucht Firmen und fragt direkt vor Ort nach Arbeit. Zuerst nimmt sie sich die Kaufhäuser, Supermärkte und Einzelhandelsgeschäfte in Derby vor. Leider jedoch ohne Erfolg. Sie geht zu Arbeitsagenturen, lässt sich registrieren, gibt ihre Zeugnisse und sonstigen Unterlagen ab. Während dieser Woche ist sie am Abend immer sehr erschöpft und manchmal genauso frustriert, wie auch ich es am Anfang gewesen bin. Doch es gibt immer einen neuen Tag, neue Hoffnung, neue Chancen. Schon morgen kann der Volltreffer dabei sein, wer weiß? Am Samstag wartet dann eine Überraschung auf uns. In dem Technologieunternehmen, in dem John arbeitet, suche man für sechs Wochen eine Aushilfskraft für die Kantine. Marie könne, wenn sie wolle, während dieser Zeit dort arbeiten. Genau was wir jetzt brauchen! Als wir dann auch noch den Wochenlohn erfahren, wird dieser Tag zu einem unserer Glückstage. Man würde Marie 62 Pfund pro Woche zahlen. Im Vergleich dazu verdiene ich aktuell pro Woche nur 42 Pfund. Sie sagt zu. Mit beiden Verdiensten verfügen wir nun über ein Wocheneinkommen von 104 Pfund. Was für ein Erfolg! Wir verdienen jetzt genug, um unseren Lebensunterhalt in Großbritannien nur mit den Einnahmen finanzieren zu können, die wir im Land generieren, müssen also nichts mehr zuschießen. Eines der Ziele, die wir uns gesetzt haben, ist damit erreicht. Wir haben etwas Außergewöhnliches gewagt und sind auf Erfolgskurs.

Montag, 15. Juli. Marie beginnt nur knapp zwei Wochen nach ihrer Ankunft in einer Kantine zu arbeiten. Alles wäre in bester Ordnung, würden nun endlich auch unsere Möbel eintreffen. Die sind nämlich noch immer unterwegs! Wo stecken die nur? Warum dauert das so lange? Die Tage vergehen, keine Möbel weit und breit!

Freitag, 19. Juli. Wir kaufen am Abend ein. Als wir gegen 18.30 Uhr nach Hause kommen, trauen wir unseren Augen nicht.

Vor dem Haus parkt ein Möbelwagen. Sie sind da! Endlich können wir unsere Möbel in Empfang nehmen und die Wohnung einrichten! Als der Wagen geöffnet wird, sind wir zuerst einmal ziemlich schockiert über die Unordnung, die in seinem Inneren herrscht. Wir erfahren, dass sich zwei Ladungen in diesem Wagen befinden. Die eine sei unsere, die andere gehe anschließend weiter nach Schottland. Möbel, Kisten, Boxen und darüber zwei Faltboote. Was für ein Durcheinander! Hoffentlich finden wir in diesem Chaos alle unsere Stücke wieder. Die Möbelmänner sind freundlich und helfen uns beim Hinauftragen. Wir sind erstaunt, wie schnell das geht. Ruck-zuck sind unsere Sachen oben in der Wohnung. Als die Männer wieder gegangen sind, sitzen wir zwischen unseren Möbeln und können es noch gar nicht so richtig fassen, dass wir sie nun endlich wiederhaben. Wie vertraut wirkt doch plötzlich die Fremde, wenn man seine eigenen gewohnten Dinge wieder um sich hat. Die neue Wohnung wird ein Zuhause, wo immer das auch ist, ob im eigenen Land oder in der Fremde. Endlich können wir mit dem Einrichten beginnen. Für mich gehen an diesem Abend vier Monate Camping auf einer Matratze auf dem Fußboden der neuen Wohnung zu Ende. Wir bauen als Erstes unser Bett auf, denn keiner von uns beiden hat Lust, auch nur eine weitere Nacht auf dem Fußboden zu verbringen. Luxus kehrt langsam in unser Leben zurück.

Während der nächsten Tage stoßen wir auf kleinere und größere Probleme beim Einrichten unseres neuen Zuhauses, können keines der mitgebrachten elektrischen Geräte anschließen, da die Stecker nicht in britische Steckdosen passen. Auch ist der Strom in Großbritannien höher als der in Deutschland, statt 220 Volt sind es hier 240 Volt. Was also tun? John weiß Rat. Er zwickt die alten Stecker ab und montiert britische Stecker. Doch was machen wir mit der höheren Spannung? Können wir die Geräte ohne weiteres anschließen? Vor allem sorge ich mich um die Stereoanlage, die möchte ich nur ungern ruinieren. John ist nicht umsonst ein begeisterter Techniker. Wo es etwas zu reparieren gibt, ist er zur Stelle. Kein Problem ist ihm zu schwer, nichts ist unlösbar. Er bestellt einen kleinen Transformator, der 240 Volt auf 220 Volt reduziert. Kühlschrank und Stereoanlage laufen nun über diesen Transformator. Die Waschmaschine nutzen wir nicht, für sie bräuchten wir einen stärkeren Transformator. Ein solches Gerät wäre aber viel zu teuer, dafür gäbe es fast schon eine neue Waschmaschine. Die Wäsche bringen wir jede Woche in eine Wäscherei. Das ist gar nicht einmal so teuer, aber sehr angenehm. Schritt für Schritt richten wir uns ein, die Wohnung beginnt sehr gemütlich zu werden. Der kleine Raum wird unser Wohn- und Esszimmer, da er als Schlafzimmer, wie ursprünglich vorgesehen, wegen des Fernsehers in der Wohnung darunter, ungeeignet ist. Das große Zimmer richten wir uns als Wohn- und Schlafraum her. Dem großen Erkerfenster genau gegenüber bauen wir das Doppelbett auf. Die Kommode passt neben den Kamin, ein Holzregal findet auch seinen Platz. Was fehlt jetzt noch? Ein Kleiderschrank sowie ein Schreibtisch! An einem Samstagvormittag werden wir in einem Möbelhaus fündig. Der Kleiderschrank passt neben das Regal und der Schreibtisch wird vor dem Erkerfenster platziert. Von dort aus ist der Blick in den Garten traumhaft! Der Raum ist hell, wir fühlen uns sehr wohl. Ende Juli ist die Wohnung eingerichtet. Alle Möbel haben ihren Platz gefunden und auch die Stromprobleme sind gelöst.

Marie arbeitet nun schon seit ein paar Wochen in der Werkskantine. Die Tätigkeit macht ihr Spaß, mit den Kollegen kommt sie gut zurecht und auch sie kann ihre Sprachkenntnisse ausbauen. Den Einstieg ins Berufsleben eines fremden

Landes haben wir beide in relativ kurzer Zeit mit einfachen Jobs gemeistert. Später, wenn wir die Landessprache sicher beherrschen, können wir uns weiterentwickeln. Am Arbeitsplatz lernen wir jeden Tag neue Wörter kennen, haben die Fremdsprache immer um uns. Wir hören zu, sprechen selbst, werden sicherer, haben beide das Glück, dass keiner der Kolleginnen und Kollegen unsere Muttersprache beherrscht. Wir müssen auf Englisch kommunizieren und genau das wollen wir ja auch. Ich fahre jetzt mit dem Auto zur Arbeit, benutze jedoch an sonnigen Tagen das Fahrrad. Marie nimmt den Bus von Duffield nach Darley Abbey und fährt von dort mit John an ihren Arbeitsplatz. Für sie ist es eine lange Anfahrt, doch sie ist zufrieden, einen Job zu haben. Nun wird es Zeit, dass wir uns bei einem Arzt des Nationalen Gesundheitssystems (National Health Service, NHS) registrieren lassen. In der lokalen Arztpraxis können wir uns einen Arzt aussuchen, auf dessen Liste wir kommen wollen.

August 1985. Wir haben uns eingelebt, die Möbel sind aufgestellt, technische Probleme gelöst, fehlende Einrichtungsgegenstände zugekauft. Mit unseren aktuellen Jobs sind wir zufrieden, kommen gut mit den Kolleginnen und Kollegen zurecht, werden sicherer in der Fremdsprache. Beide Einkommen reichen aus, um den Auslandsaufenthalt zu finanzieren. Große Sprünge können wir zwar noch nicht machen, aber am Ende der Woche bleibt sogar etwas Geld übrig, um ins Kino zu gehen oder ein kleines Restaurant aufzusuchen. Es war die richtige Entscheidung, nach Großbritannien gekommen zu sein. Davon sind wir überzeugt. Wir können aktuell zwar keine Rücklagen bilden, da wir unseren Verdienst zum täglichen Leben brauchen, aber wir sind zufrieden mit dieser Investition in die Zukunft. Im äußersten Notfall könnten wir auf ein finanzielles Polster in Deutschland zurückgreifen. Wir finden Freunde, werden eingeladen, laden selbst ein. Das Leben beginnt sich zu normalisieren. Bald ist alles fast wieder genauso wie in Osnabrück, der Stadt, in der wir noch vor ein paar Monaten zuhause waren. Der einzige Unterschied zu früher ist der, dass wir mit unseren neuen Freunden jetzt Englisch sprechen. An den Linksverkehr haben wir uns gewöhnt, wenn auch nicht ganz unproblematisch. Gerade zu Beginn war er eine nicht zu unterschätzende Gefahrenquelle! Während der ersten Tage, ja sogar Wochen, blickten wir vor dem Überqueren einer Straße grundsätzlich erst einmal in die falsche Richtung, nämlich wie gewohnt nach links. Doch hier muss man zuerst nach rechts schauen. Einmal hatten wir wirklich großes Glück, fast wären wir unter die Räder gekommen. Seitdem zwingen wir uns in beide Richtungen zu blicken, bevor wir eine Straße überqueren. Sicher ist sicher! Beim Autofahren muss ich mich äußerst konzentrieren. Wir haben noch immer den Wagen aus Deutschland, also ein Fahrzeug mit dem Steuer auf der linken Seite. Für den Linksverkehr problematisch!

Unser erster Familienbesucher ist mein Bruder. Eines Abends erreicht uns ein Telegramm, in dem er uns mitteilt, dass er mit seiner Freundin in London sei und morgen mal kurz vorbeischauen wolle. Da die Information laut Datum am Tag zuvor verfasst wurde, sollten die beiden bereits heute aufkreuzen! Und tatsächlich dauert es keine Stunde, da tauchen sie auch schon auf. Natürlich freuen wir uns über diese Überraschung. Anschließend wollen sie weiter nach Schottland. Wir verbringen einen gemütlichen Abend und haben uns viel zu erzählen. Am nächsten Morgen nehme ich die beiden im Wagen mit nach Belper und setze sie am Ortsausgang ab. Während ich zur Arbeit gehe, versuchen sie per Anhalter weiter zu kommen. In zwei Wochen wollen sie auf der Rückreise noch einmal bei uns vorbeischauen.

Ende August fahren wir an einem Samstag mit dem Bus nach London. Überlandbusse sind in Großbritannien das günstigste Transportmittel. Der Tag in der Hauptstadt ist seit langem unser erster kleiner Urlaub. Und den genießen wir! London hat mit seinen markanten roten Doppeldeckerbussen und schwarzen Taxis ein ganz besonderes Flair. Die Parks sorgen für viel Grün und man hat überhaupt nicht den Eindruck, in einer Millionenmetropole zu sein. Als wir am späten Abend nach Derby zurückkehren, sind wir zufrieden und fühlen uns für die Anstrengungen der letzten Wochen und Monate belohnt.

Viele Studenten arbeiten während der Semesterferien, so auch in unserem Textilunternehmen. Ich unterhalte mich gerne mit ihnen, Zeit für ein Schwätzchen lässt sich immer finden. Eine Studentin spricht sogar etwas Französisch. So vergehen die Wochen im Sommer 1985 in Derbyshire. Einige heiße Tage sind dabei, sonst ist das Wetter eher durchwachsen. Wir sind zufrieden, haben beide Arbeit, eine schöne Wohnung, die Menschen sind freundlich und wir finden neue Freunde.

Doch mit einem Mal wird dieses ruhige Leben jäh unterbrochen. Marie fühlt einen Knoten in der Brust und geht zum Arzt. Der verschreibt ihr ein Medikament. Sie erkennt eine Allergie gegenüber Penicillin zu spät und bekommt einen Ausschlag. Eine Woche lang ist sie krank, kann nicht zur Arbeit gehen und bekommt auch keinen Lohn. So ist das nun mal, wenn man keinen festen Arbeitsvertrag hat. Nach einer Woche geht es ihr wieder besser. Der Ausschlag ist überstanden, das Problem mit dem Knoten aber bleibt. Ein paar Tage später sprechen wir mit Freunden darüber. Sie raten uns, den Knoten entfernen zu lassen. Wir sind hier aber nicht zuhause, sondern im Ausland! Sind wir überhaupt versichert? Wir müssen so schnell wie möglich herausfinden, ob sich Marie in Großbritannien operieren lassen kann. Es ist möglich! Da wir in Großbritannien arbeiten und wie jeder andere Arbeitnehmer unseren Beitrag zum Nationalen Gesundheitssystem (NHS) zahlen, haben wir ein Recht auf ärztliche Behandlung und somit auch auf eine Operation. Wir erfahren zudem, dass wir die Operation sogar in Großbritannien ausführen lassen müssten, da wir aktuell in Deutschland nicht mehr versichert seien. Die Entscheidung kann uns niemand abnehmen, wir müssen sie alleine treffen. Es ist keine leichte Entscheidung! Niemand geht gerne in ein Krankenhaus, noch dazu in einem fremden Land, mit einem nicht vertrauten System und einer anderen Sprache. Wir halten es dann aber für sicherer, den Knoten entfernen zu lassen. Am Montag geht Marie zum Arzt, um einen Krankenhaustermin zu vereinbaren. Normalerweise muss man auf NHS-Operationen sehr lange warten. Aber der Knoten in der Brust scheint jetzt auch den Arzt zu beunruhigen. Wir sind erstaunt zu erfahren, dass Marie bereits am kommenden Sonntag ins »Derby City Hospital« gehen und schon am Montag darauf operiert werden kann. Darüber sind wir beide sehr froh.

Sonntag, 15. September. Ich begleite Marie ins Krankenhaus. Nach der Anmeldung führt man uns ins Krankenzimmer. Dieses befindet sich noch im alten Gebäude, der Neubau entsteht gerade. Das Zimmer ist sehr groß und fasst viele Betten. Ich bleibe eine Stunde. Dann gehe ich, verspreche aber, später wiederzukommen. Am Abend ist Marie sehr gefasst. Als ich sie verlasse, empfinde ich Angst, wie jeder, der ein Familienmitglied im Krankenhaus zurücklassen muss und weiß, dass am nächsten Tag operiert wird. Es ist die Ungewissheit. Man kann nur abwarten und hoffen, dass alles gut geht. Ein letzter Blick, sie winkt mir zu, dann muss ich gehen. Hoffentlich wird alles gut!

Montag, 16. September. Der Tag der Operation. Ich kann mich auf der Arbeit nur schwer konzentrieren. Nach Feierabend fahre ich direkt ins Krankenhaus. Wie werde ich meine Frau vorfinden? Ich betrete das Zimmer und sehe sie schon von weitem auf ihrem Bett sitzen und etwas essen. Die Operation ist gut verlaufen, der Knoten wurde entfernt und wird im Labor untersucht. In ein paar Tagen wird man uns das Ergebnis mitteilen. Wir sind froh, dass alles gut verlaufen ist. Die Ärzte und Krankenschwestern sind alle sehr freundlich, einer der Assistenzärzte spricht sogar etwas Französisch. An diesem Abend gehe ich beruhigter nach Hause als gestern. Vielleicht darf Marie schon morgen das Hospital verlassen. Tags darauf fahre ich wieder ins Krankenhaus. Sie darf tatsächlich schon heute nach Hause. Darüber freuen wir uns. Doch es wäre besser gewesen, sie hätte noch einige Tage im Krankenhaus bleiben können, denn nun ist sie den ganzen Tag über alleine in der Wohnung. Ich muss arbeiten, sonst gibt es kein Geld. Das Alleinsein führt zu einer leichten Depression. Sie braucht Betreuung. Zum Glück hilft uns Irene. Sie kommt gleich am nächsten Tag in die Wohnung und bleibt bis zum Abend. Den folgenden Tag verbringt Marie bei ihr in Darley Abbey. Danach kommt sie wieder alleine zurecht. Eine Woche später erfahren wir das Ergebnis der Laboruntersuchung. Der Knoten war nicht bösartig, alles ist in Ordnung. Wir sind erleichtert!

Dritter Job als Lagerarbeiter
in einer Textilfirma

Der September bringt eine berufliche Veränderung. Die Sommermonate mit den Studenten am Arbeitsplatz waren interessant. Doch der aktuelle Lohn ist bescheiden, die Semesterferien zu Ende und die Studenten kehren ans College zurück. Zeit, über eigene Veränderungen nachzudenken. Da Maries Verdienst fast doppelt so hoch ist wie meiner, sollte ich etwas verändern! Während der nächsten Tage denke ich intensiv nach. Eigentlich gingen wir ins Ausland, um etwas zu riskieren. Aktuell habe ich ein geringes, wenn auch regelmäßiges Einkommen. Aber ist es das, was ich will? Schon bald steht mein Entschluss fest. Ich werde es wagen und mir einen neuen Job suchen. Ich kündige zum 20. September. Nun kann ich mich verändern! Wird es mir aber gelingen, schnell einen besseren Job zu finden? Doch was soll die Grübelei! Das Abenteuer einer weiteren Jobsuche wartet auf mich und ich vertraue erneut auf meine Stärke. Rückblickend habe ich nie lange gebraucht, um in Großbritannien Arbeit zu finden. Nach ein paar Stunden intensiver Suche war ich immer erfolgreich. Ich darf nur keinen Frust aufkommen lassen, sollte es nicht auf Anhieb klappen. Ich werde auch jetzt wieder motiviert von Tür zu Tür laufen und mir eine neue Tätigkeit suchen. An Selbstvertrauen fehlt es mir nicht. Bevor ich jedoch die Textilfirma verlasse, bitte ich um ein schriftliches Arbeitszeugnis. Dieser Wunsch trifft auf Erstaunen, bei Gelegenheitsjobs scheint das nicht üblich zu sein. Aber ich erhalte das Zeugnis. Man weiß ja nie, wozu man einen solchen Nachweis einmal brauchen wird.

Freitag, 20. September. Heute ist mein letzter Arbeitstag in Belper. Etwas traurig bin ich dann doch, als es heißt, Abschied zu nehmen von den Kolleginnen und Kollegen, mit denen ich fünf Monate lang zusammengearbeitet habe. Mit einigen hat sich eine echte Freundschaft entwickelt. Am Nachmittag erhalte ich ein Abschiedsgeschenk. Alle haben zusammengelegt und mir ein paar wunderbare Lederhandschuhe gekauft. Die kann ich im kommenden Winter sehr gut gebrauchen. Ich verspreche, mich wieder einmal sehen zu lassen, um zu berichten, wie es mir ergangen ist. An diesem Abend verlasse ich das Firmengelände zum letzten Mal. Alles geht einmal zu Ende und immer ist es ein Wagnis, Vertrautes zu verlassen. In solchen Momenten darf man nicht sentimental werden und nur das sehen, was man aufgibt. Etwas anderes wird kommen, ein neues Abenteuer wartet bereits um die Ecke. So geht es auch mir. Dieses Kapitel meines Lebens ist abgeschlossen, ich habe es selbst entschieden.

Montag, 23. September. Heute kann ich meine Zukunft wieder selbst bestimmen. Das ist sehr motivierend! Man fühlt sich unendlich frei, ist mutig, selbstbewusst aber auch etwas nervös und angespannt. Ich weiß, dass ich wieder haussieren gehen muss. Niemand wird mir helfen, ich muss das ganz alleine schaffen. Den Mut habe ich, aufgeben werde ich nicht. Die Spannung steigt! Kann ich heute einen neuen Job finden? Oder erst morgen oder übermorgen? Wo werde ich arbeiten und was? Alles Fragen, die mir heute Morgen durch den Kopf schießen. Ich bin zu aufgeregt, als dass ich groß frühstücken kann. Ein Stück Brot, ein Glas Milch, dann ziehe ich los, einem neuen Abenteuer entgegen. Marie arbeitet im Moment nicht, sie muss sich nach der Operation erholen. Wir haben also aktuell kein Einkommen mehr. Alles hängt nun davon ab, wie schnell ich etwas Neues finden kann! Aber das belastet mich jetzt nicht, der Jagdtrieb überwiegt. Für den Ernstfall liegen Reserven auf der Bank, um eine gewisse Zeit auch ohne Einkommen überbrücken zu können. Ich setze mich ins Auto und fahre ins südliche Gewerbegebiet von Derby. Diese dritte Jobsuche ist schon luxuriöser, denn ich besitze ein Auto. Am Anfang musste ich zu Fuß gehen, damals hatte ich noch nicht einmal ein Fahrrad. Heute bin ich mobiler und habe eine größere Reichweite. Im Gewerbegebiet angekommen, drehe ich erst einmal eine Runde, um zu erkunden, welche Unternehmen ansässig sind. Es gibt jede Menge davon! Wäre doch gelacht, wenn sich da nichts finden ließe. Ich stelle den Wagen ab und mache mich zu Fuß auf den Weg. Wo fange ich an? Welches Unternehmen besuche ich zuerst? Der erste Versuch fällt immer am schwersten, man ist noch unsicher. Hat man diesen hinter sich, kommt die Routine und die Selbstsicherheit überwiegt.

Ich beginne meine Jobsuche bei einer Firma, deren äußeres Erscheinungsbild mir am besten gefällt. Die Dame am Empfang ist sehr freundlich, ich trage ihr mein Anliegen vor und sie ruft in der Personalabteilung an. Leider gibt es keine offenen Stellen. Ich solle jedoch eine Kopie meines Lebenslaufs dalassen, man wolle ihn eingehend prüfen und mich eventuell schriftlich benachrichtigen. Nicht schlecht für den Anfang, zumindest ist das keine generelle Absage. Das gibt mir den nötigen Auftrieb, um motiviert weiterzusuchen. Alle Unternehmen links und rechts der Straße, in der ich mich gerade befinde, werden von mir besucht. Es handelt sich um kleinere bis mittelgroße Betriebe unterschiedlicher Branchen: ein Lager für Elektronikteile, das Autohaus einer deutschen Nobelmarke, eine Glasfabrik, ein Möbelhaus, eine Großwäscherei, eine Reifenwerkstatt, eine Spedition, das Logistikzentrum einer Supermarktkette, eine Großbäckerei, verschiedene Handwerksbetriebe und so weiter. Es läuft wie am Fließband. Ich trete ein, erkläre mein

Vorhaben und warte auf Antwort bezüglich offener Stellen. Gibt es keine, versuche ich mein Glück ein paar Meter weiter von Neuem. Da es in diesem Gewerbegebiet sehr viele Unternehmen und somit potentielle Erfolgsaussichten gibt, verliere ich nicht den Mut. In der Großwäscherei sehe ich mich dem Ziel sehr nahe. Dort gelange ich bis ins Personalbüro. Doch am Ende gibt es auch hier keinen Job für mich. Nachdem ich bereits elf Firmen besucht habe und noch immer keinen Treffer landen konnte, macht sich zum ersten Mal eine leichte Enttäuschung bemerkbar. Das ist ein gefährlicher Moment! Aufgeben oder weiterkämpfen? Kann ich mich noch motivieren? Es ist Mittag und ich entschließe mich, erst einmal eine Pause einzulegen, kaufe ein Sandwich, setze mich ins Auto und ruhe mich aus. Dann greife ich wieder an. Zum Warenlager eines Möbelhauses komme ich erst gar nicht durch, der Pförtner verwehrt mir den Zutritt. Wir kommen ins Gespräch. Er kennt Deutschland, schwärmt von Bier, Bratwurst, Wein und wird richtig redselig. Doch all die schönen Erinnerungen an den Urlaub in meinem Heimatland können ihn nicht erweichen, mich durchzulassen. Jobsuchende müssen sich schriftlich bewerben. Da ist nichts zu machen! Ein paar Schritte weiter steht das Logistikzentrum einer Supermarktkette. Dort versperrt mir ein hoher Zaun den Zutritt, das Wachhaus am Eingang ist besetzt. Hier gibt es sicher auch kein Durchkommen. Aber da Fragen ja bekanntlich nichts kostet, spreche ich einen der Wachmänner an. Er schreibt mir eine Adresse und eine Telefonnummer auf ein Stück Papier. Dort solle ich anrufen oder meine schriftliche Bewerbung hinschicken. Ich nehme den Zettel, stecke ihn ein und suche weiter. Es ist bereits nach 14 Uhr. Sechzehn Firmen habe ich nun schon besucht, sechzehnmal ohne Erfolg. Soll ich für heute abbrechen und morgen weitersuchen? Meine Zuversicht beginnt zu bröckeln, doch an Aufgeben denke ich jetzt noch nicht. Ich habe nichts zu verlieren und was soll ich jetzt schon zuhause machen? Also suche ich weiter, es sind ja noch genügend Firmen vorhanden. Ich stoße auf einen kleinen Betrieb für Baumaterialien. Die Sekretärin am Empfang bittet mich erst einmal Platz zu nehmen. Ein Gabelstaplerfahrer werde aktuell gesucht. Würde mich das interessieren? »Wieso nicht, was sind die Konditionen?« Darüber müsse ich mit dem Chef sprechen. Der sei aber im Augenblick nicht da, komme erst in einer Stunde wieder zurück. Dann werde ich eben in einer Stunde auch wieder hier aufkreuzen. So schnell geht das. Fast wollte ich für heute abbrechen, und nun scheint sich eine Chance aufzutun. Ich weiß natürlich nicht, ob ich für diesen Job überhaupt infrage käme, da man für Gabelstapler einen besonderen Führerschein braucht, den ich jedoch nicht besitze. Aber den kann man ja machen und die vermeintliche Chance gibt mir unheimlichen Auftrieb. Dieses positive Gefühl nutze ich, um weiter zu suchen. Vielleicht gelingt es mir sogar, in der Zwischenzeit etwas anderes zu finden. Eine ganze Stunde nur zu warten wäre falsch. Lässt sich nichts finden, kann ich immer noch zurückkehren und das Gespräch führen. Meine Stimmung steigt. Ich stecke die Nase in weitere Betriebe am Straßenrand, doch noch immer ohne Erfolg. Eine weitere halbe Stunde vergeht, einen neuen Job finde ich nicht.

Am Empfang eines Textilunternehmens frage ich nach offenen Stellen und erwarte eine negative Antwort. Für einen Moment bin ich daher völlig überrascht, als diese ausbleibt und ich höre, dass Mitarbeiter für das Warenlager gesucht werden. Einige Bewerber seien heute bereits zu Vorstellungsgesprächen erschienen. Sollte ich Interesse haben, könne ich mich, da ich nun schon einmal hier bin, diesen anschließen. Und ob ich Interesse habe! Die Frau am Empfang ruft in der Personalabteilung an. Kurz darauf werde ich abgeholt und zur Personalleiterin gebracht. Irgendwie kann ich das Ganze noch gar nicht so richtig fassen. Auf einmal scheint alles so leicht, so einfach zu sein. 21 Firmen habe ich heute besucht, kein wirkliches Jobangebot war dabei. Dies ist nun die 22ste Firma und hier wird tatsächlich jemand gesucht, noch dazu auf einem Gebiet, auf dem ich bereits fünf Monate in diesem Land gearbeitet habe und ein Arbeitszeugnis besitze. Wenn das kein Vorteil ist! Doch ich sollte mich lieber nicht zu früh freuen. Wir laufen durch eine große Fabrikhalle, in der viele Frauen an Nähmaschinen sitzen und arbeiten, gehen einen Gang entlang und erreichen das Personalbüro. Die Leiterin ist sehr freundlich, bittet mich Platz zu nehmen, möchte wissen, woher ich komme, wie lange ich bereits im Lande ansässig bin und wo ich bisher gearbeitet habe. Jetzt ist das Arbeitszeugnis aus Belper Gold wert. Es stellt sich heraus, dass beide Textilfirmen dem gleichen Konzern angehören. Die Personalleiterin scheint von meinem Lebenslauf beeindruckt zu sein. Sie informiert mich, dass die zuständige Abteilungsleiterin gleich vorbeikommen werde, um mich ebenfalls zu sehen. Es dauert nicht lange, da kommt sie auch schon, wechselt ein paar Worte mit der Personalleiterin, liest sich meinen Lebenslauf durch, wirft einen anerkennenden Blick auf das Arbeitszeugnis und bittet mich, ihr ins Warenlager zu folgen. Hier ist es hell und sehr sauber. Auf zwei Etagen hängen Textilien unterschiedlicher Größen, Formen und Farben, feinsäuberlich verpackt in Plastikhüllen. Die Tätigkeit, so erfahre ich, für die aktuell eine Mitarbeiterin oder ein Mitarbeiter gesucht werde, wäre das Aus- und Einlagern von Textilien sowie das Zusammenstellen der täglichen Auslieferungen. Das wäre also im Großen und Ganzen eine annähernd gleiche Tätigkeit wie die in Belper. Ich bin interessiert. Bleibt noch zu klären, was hier bezahlt wird. Als das Gespräch aufs Geld kommt, weicht sie aus. Man verdiene leider nicht sehr viel in der Textilbranche, beginnt sie zaghaft. Klingt ja nicht gerade vielversprechend! Also, wieviel? »Nur 75 Pfund pro Woche« rückt sie dann heraus. 75 Pfund pro Woche! Verglichen mit den 35 Pfund in Belper wäre das mehr als eine Verdoppelung meines Wocheneinkommens! Ich bin begeistert! Mit so viel hätte ich jetzt nicht gerechnet. Die Abteilungsleiterin ist überrascht, dass sich jemand über so wenig Geld derart freuen kann. Ob ich den Job nun haben wolle, fragt sie erwartungsvoll. Und ob ich ihn will! »Wann kann ich anfangen?«»Morgen früh um 8 Uhr«.»Gut, dann bis morgen früh im Personalbüro«. Dort würde ich eine Stechkarte erhalten und müsse den Personalbogen ausfüllen. Das wars dann für heute. Ich habe einen neuen Job! Gebraucht habe ich wieder nur einen Tag, genau genommen sieben Stunden. Besucht habe ich über 20 Firmen, aufgegeben habe ich nicht. Es ist mein dritter Job in Großbritannien innerhalb von sieben Monaten. Mein Wocheneinkommen konnte ich in dieser Zeit von 25 über 35 auf nun mehr 75 Pfund erhöhen. Das ist zwar immer noch kein Spitzenverdienst, aber ein schöner persönlicher Erfolg. Das Risiko, den ziemlich sicheren, aber schlecht bezahlten Job in Belper sausen zu lassen, um etwas Neues zu suchen, hat sich rentiert. Die Rechnung ging auf. Zu der Firma, die einen Gabelstaplerfahrer sucht, kehre ich nicht mehr zurück. Ich habe einen neuen Job gefunden, das Einkommen stellt mich im Augenblick zufrieden, warum also weitersuchen. An diesem Abend rücke ich nicht sofort mit der guten Nachricht heraus, ein bisschen Spannung muss sein. Als ich das Ergebnis dann präsentiere, ist die Freude riesengroß! Es ist wie im Märchen! Wir fühlen uns an diesem Abend unendlich reich und würden im Augenblick mit niemandem auf der Welt tauschen wollen. Wir sind glücklich und stolz. Welch herrliches Gefühl, etwas aus eigener Kraft geschafft zu haben. Das gibt viel Selbstvertrauen. Davon profitiert man fürs ganze Leben. Wir genießen den Abend und feiern in einem kleinen Restaurant. Gründe zum Feiern haben wir genug: Maries Operation ist gut verlaufen, der Knoten war nicht bösartig, ich habe erfolgreich den Job gewechselt und obendrein auch noch mein Einkommen verdoppelt.

Dienstag, 24. September. Mein erster Arbeitstag im neuen Job. Anstatt zehn Minuten nach Belper brauche ich jetzt mit dem Auto rund fünfundzwanzig Minuten zur neuen Arbeitsstelle. Meine Schicht beginnt um 8 Uhr. Heute Morgen bekomme ich erst einmal eine Stechkarte. Alles ist neu, ich fühle mich ziemlich verloren. Man kennt niemanden, die Umgebung, Produkte, Räumlichkeiten sind fremd. Aber das wird schon werden, alles braucht seine Zeit. Wie oft habe ich mich schon an etwas Neues gewöhnt. Sicher geht es auch diesmal schnell. Den ersten Tag verbringe ich hauptsächlich mit dem Kennenlernen der Kolleginnen und Kollegen sowie der Räumlichkeiten. Die Menschen, die hier arbeiten, sind fast alle sehr jung. Ungefähr zwanzig Mitarbeiterinnen und Mitarbeiter sind im Warenlager beschäftigt, in der Produktion wesentlich mehr. Auch das Zurechtfinden im Lager plus das Kennenlernen der neuen Produkte braucht Zeit. An meiner vorherigen Arbeitsstelle kannte ich natürlich jeden Winkel. Hier beginne ich wieder von vorne, muss Geduld haben, mich langsam eingewöhnen.

In dieser Woche gehe ich am Freitagabend auch zum ersten Mal ins »Derby College«, um den Trainingskurs für neue Lehrer in der Erwachsenenbildung zu besuchen. Die Teilnahme an diesem Kurs resultiert aus dem Gespräch mit einem Schulleiter vom Juni dieses Jahres. Damals erkundigte ich mich nach der Möglichkeit, Deutsch unterrichten zu können. Da ich kein ausgebildeter Lehrer bin, ist die Teilnahme an diesem Kursprogramm Pflicht. Es wird von der Stadt Derby durchgeführt, ist kostenlos und schließt bei Erfolg mit dem sogenannten »Stage-One-Certificate« ab. Ich hatte mich angemeldet und wurde eingeladen. Jetzt, Ende September, beginnt der Kurs, findet jeweils am Freitag von 20 bis 22 Uhr plus zweimal samstags ganztägig statt und läuft über drei Monate, also bis kurz vor Weihnachten. Wir sind zehn Personen in der Gruppe.

Samstag, 28. September. Marie fährt für zwei Wochen zu ihrer Familie nach Frankreich. Sie hat sich von der Operation gut erholt, braucht aber noch viel Ruhe. Ein Besuch bei ihren Eltern wird ihr daher guttun. Sie nimmt den Bus von Derby über London nach Tours. Dort wird sie abgeholt. Diese Überlandbusse sind die günstigste Art zu reisen, günstiger noch als eine Bahnfahrt und auch angenehmer, da auf der Fähre das Gepäck im Bus bleiben kann.

Für mich gibt es viel zu tun. Da sind die Eingewöhnung am neuen Arbeitsplatz sowie in die Studiengruppe am College. Es dauert seine Zeit, bis ich mich im Warenlager einigermaßen auskenne und zumindest eine Ahnung davon habe, wo die verschiedenen Artikel eingelagert sind. Das ist wichtig, da ich künftig beim Zusammenstellen der Aufträge die Artikel schnell finden muss. Bereits am zweiten Arbeitstag versuche ich mir einen Plan der Räumlichkeiten zu machen, mit Informationen über Artikel und deren Artikelnummern. Aber es gibt viele unterschiedliche Varianten und die Lagerplätze wechseln oft. Ich muss mich langsam an alles gewöhnen. In dieser Woche beginnt ein weiterer Mitarbeiter im Warenlager seinen Dienst. Auch er ist wie ich eine Zeitarbeitskraft, oder wie man hier sagt, ein »temporary worker«, kurz »temp«. Die »temps« haben keinen festen Arbeitsvertrag, werden bei Bedarf eingestellt und können kurzfristig wieder entlassen werden. Als »temp« hat man also so gut wie keine Sicherheit. Der Kollege heißt Trevor und kommt aus Jamaika. Da wir beide neu sind und niemanden kennen, freunden wir uns schnell an. Er ist ein sympathischer Typ, wir arbeiten zusammen und helfen uns gegenseitig. Wir sind beide anders als die übrigen Kollegen, und das verbindet. Ich bin ein Ausländer, dessen Muttersprache nicht Englisch ist, seine Muttersprache ist zwar Englisch, wenn auch mit einem starken karibischen Akzent, aber seine Hautfarbe ist dunkel. Wir halten zusammen. Das ist auch für mich eine große Hilfe. Das Bildungsniveau einiger Kollegen ist nicht allzu hoch. Da ist es fast schon normal, dass viel geflucht wird und die Witze derb sind. Aber so schlimm ist es nun auch wieder nicht. Ich lerne hier ebenfalls jeden Tag neue Wörter, bekomme sie erklärt und kann sie anwenden. Die Fremdsprache ist immer um mich herum. Den ganzen Tag über läuft das Radio, das Programm ist in der gesamten Lagerhalle zu hören. Wörter, die ich noch nicht kenne, werden mir von Trevor erklärt. Er ist der Kollege, der mir auch sprachlich am meisten hilft.

Die Arbeit ist sehr eintönig. Am Vormittag müssen Textilien, die auf Rollenbügeln an langen Schienen aufgereiht sind, in Plastikhüllen verpackt werden. Es handelt sich um Aufträge, die bereits zusammengestellt wurden und nun für den Transport fertig gemacht werden. Das ist eine ziemlich schwere körperliche Arbeit. Die Plastikhülle wird von unten über die Kleidungsstücke gezogen, am oberen Ende verschlossen und mit einem Aufkleber versehen. Das bedeutet: Bücken, hochziehen, verschließen, erneut bücken, hochziehen, verschließen, und das den ganzen Vormittag lang. Zum Glück läuft das Radio! Mit Musik fühlt sich so manche schwere Arbeit etwas leichter an. Kurz vor 12 Uhr fährt ein Sattelschlepper vor, der am frühen Nachmittag mit den verpackten Artikeln beladen wird. Danach kommissionieren wir neue Kundenaufträge, die anschließend verpackt und am nächsten Tag verladen werden. Neue Textilen aus der Produktion sind ebenfalls einzulagern. Mit der Zeit lerne ich die einzelnen Artikel und deren Lagerorte immer besser kennen. Mittags kann man sich in einer Kantine stärken. Es gibt abwechselnd Pommes frites, Erbsen, Karotten, Kartoffelpüree, Pizza, Truthahn- oder Lammfleisch. Mir schmeckt's! Wenn man den ganzen Tag über körperlich arbeitet, hat man einen gesunden Appetit.

Jeden Freitagabend besuche ich nun das College. Auf dem Stage-One-Trainingskurs bin ich der einzige Ausländer, was mich aber nicht stört. Ganz im Gegenteil, für mein Englisch ist das sogar perfekt. Ich bin auch der einzige Kandidat, der eine Fremdsprache unterrichten möchte. Die Fachgebiete der anderen Kursteilnehmer sind: Aerobic, Keep-Fit, Stepptanz, Falknerei, Malerei, die Geschichte der Wikinger und noch vieles mehr. Ein breites Spektrum interessanter Wissensgebiete. Alle Teilnehmer sind wie ich Spezialisten auf ihrem Fachgebiet, verfügen jedoch nicht über eine spezielle Ausbildung für das Lehramt. Ziel dieses Kurses ist die Vermittlung von Lerninhalten für Erwachsene. Nicht nur Fachwissen ist wichtig, sondern auch die Art und Weise, wie man es vermittelt und den Unterricht interessant gestaltet. Für mich sind die Kursabende auch eine gute Gelegenheit, meine Sprachkenntnisse weiter auszubauen. Verglichen mit den Kollegen am Arbeitsplatz sind diese Menschen höher gebildet. Es ist sehr interessant, sich mit ihnen zu unterhalten. Wir erfahren, wie Erwachsene lernen, müssen Vorträge vor der Gruppe halten, lernen mit technischen Geräten umzugehen und noch vieles mehr. Das alles gefällt mir. Ich freue mich bereits während der ganzen Woche auf den Freitagabend. Hier finde ich ein ganz anderes Milieu vor als am Arbeitsplatz. Der Job ist wichtig, um Geld zu verdienen. Außer mit Trevor kann ich jedoch mit den wenigsten Kollegen ein vernünftiges Wort sprechen. Die meisten blödeln nur herum.

Das Besondere an meinem derzeitigen Leben ist die Tatsache, dass ich meine Zukunft selbst aktiv gestalten kann. Ich kann verändern, Erfahrung sammeln, mir Ziele setzen und diese auch erreichen. Ich glaube fest an eine interessante Zukunft, auf die ich mich jetzt intensiv vorbereite und in der ich sicher einmal belohnt werde. Ich bin mit dem aktuellen Stand meines Lebens voll und ganz zufrieden.

Samstag, 12. Oktober. Marie kehrt zurück. Am Abend hole ich sie vom Busbahnhof in Derby ab. Trotz der langen Fahrt sieht sie erholt und fit aus. Die zwei Wochen in der Heimat haben ihr sichtlich gutgetan. Auf der Rückfahrt zu unserer Wohnung verrate ich ihr, dass zuhause eine Überraschung auf sie wartet. Das weckt natürlich die Neugierde und sie versucht schon während der Fahrt herauszubekommen, um was es sich handelt. Doch ich verrate nichts, es soll ja eine Überraschung sein. Während der letzten beiden Wochen habe ich mich entschlossen, ein kleines Fernsehgerät zu kaufen. Wir hatten unser Gerät in Deutschland zurückgelassen. In Großbritannien gebe es andere Sendefrequenzen, hat man uns gesagt. Daher könnten wir mit dem alten Gerät nichts anfangen. Sieben Monate lebte ich ohne Fernseher. Eigentlich bedauere ich das nicht, nur ab und zu würde ich doch gerne wieder die Nachrichten sehen, um mich über den aktuellen Stand des Weltgeschehens informieren zu können. TV-Programme vermitteln Informationen über Land und Leute, vor allem aber hört man die Fremdsprache. Das sollten wir nutzen! Ich habe während der letzten beiden Wochen je 20 Pfund gespart und für 40 Pfund ein kleines tragbares Schwarzweiß-Gerät gekauft. Damit hatte Marie nicht gerechnet, die Überraschung gelingt! Nun können wir eintauchen in die für uns noch fremde Welt des britischen Fernsehens. Und es gibt viel Neues zu entdecken: neue Shows, fremde Gesichter, unbekannte Moderatoren, andere Nachrichtensprecher, Sänger, Schauspieler, Werbespots und noch vieles mehr.

Anfang Oktober muss sich auch Marie einen neuen Job suchen. Die Aushilfsstelle in der Kantine war zeitlich begrenzt. Das wussten wir. Doch es war ein erster Job und wir haben es nicht bereut. Diesmal kommen ihr bei der Stellensuche Beziehungen aus unserem neuen Freundeskreis zu Gute. Sie wird zu einem Vorstellungsgespräch in die Hauptverwaltung der örtlichen Bausparkasse eingeladen. Nach dem Gespräch sollte es noch ein paar Tage dauern, bis sie Bescheid erhält. Während dieser Zeit geht sie weiter auf Jobsuche. Es könnte ja durchaus sein, dass sie von der Bausparkasse eine Absage erhält, dann wäre es gut, wenn sie sich schon anderweitig umgesehen hätte. Eines Abends kommt sie freudestrahlend nach Hause und erzählt, dass sie heute ohne fremde Hilfe einen Job gefunden habe. Sie ist über diesen persönlichen Erfolg überglücklich! Sie sei mit dem Bus nach Belper gefahren und habe dort eine Schokoladenfabrik besucht. Vor ein paar Monaten suchte auch ich diese Fabrik auf, leider ohne Erfolg. Sie hatte heute mehr Glück. Die Schokoladenproduktion für Weihnachten läuft auf Hochtouren. Während eines Tests musste sie am Fließband einige Arbeiten erledigen. Die Fabrikhalle sei groß und neu, im Inneren war es heiß und sehr laut. Die Arbeit werde mit 75 Pfund pro Woche gut bezahlt, sei jedoch auf drei Monate begrenzt. Sie muss den Test zur Zufriedenheit der Verantwortlichen bestanden haben, denn man bot ihr den Job an, sie könne am kommenden Montag beginnen. Als ich am nächsten Tag von der Arbeit nach Hause komme, wartet eine Überraschung auf mich. Heute Morgen kam der Bescheid von der Bausparkasse, dass Marie bei Interesse für drei Monate einen Halbtagsjob im Büro antreten könne. Die Arbeitszeit wäre von 13 bis 17 Uhr. Der Wochenlohn in Höhe von 45 Pfund läge zwar um

30 Pfund unter dem der Schokoladenfabrik, die Arbeitsbedingungen wären jedoch wesentlich besser. Wir müssen uns entscheiden. Gestern war noch alles klar, es gab nur ein Angebot. An diesem Abend machen wir einen langen Spaziergang und besprechen die Lage. An der frischen Luft lassen sich Möglichkeiten immer besser überdenken, Situationen besprechen, Entscheidungen treffen. Am Ende entscheiden wir uns für den Job in der Bausparkasse. Das ist zwar nur eine Halbtagsstelle und daher schlechter bezahlt, doch insgeheim spekulieren wir auf die Möglichkeit, dass sich dort im Anschluss an die drei Monate eventuell eine andere Art der Beschäftigung ergeben könnte. Das ist aktuell aber reine Spekulation. Ob es sich so ergeben könnte, wissen wir nicht. Doch ist man erst einmal in einem Unternehmen beschäftigt, sind die Chancen, dort bleiben zu können, sicher höher, als bei einer Neubewerbung. Es handelt sich immerhin um die Hauptverwaltung der lokalen Bausparkasse und da gibt es doch sicher immer wieder mal offene Stellen, die zuerst intern ausgeschrieben werden. Wir entscheiden uns also für das Jobangebot, das im Augenblick zwar geringer entlohnt wird, hinsichtlich der Zukunft aber das größere Potential bietet. Diese Entscheidung sollte sich tatsächlich als die richtige herausstellen, doch dazu später mehr.

Im Oktober beginnt Marie in der Bausparkasse zu arbeiten. Sie kann ihren neuen Arbeitsplatz in rund 10 Minuten zu Fuß erreichen. Unsere beiden Löhne reichen jetzt wieder voll aus, um den Lebensunterhalt in Großbritannien zu finanzieren.

An meinem neuen Arbeitsplatz habe ich mich eingelebt, die Wochen vergehen. An einem Freitagnachmittag im November kommt es zum Streit zwischen mir und einem Kollegen. Ich stelle gerade einen Auftrag zusammen, da taucht der besagte Kollege auf und behauptet, ich hätte die Qualität seiner

Arbeitsleistung kritisiert. Das stimmt, denn er ist nicht nur in meinen Augen ein Faulenzer. Er überschüttet mich mit Kraftausdrücken und scheint seinen Frust heute an mir auslassen zu wollen. Ich arbeite ruhig weiter. Er versucht mich zu provozieren. Sprachlich ist er mir überlegen. Er spricht seine Muttersprache, die ich leider noch nicht so fließend beherrsche, als dass ich ihm effektiv Kontra geben könnte. Das ärgert mich im Augenblick am meisten. Zum Glück kommt Trevor gerade rechtzeitig um die Ecke und mir zu Hilfe. Der streitsüchtige Kollege provoziert weiter. Es passt ihm aber gar nicht, dass mir Trevor zur Seite springt. Irgendwann zieht er ab. Mir ist aber bewusst, dass er von nun an keine Gelegenheit auslassen werde, um zu sticheln. Und ich sollte recht behalten. Ein paar Tage später kommt es erneut zur Konfrontation. Der streitsüchtige Kollege taucht wieder neben mir auf, rempelt mich an und beginnt erneut zu provozieren. Ich versuche ruhig weiterzuarbeiten, nicht nervös zu werden, denn genau das beabsichtigt er ja. Es gelingt mir nur schwer, ich werde innerlich richtig wütend. Er weicht nicht von meiner Seite, versucht weiter zu sticheln. Es fehlt nicht mehr viel, dann knalle ich ihm eine! Aber genau das will er erreichen. Für eine Schlägerei ist er viel zu schwach. Er will einen Schlag von meiner Seite provozieren. Täte ich ihm diesen Gefallen, würde ich sofort entlassen werden. Sprachlich ist er mir überlegen, das weiß er. Er fährt fort mich anzurempeln, beschimpft und beleidigt mich. Ich werde aggressiv. Er merkt das und legt noch einen Zahn zu. Zum Glück erscheint Trevor auch diesmal noch rechtzeitig, sonst hätte es vielleicht wirklich geknallt. Trevor nimmt nun seinerseits den Provokateur ins Visier, sein Englisch ist perfekt. Damit hat mein Gegner nicht gerechnet und zieht ab. Doch er wird jede sich bietende Gelegenheit nutzen, mich weiter zu provozieren. Zum Glück ist heute Freitag und mir bleibt das Wochenende, um darüber nachzudenken, wie ich mich zukünftig verhalten sollte, damit es nicht doch eines Tages zu einer handfesten Auseinandersetzung kommt. Ich muss auf der Hut sein, darf mich auf gar keinen Fall zu einer Tätlichkeit hinreißen lassen. Die Leichtigkeit des Seins ist so gut wie weg. Der Kollege lässt keine Gelegenheit aus, mir das Leben schwer zu machen. Wie gut, dass ich jeden Freitagabend ins College gehen kann.

Der Herbst vergeht, der Dezember zieht ins Land. Ich finde, es ist Zeit, einige Schulen in der Umgebung anzuschreiben, um Möglichkeiten einer Beschäftigung auszuloten. Dies erweist sich schwieriger als angenommen. Ich wende mich zuerst an Kollegien in Derby. Eine Woche später dehne ich den Bewerbungsradius bis nach Nottingham aus. Doch der Erfolg bleibt aus. Eine negative Antwort folgt der anderen. Meine Stimmung sinkt. Ich will mich verändern, will endlich wieder einer qualifizierten Beschäftigung nachgehen. Der Gedanke, mich durch den Trainingskurs für eine anspruchsvolle Tätigkeit zu qualifizieren, hat mich in letzter Zeit motiviert und mir über negative Erlebnisse hinweggeholfen. Doch mit jeder Absage schwindet die Hoffnung, sinkt die Motivation. Die Grenze des Aufgebens rückt immer näher. Doch diese Linie darf niemals erreicht werden! Ein Aufgeben, nach allem, was bereits erreicht wurde, kommt gar nicht in Frage! Immerhin haben wir aktuell zwei Jobs.

Es ist jetzt Mitte Dezember und noch immer gab es keine positiven Lichtblicke. Doch meine Hartnäckigkeit wird eines Abends endlich belohnt! Ein College in Derby lädt mich zu einem Gespräch mit der Deutschlehrerin ein. Endlich, wenigstens ein kleiner Erfolg! Am nächsten Abend fahre ich nach der Arbeit zu diesem College, treffe die Lehrerin und bespreche mit ihr eine Beschäftigungsmöglichkeit. Dabei erfahre ich, dass ab Januar drei Abiturklassen in deutscher Konversation unterrichtet werden müssten. Das klingt nicht schlecht! Die Sache hat jedoch einen Haken. Pro Klasse wäre das leider nur eine Stunde pro Woche, macht also zusammen nur drei Stunden in der Woche. Mehr könne sie mir im Augenblick leider nicht anbieten. Die Stunde werde jedoch mit 12 Pfund gut bezahlt. Ich könnte also in drei Stunden 36 Pfund verdienen, so viel wie in Belper für eine ganze Woche körperlicher Arbeit. Ich muss mich entscheiden. Die Wahl fällt nicht allzu schwer. Ich werde zwar im College weniger verdienen als an meinem aktuellen Arbeitsplatz, doch vielleicht gelingt es mir, weitere Unterrichtstunden an anderen Schulen zu finden. Ein Anfang wäre gemacht. Ich entscheide mich also für den Job am College, kündige die Arbeitsstelle in der Textilfirma und verlasse diese kurz vor Weihnachten, um am Montag, dem 06. Januar, meine neue Stelle antreten zu können. Ende Dezember ist auch der Trainingskurs zu Ende und ich erhalte mein »Stage-One« Zertifikat, das mir, so hoffe ich, in Zukunft vielleicht weitere Türen an anderen Schulen öffnen wird.

Weihnachten 1985. Da wir aus Kostengründen nicht beide Familien besuchen können, entschließen wir uns, Weihnachten getrennt zu verbringen. Marie wird zu ihrer Familie nach Frankreich reisen und ich die meine in Deutschland besuchen. Sie wird den Bus nehmen, ich per Bahn reisen. Ursprünglich wollte auch ich mit dem Bus fahren, habe aber mit dem Kauf der Fahrkarte zu lange gewartet. Kein Platz war dann mehr frei! Am Samstag, dem 21. Dezember, nehmen wir um 9 Uhr den lokalen Bus von Duffield nach Derby. Von hier aus geht die Reise mit einem Überlandbus weiter nach London. Gegen 13 Uhr kommen wir dort an, haben ein paar Stunden Zeit und bummeln durch die Stadt. Maries Bus wird um 19 Uhr abfahren, mein Zug erst gegen 21 Uhr. Im »Victoria Bus Station«

herrscht reges Treiben. Fernbusse starten von hier aus in alle Teile Europas. Reisende überall mit Unmengen an Gepäck. Alle möchten über Weihnachten nach Hause. Nachdem Maries Bus abgefahren ist, laufe ich die paar Schritte hinüber zum Bahnhof »Victoria Station«. Von hier aus starten die Züge nach Dover. An der Küste angekommen, dürfen wir nicht sofort auf die Fähre, die See ist rau. Nach über einer Stunde können wir dann endlich an Bord gehen. Während der Überfahrt versuche ich auf einer Bank zu schlafen, was aber nur mäßig gelingt. Von Ostende in Belgien geht es dann per Bahn nach Köln. Leider kommen wir dort verspätet an, wodurch Warten auf den nächsten Zug in Richtung Frankfurt angesagt ist. Am Sonntag, dem 22. Dezember, erreiche ich gegen 17 Uhr dann endlich mein Ziel und verbringe die Feiertage mit meiner Familie. Zu erzählen gibt es viel. Alle sind sehr neugierig und wollen wissen, wie es uns in der Fremde so ergangen ist.

Vierter Job als Assistent für deutsche Konversation am College in Derby

Am Montag, dem 06. Januar 1986, halte ich meine erste Unterrichtstunde im Derby-College als Assistent für deutsche Konversation. Ich bin etwas nervös, als Lehrer war ich bisher noch nie tätig gewesen. Zum ersten Mal sitze ich in einem Lehrerzimmer und bereite mich vor. Um 9 Uhr ist es dann soweit, der Unterricht beginnt. Die erste Gruppe besteht aus sechs Schülerinnen und Schülern. Laut Information der Deutschlehrerin sind in dieser Gruppe die besten Schüler. Es sei relativ einfach, sie zum Sprechen zu bringen, sie seien sehr interessiert. Die Schüler sollten möglichst viel Deutsch sprechen, darin bestehe meine Hauptaufgabe. Zu behandelnde Themen seien: das Waldsterben in Deutschland, der Karneval am Rhein bis hin zur Besprechung des Buches »Die verlorene Ehre der Katharina Blum« von Heinrich Böll. Die erste Unterrichtstunde verläuft gut, Assistent und Schüler beschnuppern sich erst einmal gegenseitig. Einige der Schüler sprechen sehr gut Deutsch, ich bin angenehm überrascht.

Am nächsten Tag unterrichte ich die zweite Gruppe, Mittwoch habe ich frei und die dritte Gruppe kommt am Donnerstagvormittag an die Reihe. Mit diesen beiden Gruppen, so wurde ich vorgewarnt, werde die Konversation etwas schwieriger, denn diese Schüler seien nicht so gut und vor allem schüchtern. Das stimmt! Sie beantworten meine Fragen meist nur mit »ja«, »nein« oder »weiß nicht«. Da gilt es Themen zu finden, die sie interessieren. Doch was könnte Teenager interessieren? Ferien, Haustiere, Hobbies? Doch auch diese Themen ziehen nicht wirklich. Versuchen wir es mal mit Kinofilmen, Schauspielern, Musik, Popstars. Das geht schon besser. Die Schüler tauen auf und geben hin und wieder sogar ganze Sätze von sich. Es ist gar nicht so einfach, sich über eine Stunde lang immer neue Fragen auszudenken. Der Unterricht läuft schleppend, bei weitem nicht so gut wie in der ersten Gruppe. Aber die Schüler sprechen wenigstens etwas und das ist ja die Hauptsache. Ich arbeite praktisch nur drei Stunden pro Woche, habe also genug Zeit, um mich nach weiteren Unterrichtsstunden umzusehen. In der dritten Januarwoche ziehe ich los und besuche verschiedene Kollegien in der näheren Umgebung. Ich fahre nach Mansfield, Nottingham und zu einer Privatschule an der Grenze zwischen Derbyshire und Staffordshire. Doch leider ohne Erfolg! Einige der Schulen wären schon an einem Assistenten für Deutsch interessiert, doch es fehlten ihnen leider die finanziellen Mittel. Eine solche Stelle müsse genehmigt werden und das könne dauern. So lange kann ich aber nicht warten! Ich brauche jetzt mehr Unterrichtstunden, nicht erst in einem Jahr. Am Ende der Woche sind es also immer noch nur drei Unterrichtsstunden am Derby-College. Ich konnte keine weiteren Kurse dazubekommen, muss mir also etwas anderes einfallen lassen. Ich überlege hin und her und entscheide, gezielt Großunternehmen in Derby und Nottingham zu besuchen, um dort eventuell einen qualifizierten Job ergattern zu können. Mein Wocheneinkommen liegt aktuell immerhin bei 36 Pfund und Marie hat den Job in der Bausparkasse. Diesmal muss ich also nicht jede Tätigkeit annehmen, sondern könnte sogar wählerisch sein. Vielleicht gelingt es mir wirklich, einen qualifizierten Job zu finden. In der folgenden Woche setze ich dies auch gleich in die Tat um und gehe erneut auf Jobsuche.

Montag, 13. Januar. Nach dem Unterricht fahre ich nach Nottingham. Hier besuche ich die Hauptverwaltung des Textilkonzerns, in dessen beiden Tochterfirmen ich bereits gearbeitet habe. Sollten Geschäftsverbindungen nach Deutschland bestehen, wäre ich vielleicht der richtige Mann, denke ich und versuche mein Glück. Es gelingt mir, bis ins Personalbüro vorzudringen und ein persönliches Gespräch zu führen, doch entschieden werde heute nichts. Zu gegebener Zeit würde ich benachrichtigt. Nächste Station ist ein Unternehmen, das Fahrräder herstellt. Am Empfang werde ich angewiesen, zur Personalabteilung zu gehen. Dort erfahre ich, dass es aktuell leider keine offenen Stellen gebe, erhalte jedoch den Hinweis, es einmal bei der Firma gleich um die Ecke zu versuchen. Dort bräuchte man ab und zu Mitarbeiter mit Fremdsprachenkenntnissen. Das besagte Unternehmen stellt Autozubehörteile her und exportiert einen Teil der Produktion. Hier komme ich ebenfalls bis ins Personalbüro. Doch auch in diesem Unternehmen sind leider keine offenen Stellen zu besetzen. Etwas Hoffnung bleibt mir dann doch, man zeigt generelles Interesse an einer Bewerbung und möchte die Unterlagen behalten. Außerdem solle ich einen Personalbogen ausfüllen. Würde in den nächsten Wochen ein Job auftauchen, für den ich in Frage käme, würde man mich sofort benachrichtigen. Es ist bereits nach 15 Uhr und ich habe für heute genug Niederlagen kassiert. Weitere Absagen würden mich jetzt nur frustrieren, daher höre ich auf und fahre nach Hause. Morgen ist auch noch ein Tag.

Dienstag, 14. Januar. Gleich nach dem Unterricht versuche ich mein Glück in Derby. Zuerst besuche ich den Hersteller von Lokomotiven und Waggons. Aber auch hier sind Jobs Mangelware. Dann probiere ich es noch einmal bei Rolls-Royce im Unternehmensbereich Flugzeugtriebwerke, doch wieder ohne Erfolg. Es will und will einfach nicht klappen.

Mittwoch, 15. Januar. Heute ist mein freier Tag. Das bedeutet, die Jobsuche kann bereits am Morgen beginnen. Ich fahre in das Industriegebiet östlich von Derby. Dort will ich eine Firma für Druckerzeugnisse besuchen, der Pförtner lässt mich aber nicht passieren. Als Nächstes habe ich mir den Unternehmensbereich Nuklear von Rolls-Royce vorgenommen. Doch auch hier komme ich nicht am Pförtner vorbei. Der ist jedoch freundlich und hilfsbereit und ruft in der Personalabteilung an. Gleich komme jemand vorbei, um mit mir zu sprechen. Hoffnung keimt auf! Ich sehe mich bereits im Personalbüro dieses weltbekannten Unternehmens und in meiner tollsten Phantasie bereits beschäftigt. Doch die Ernüchterung folgt prompt! Eine Mitarbeiterin erscheint und übergibt mir einen Personalbogen. Den solle ich ausfüllen. Meine Bewerbung werde dann geprüft. Mehr sei im Augenblick leider nicht drin. Wäre auch zu schön gewesen! Es ist bereits Nachmittag. Einen Versuch will ich heute noch wagen. Ich fahre zum Verwaltungsgebäude einer großen Textilfirma am Rande von Derby. Doch auch hier habe ich kein Glück, fühle den Frust in mir aufsteigen, breche die Suche ab und fahre nach Hause. Dort fülle ich den Personalbogen von Rolls-Royce aus. Dies ist wenigstens ein kleiner Hoffnungsschimmer am sonst so erfolglosen Horizont der heutigen Jobsuche.

Donnerstag, 16. Januar. Heute Nachmittag fahre ich hartnäckig mit der Jobsuche fort. Erste Station ist ein großer Weinhändler. Wer deutsche und französische Weine importiert, der bräuchte vielleicht Mitarbeiter mit Sprachkenntnissen dieser beiden Länder. Logisch gedacht, doch leider Fehlanzeige! Fängt ja wieder gut an, kann sicher nur besser werden. Mein nächstes Ziel ist eine Porzellanmanufaktur in Derby, deren Produkte im ganzen Land bekannt sind. Dort erhalte ich einen weiteren Personalbogen. Mehr kann ich auch hier nicht erreichen. Aber es war einen Versuch wert. Und weiter geht's. Ich steuere eine große Firma an, die mir schon länger aufgefallen ist. Sie soll geschäftliche Verbindungen zu deutschen Unternehmen unterhalten. Also nichts wie hin! Mein Vorstoß endet aber auch hier abrupt beim Pförtner. Er lässt mich nicht passieren, ruft in der Personalabteilung an, mit dem Ergebnis, ich solle mich schriftlich bewerben. Bleibt nur ein Ort, den ich noch besuchen möchte, der »East Midlands Airport«, der gemeinsame Flughafen von Derby, Nottingham und Leicester. Aber dafür ist es heute schon zu spät. Dort werde ich morgen mein Glück versuchen.

Freitag, 17. Januar. Bereits früh am Morgen bin ich unterwegs zum Flughafen. Dort angekommen, peile ich das Verwaltungsgebäude an, stelle den Wagen ab und gehe hinein. Hier befinden sich auch die Büros der Luftfrachtfirmen. Ich laufe den Korridor entlang, klopfe an jede Tür und frage selbstbewusst nach einem Job. Leider ohne Erfolg! In der Flughafenverwaltung spreche ich eine Frau an, die mir gerade über den Weg läuft, muss einen Augenblick warten und kann dann ein Gespräch mit einem Mitarbeiter der Personalabteilung führen. Aber auch er kann mir nichts Passendes anbieten. Bei Interesse solle ich im Frühsommer wiederkommen, dann könnte es Jobs geben. Über die Sommermonate würden aufgrund des starken Reiseverkehrs immer Aushilfskräfte zum Be- und Entladen der Flugzeuge gesucht. Aktuell bestehe hierfür jedoch noch kein Bedarf. Ich suche weiter. Schräg gegenüber der Flughafenverwaltung fällt mir eine Halle auf, in der Flugzeuge repariert werden. Auf der Rückseite des Hangars befindet sich der Eingang. Die Frau am Empfang ruft in der Personalabteilung an. Nach ein paar Minuten erscheint eine Mitarbeiterin. Gesucht werden Techniker und Ingenieure. Damit kann ich leider nicht aufwarten. Ich hätte Fremdsprachen anzubieten. Doch die werden hier leider nicht gebraucht. Und schon bin ich wieder draußen.

Gleich gegenüber hat eine weitere Firma ihren Sitz. Ich will mich gerade auf den Weg machen, da fällt mein Blick auf das Firmenlogo. Es kommt mir bekannt vor! Ich denke einen Augenblick nach, dann fällt es mir wieder ein. Natürlich! Das ist doch eine der Firmen, die ich im letzten Jahr kurz nach meinem Eintreffen angeschrieben und von der ich eine negative Antwort erhalten habe. Mitarbeiter mit Fremdsprachkenntnissen wurden dort vor neun Monaten nicht gesucht. Für eine Sekunde zögere ich. Macht es überhaupt Sinn, hier noch einmal vorzusprechen, wenn ich schon einmal eine schriftliche Absage erhalten habe? Fast drehe ich auf dem Absatz um, will es hier nicht noch einmal versuchen. Dann überlege ich es mir in letzter Minute doch anders und laufe hinüber. Wenn ich nun schon einmal hier bin, dann sollte ich auf keinen Fall eine Chance auslassen. Auch wenn es nichts bringen wird, und davon bin ich überzeugt, muss ich mir später keine Vorwürfe machen, nicht wirklich alles versucht zu haben. Durch den Haupteingang gelange ich an den Empfang. Die Rezeptionistin telefoniert gerade. Ich warte, bis sie fertig ist, und frage dann kurz und direkt nach einem Job. Mittlerweile habe ich darin Routine. Ich rede nicht lange herum, sondern komme sofort zur Sache. Entweder es gibt Arbeit, oder es gibt keine. Dann brauche ich mich nicht länger aufzuhalten. Ein solches Anliegen scheint der Frau hier noch nicht zu Ohren gekommen zu sein, denn sie sieht mich erstaunt an, hält mich wahrscheinlich für einen Vertreter. Will der etwas verkaufen, scheint sie zu denken. Nein, will ich nicht, außer bei Bedarf meine Arbeitskraft. Ich hätte Fremdsprachenkenntnisse anzubieten, bräuchten Sie so etwas? »Einen Moment bitte«, sagt sie und greift zum Hörer. Wenig später erscheint eine Frau aus der Marketingabteilung, dem Akzent nach Amerikanerin. Ich erkläre auch ihr kurz mein Anliegen. Sie scheint ebenfalls überrascht zu sein, versucht mich einzuordnen. Es kommt ja auch nicht alle Tage vor, dass ein Deutscher in Großbritannien wie aus dem Nichts in einer Firma auftaucht und nach einem Job fragt. Ich solle erst einmal Platz nehmen, erklärt sie und entschwindet meinem Blickfeld. Meinen Lebenslauf, den ich immer bei mir habe, nimmt sie mit. Wenig später kommt sie in Begleitung zweier Männer in dunklen Anzügen zurück und stellt mir diese als »Sales Director« (Verkaufsleiter) und »Sales Manager« vor. Die beiden bitten mich in ein Bürozimmer. Dort nehmen wir an einem Konferenztisch Platz. Ich werde gebeten, etwas aus meinem Leben zu erzählen, was ich bisher beruflich gemacht habe, wie lange ich schon im Lande sei, warum ich nach Großbritannien kam und so weiter. Während ich spreche, werfen sie einen Blick auf meinen Lebenslauf. Ob ich technisches Verständnis besäße, technische Zeichnungen verstünde, wollen sie wissen. »Das kommt darauf an«, bemerke ich diplomatisch. Eine technische Zeichnung wird vor mir ausgebreitet, ich solle sie mir ansehen. Etwas Ahnung habe ich dank des Schulfachs »Technisches Zeichnen« schon. Fragen zu dieser Zeichnung beantworte ich, so gut es geht. Die Antworten scheinen nicht allzu schlecht zu sein, denn die beiden sind zufrieden. Nun erfahre ich mehr über das Produkt dieser Firma, es sind 3D-Koordinaten-Messmaschinen. Der Verkaufsleiter überfliegt erneut meinen Lebenslauf und greift zum Telefon. Kurz darauf erscheint ein weiterer Mitarbeiter, der mir als »Application Engineer« (Anwendungstechniker) vorgestellt wird. Auch er liest sich meinen Lebenslauf interessiert durch. Am Ende nickt er ein paar Mal anerkennend. Mittlerweile bin ich nun schon über eine Stunde hier. Alles ging so schnell, kam so überraschend, dass ich das alles noch gar nicht so richtig einordnen kann. Langsam begreife ich, dass dies ein professionelles Vorstellungsgespräch ist, beginne zu hoffen. Vielleicht gelingt mir bei diesem Unternehmen der ganz große Wurf! In diesem Augenblick bin ich fest entschlossen, die Gelegenheit zu nutzen. Sollte es hier einen Job geben, werde ich dafür kämpfen, ihn auch zu bekommen! Es ist Mittag und ich werde zum Essen eingeladen. Kein schlechtes Zeichen! Wenn man mich sogar bewirtet, stehen meine Chancen sicher nicht allzu schlecht. Wir fahren zu einem urigen Pub. Ich habe nur wenig Appetit, bin viel zu aufgeregt, wähle nur eine Kleinigkeit. Meine beiden Gesprächspartner entscheiden sich für eine komplette warme Mahlzeit. Die Portionen sehen sehr appetitlich aus. Doch ich könnte das jetzt nicht essen, bin zu gespannt auf den Ausgang dieses Gesprächs. Sollte es hier vielleicht wirklich einen Job für mich geben? Schlecht sieht es im Moment nicht aus. Nach einer guten Stunde kehren wir ins Büro zurück. Dort informiert man mich jetzt eingehender über das Unternehmen. Es besteht seit 25 Jahren und gehört seit einem Jahr zu einem amerikanischen Konzern. Das hört sich interessant an! Anschließend führt man mich in einen Raum, in dem einige der Messmaschinen stehen. Ein junger Ingenieur programmiert gerade eine davon, führt mich herum und erklärt die Funktionsweise. Was die Technik betrifft, bin ich im Moment etwas verloren. Doch bloß nichts anmerken lassen! Nach einer guten halben Stunde geht es zurück ins Büro des Verkaufsleiters. Ein weiterer Anwendungstechniker wird zu dem Gespräch hinzugezogen. Langsam nähern wir uns dem Punkt, auf den ich schon lange warte. Wird hier nun jemand gesucht oder nicht? Gibt es eine offene Stelle? Es gibt eine! So jedenfalls äußert sich nun der Verkaufsleiter. Ein Mitarbeiter am Standort spreche Italienisch, ein anderer Kollege Französisch. Deutsch spreche leider noch niemand. Da man auch Geschäftsverbindungen nach Deutschland unterhalte und diese in den nächsten Jahren sogar noch ausbauen wolle, suche man bereits seit einiger Zeit jemanden, der Deutsch spricht. Das alles kommt mir nun doch langsam wie ein wunderbarer Traum vor, aus dem ich plötzlich erwachen könnte. Irgendwie ist alles zu schön, um wahr zu sein! Doch es ist kein Traum, es ist tatsächlich Realität! Der Verkaufsleiter bemerkt, dass man einen Bewerber aus dem deutschen Sprachraum zum Interview habe einladen wollen. Da ich nun aber schon einmal hier sei, in der Nähe wohne, meine Ausbildung plus Fremdsprachenkenntnisse passen würden, könnte man doch eigentlich mir den Job anbieten, vorausgesetzt, ich sei interessiert. Zuerst einmal bin ich vollkommen sprachlos! Mit einem solchen Angebot hätte ich heute Morgen nie und nimmer gerechnet, hätte nicht einmal auch nur annähernd davon zu träumen gewagt. Mir wird gerade ein qualifizierter Job angeboten, bei dem deutsche Sprachkenntnisse verlangt werden. Der Job interessiert mich, ich greife sofort zu. So eine Chance lasse ich mir definitiv nicht entgehen! Der Verkaufsleiter schlägt vor, mich ab Montag erst einmal für drei Monate befristet zu beschäftigen. Ich solle deutsche und englische Texte übersetzen. Dabei könne ich mich bewähren, dann sehe man weiter. Während dieser drei Monate liege mein Einkommen bei 100 Pfund pro Woche. Ich nehme das Angebot an.

Gegen 15 Uhr gehe ich als Sieger vom Platz. Ich habe heute einen neuen Job gefunden, der sich verdammt gut anfühlt! Wer weiß, was da noch alles drin ist! Vorerst auf drei Monate befristet, kann sich das Arbeitsverhältnis verlängern, sollte ich den Anforderungen genügen. Nun liegt es an mir, diese zu erfüllen. Ich fühle mich plötzlich so leicht, so frei. Da fällt mir das College ein. Jetzt, wo ich einen Ganztagsjob gefunden habe, kann ich an drei Vormittagen nicht mehr unterrichten. Was also tun? Am besten schaue ich noch heute dort vorbei und informiere die Deutschlehrerin. Gesagt, getan. Natürlich ist sie enttäuscht darüber, ihren gerade erst eingestellten Sprachassistenten nach nur einer Woche schon wieder zu verlieren. Aber sie versteht meine Situation und die Tatsache, dass ich ein solches Angebot nicht wegen drei Stunden pro Woche am College sausen lassen kann. Da ich keinen festen Arbeitsvertrag habe, ist es kein Problem auszuscheiden. Natürlich möchte ich meine Schüler nicht einfach so im Stich lassen und biete an, die Konversationsstunde am Sonntagabend in einem Pub in Duffield abzuhalten. Dort könnten alle Interessierten auf Deutsch mit mir kommunizieren. Das Interesse ist groß. Am ersten Sonntag kommen fast alle. Doch in einem Pub ist es leider viel zu laut, um sich unterhalten zu können. In der zweiten Woche erscheinen schon weniger und in der dritten Woche ist die Anzahl überschaubar. Es war den Versuch wert, ich meinte es nur gut. Meine Zeit als Assistent für Deutsch am Derby-College war also nur sehr kurz. Ich konnte ja nicht wissen, dass es mir so schnell gelingen würde, einen qualifizierten Ganztagsjob zu finden. Nachdem das College informiert ist, kehre ich nach Hause zurück. Mit dem neuen Arbeitsplatz möchte ich nun Marie so richtig überraschen. Ich finde, das sollten wir gebührend feiern! Zuhause angekommen verrate ich erst einmal nichts und schlage vor, wie viele Briten am Freitagabend in den lokalen Pub zu gehen, um ein Glas Wein oder Bier zu trinken. Marie ist einverstanden. Als wir dann gemütlich im Pub sitzen, lege ich die Karten auf den Tisch. Was für ein herrliches Gefühl, Erfolg zu haben! Wir genießen es an diesem Abend in vollen Zügen und sind beide glücklich.

Fünfter Job als zeitlich befristeter Mitarbeiter für Übersetzungen

Sonntag, 19. Januar. Am Abend möchte ich mir noch etwas die Füße vertreten, alleine sein, nachdenken. Morgen ist mein erster Arbeitstag in der neuen Firma. Was wird mich dort erwarten? Wie werden mich die neuen Kolleginnen und Kollegen aufnehmen? Was werden meine Aufgaben sein? Alles Fragen am Vorabend einer neuen Arbeitsstelle. Wie viele Male habe ich eigentlich schon neu angefangen? Ich zähle nach und komme auf siebenmal während der letzten fünf Jahre. So oft musste ich mich in den zurückliegenden Jahren in neue Arbeitsgruppen einleben, was mir immer gut gelang. Es ist bereits dunkel und ich laufe im fahlen Licht der Straßenlaternen. Der Spaziergang tut gut. Ich bin bereit, morgen engagiert zu starten und das Beste aus dieser großen Chance zu machen.

Aller Anfang ist schwer. Am ersten Tag sitze ich noch etwas verloren herum, die neuen Kollegen verhalten sich reserviert. Mir wird ein Platz an einem Besprechungstisch mitten im Großraumbüro zugewiesen, eine andere Lokation sei aktuell nicht frei. Ich übersetze einige Texte, studiere Informationsbroschüren über die Produkte des Unternehmens, bin »der Neue« und fühle das auch. Keiner spricht mich direkt an oder fragt etwas. Ab und zu blicken die Kollegen verstohlen zu mir herüber, reden über mich. Doch alles braucht auch hier seine Zeit. In ein paar Tagen wird sich das sicher ändern. Mein neuer Arbeitsplatz befindet sich auf dem Areal des »East Midlands Airport«, südlich von Derby. Das Bürogebäude steht auf der nördlichen, die Fertigungshalle auf der südlichen Seite des Flughafens. Insgesamt beschäftigt das Unternehmen rund 100

Mitarbeiter. Während der ersten Tage sitze ich also provisorisch an dem runden Besprechungstisch. Man verspricht mir jedoch, dass sich dies bald ändern werde. Ich arbeite mich ein, übersetze Texte, telefoniere mit Lieferanten in Deutschland. Auch lerne ich die Arbeitskollegen immer besser kennen. In den Pausen setze ich mich zu ihnen, sie zeigen Interesse, stellen Fragen. Bevor ich kam, mussten alle deutschen Texte an eine Übersetzungsagentur nach Nottingham geschickt werden. Das dauerte lange und war teuer. Seitdem ich hier bin, geht das nun viel schneller. Mein Chef ist zufrieden und ich bin es auch. Es macht auf jeden Fall mehr Spaß, in einem Büro zu arbeiten als in einem Lagerhaus. Eine Kantine gibt es leider nicht. Jeden Mittag kommt jemand vorbei und verkauft belegte Brötchen, Kuchen und Obst. Einige Kollegen gehen manchmal in den nahegelegenen Pub, um warmes »Pub Food« zu genießen.

Was Maries aktuellen Job betrifft, so lagen wir mit der Spekulation goldrichtig, als wir uns zwischen der Schokoladenfabrik und der Bausparkasse entscheiden mussten. Tatsächlich ist der Fall eingetreten, dass nach Ablauf der dreimonatigen Aushilfstätigkeit intern eine Position in einer anderen Abteilung ausgeschrieben ist. Marie bewirbt sich darauf, ist bereits bekannt und ihr Chef setzt sich für sie ein. Sie bekommt den Job! Diesmal ist es eine Ganztagsstelle, sie wird sogar in ein festes Angestelltenverhältnis übernommen. Ihr Einkommen beträgt 90 Pfund die Woche. Ich besitze noch keinen festen Arbeitsvertrag, meine Tätigkeit ist aktuell zeitlich begrenzt.

Im Februar kommt Maries Schwester für zwei Wochen zu Besuch. Nach meinem Bruder ist sie der zweite Familienbesucher. Im März ruft mich mein Chef eines Vormittags zu sich, um mir mitzuteilen, dass er mit meiner Arbeit zufrieden sei und mein Arbeitsverhältnis bis Ende September verlängern werde.

Zudem bekäme ich eine Lohnerhöhung und würde nun 120 Pfund pro Woche erhalten. Wenn man bedenkt, dass ich noch vor sieben Monaten nur 38 Pfund die Woche verdiente, so ist das eine glatte Verdreifachung meines Einkommens. Das Risiko, den Job zu wechseln, hat sich voll ausgezahlt. Nach einem Jahr in Großbritannien sind wir beide sehr erfolgreich. Marie hat einen festen Arbeitsvertrag bei einer Bausparkasse, ich eine, zwar immer noch befristete, jedoch solide Anstellung bei einer Maschinenbaufirma. Zusammen verfügen wir jetzt über ein Bruttoeinkommen von 210 Pfund pro Woche. Das macht 840 Pfund pro Monat. Wir haben uns eingelebt, Freunde gefunden, eine gemütliche Wohnung bezogen, fühlen uns nach einem Jahr sehr wohl.

Unser zweiter Frühling auf der Insel. Eigentlich ist es ja nur mein zweiter Frühling, da Marie letztes Jahr erst im Juli übersiedelte. Für sie ist es also genau genommen der erste Frühling. Viele unserer englischen Freunde behaupten, der Frühling sei die schönste Jahreszeit im Vereinigten Königreich. Recht haben sie! Überall in den Gärten und Parks entfaltet sich eine Blütenpracht, die ihresgleichen sucht. Vor allem aber wird es wärmer. Was für eine Wohltat nach den kalten Wintermonaten! Unsere Wohnung ist zwar ein kleines Juwel in der warmen Jahreszeit, doch im Winter kann es unangenehm frostig werden. Aber die kalten Monate liegen jetzt hinter uns, warum also noch Gedanken darüber verschwenden.

Aktuell fahre ich immer noch das Auto, das wir vom Kontinent mitgebracht haben, bei dem sich das Lenkrad auf der linken Seite befindet. Es ist schon ein seltsames Gefühl, als Fahrer auf der linken Seite des Fahrzeugs zu sitzen und gleichzeitig links fahren zu müssen. Doch seit knapp neun Monaten geht das bereits gut. Einen Unfall habe ich noch nicht verursacht. Man muss jedoch immer äußerst konzentriert bei der Sache sein, darf sich nie auf sein Gefühl verlassen, sonst könnte man eventuell auf die falsche Seite geraten. Bis Anfang Februar ging alles gut. Dann aber, Mitte Februar, passiert Folgendes: Ich fahre auf einer Seitenstraße, wie immer korrekt links, und suche einen Parkplatz. Rechts neben der Fahrbahn taucht einer auf. Als ich glaube, den Zugang gefunden zu haben, biege ich ab. Die vermeintliche Einfahrt entpuppt sich aber schnell als Fußweg. Ich setze wieder zurück und lasse den Wagen langsam weiter geradeaus rollen. Plötzlich bemerke ich in einiger Entfernung vor mir ein stehendes Fahrzeug auf meiner Straßenseite. Noch immer ist das nichts Ungewöhnliches, denn ab und zu stoppen Autos mal kurz in entgegengesetzter Fahrtrichtung, um jemanden aussteigen zu lassen. Doch mit einem Mal wird mir der Ernst der Lage bewusst, als ich merke, dass ich derjenige bin, der sich auf der falschen Seite der Straße befindet, nicht das Fahrzeug vor mir. Ich bekomme einen gewaltigen Schreck und wechsle sofort auf die linke Seite. An diesem Abend bin ich nervös und mache mir Sorgen. Zum Glück ist nichts passiert. Aber es hätte auch schlimmer ausgehen können. Ich fuhr eine Zeitlang auf der rechten Straßenseite, ohne es zu bemerken. An diesem Abend denke ich zum ersten Mal daran, den Wagen zu verkaufen und ein Fahrzeug mit dem Steuer auf der rechten Seite anzuschaffen. Doch wer in Großbritannien will schon ein Auto mit dem Fahrersitz auf der linken Seite kaufen? Kommt Zeit, kommt Rat.

Während der nächsten Wochen studiere ich die Gebrauchtwagenanzeigen. Um die 400 Pfund möchte ich investieren, hätte gerne einen VW Käfer, konzentriere mich daher besonders auf diesen Fahrzeugtyp. Es gibt einige Angebote, doch entweder sind die Exemplare zu teuer, oder in keinem guten Zustand. Ich sehe mir ein paar davon an. Ein Käfer ist dabei, der gefällt mir ganz gut, doch der Besitzer möchte 700 Pfund. Das ist mir zu teuer. Mit der Zeit richte ich mein Augenmerk auch auf andere Fabrikate in meiner Preisklasse und stoße auf einen Renault R5. Die Anzeige ist vielversprechend, der Preis im Rahmen meines Budgets. Am Abend rufe ich vom Büro aus an. Das Auto wird von einer Werkstatt verkauft, die sich ganz in der Nähe unserer Wohnung befindet. Ich fahre hin. Das äußere Erscheinungsbild des Fahrzeugs ist in Ordnung. Ich mache eine Probefahrt, habe Schwierigkeiten, die richtigen Gänge zu finden. Nur langsam gewöhne ich mich daran, mit der linken Hand zu schalten, obwohl die rechte automatisch zuckt und routinemäßig ins Leere greift. Der Motor läuft ruhig, im Großen und Ganzen bin ich zufrieden. Was kann man für 400 Pfund schon groß erwarten? Die Werkstatt würde sogar meinen aktuellen Wagen für 100 Pfund in Zahlung nehmen. Mehr ist er sicher auch nicht wert, denn er ist alt, beginnt zu rosten und das Lenkrad sitzt auf der falschen Seite. Also bin ich ganz froh, ihn loszuwerden. Doch so einfach geht das dann doch nicht. Das Fahrzeug unterliegt immer noch den besonderen Zollvorschriften. Daher darf ich es innerhalb eines Jahres nach der Einfuhr nicht verkaufen. Tue ich es trotzdem, wird eine Steuer fällig. Das volle Jahr ist leider noch nicht ganz vorbei. Wie hoch wäre denn die Steuer? Am nächsten Tag rufe ich das Zollamt in Derby an. Ich solle den Wagen zur Begutachtung vorbeibringen. In der Mittagspause fahre ich hin. Der Wert des Fahrzeugs wird auf 2000 Pfund geschätzt. Das ist doch wohl völlig überzogen! Der TÜV (MOT) ist fast abgelaufen und das Lenkrad sitzt auf der falschen Seite. Niemand zahlt dafür 2000 Pfund! Der steuerliche Wert richte sich nach dem Baujahr, informiert man mich. Sollte ich den Wagen vor Ablauf des Jahres verkaufen, würde eine Steuer in Höhe von 300 Pfund anfallen. Danach könne ich das Auto frei verkaufen. Jetzt haben wir März. Der Wagen unterliegt noch für drei

Monate den besonderen Zollvorschriften. Also muss ich ihn noch eine Zeitlang behalten. Ich zahle 400 Pfund für den R5 und stelle den alten Wagen unter dem mächtigen Kastanienbaum hinter dem Haus ab. Dort rostet er dann drei Monate lang vor sich hin, keiner will ihn haben. Anfang des Sommers bemerkt ein Nachbar, dass der Platz hinter dem Haus eigentlich ein Abstellplatz und kein Schrottplatz sei. Für mich das klare Signal: Der alte Wagen muss weg! Mit etwas Glück kann ich ihn für 30 Pfund an eine Autowerkstatt verscherbeln. Dort will man das Fahrzeug ausschlachten. Dann muss sich aber doch ein Interessent gefunden haben, denn ein paar Wochen später fällt uns der Wagen erneut im Straßenverkehr auf. Das Steuer auf der falschen Seite hat also den neuen Besitzer nicht abschrecken können. Ich jedenfalls bin froh, nun ein Auto zu besitzen, in dem ich als Fahrer wieder in der Straßenmitte sitze.

Am ersten Wochenende nach dem Autokauf unternehmen wir mit Freunden eine Fahrt ins Grüne. Der erste Teil der Reise verläuft problemlos, der neue Gebrauchte fährt ordentlich. Gegen Mittag halten wir an und machen ein Picknick. Als ich danach den Motor wieder starten möchte, rührt sich nichts. Der Motor macht keinen Mucks! Die Batterie ist leer. Der Grund ist mir ein Rätsel. Einer unserer Freunde findet die Ursache. Der Generator ist defekt und lädt die Batterie nicht mehr auf. Wir schieben den Wagen an, der Motor startet und wir können weiterfahren. Doch das geplante Abendessen muss leider ausfallen, denn wir müssen noch vor Anbruch der Dunkelheit zu Hause sein, da wegen des defekten Generators das Licht ausfallen würde. Ich bin stocksauer! Gleich am Montag bringe ich das Fahrzeug zur Werkstatt zurück. Dort ist man kulant und baut mir kostenlos einen Austauschgenerator ein. Danach macht das Fahrzeug keine Probleme mehr. Für 400 Pfund war es trotzdem ein guter Kauf.

Im April besuchen wir unsere australischen Freunde Debby und Andrew in Cambridge. Wir sind zum ersten Mal in der weltbekannten Universitätsstadt und verlieben uns sogleich in ihr besonderes Flair. Unsere Freunde wohnen mitten in der Stadt. Am ersten Abend besuchen wir eine Theateraufführung in einem College. Studenten führen das Stück »Der Besuch der alten Dame« von Friedrich Dürrenmatt auf. Am Sonntag bummeln wir durch die Stadt und gehen am Abend ins Kino, um einen Film in französischer Sprache zu sehen. Marie freut sich darüber ganz besonders. Wir beschließen im Sommer zum »Punting« wiederzukommen. Beim »Punting« bewegt man sich mit dem Boot auf einem der Kanäle mit Hilfe einer langen Stange durch Abstoßen am Flussboden vorwärts. Schon jetzt freuen wir uns sehr darauf.

Ende Mai steht erneut ein Familienbesuch an. Diesmal haben sich meine Eltern für eine Woche angesagt. Ich hole sie mit dem Auto in Birmingham vom Flughafen ab. Während dieser Woche zeige ich ihnen viel von unserer neuen Wahlheimat. Freunde laden uns zum Essen ein, so lernen auch meine Eltern eine englische Familie kennen. Leider ist die Woche viel zu schnell vorbei.

Im Unternehmen arbeite ich mich ein, übersetze Texte, schreibe Telexe, rufe Lieferanten im deutschsprachigen Raum an, nehme den Kollegen Verwaltungstätigkeiten ab, bekomme einen eigenen Schreibtisch mit Telefon. Die Arbeit macht Spaß! Im Augenblick bin ich beruflich so zufrieden wie nie zuvor. Ich freue mich sogar sonntagabends, am nächsten Tag wieder zur Arbeit gehen zu dürfen. Übersetzungen tippe ich über das Bildschirmgerät eines Kollegen ins System und drucke den Text danach aus. Einen eigenen Bildschirm besitze ich leider noch nicht. Eines Tages stehen zwei ältere Bildschirme im

Gang auf dem Boden. An zwei Arbeitsplätzen wurden neue Geräte installiert. Was geschieht denn nun mit diesen beiden Geräten? Schon lange wünsche ich mir ein solches Hilfsmittel, das mir die Arbeit erleichtern würde. Ich spreche meinen Chef an. Auch er findet die Idee gut und verspricht, sich darum zu kümmern. Bereits am nächsten Morgen steht mir eines dieser Geräte zur Verfügung. Von diesem Tag an macht die Arbeit noch mehr Spaß. Eigener Schreibtisch mit Telefon und Bildschirmgerät, mein Arbeitsplatz wird immer professioneller.

Anfang Juni wartet etwas ganz Besonderes auf mich. Am Freitag, dem 13. Juni, findet in London eine Informationsveranstaltung für deutsche Ingenieure mit Vertretern britischer Unternehmen statt. Sponsor dieser Veranstaltung ist ein M.P. (Member of Parliament) im Namen des «British Overseas Trade Board« und der »Machine Tool Trades Association«. Auch mein Chef will daran teilnehmen. Ich solle ihn begleiten, um, wenn nötig, zu übersetzen. Soweit der Plan. Kurz vor der Abreise erklärt mein Chef, dass er unbedingt einen anderen Termin einhalten müsse und nicht mitkommen könne. Ich solle daher alleine nach London reisen und ihn vertreten. Anfangs überrascht mich die Idee. Dann aber sehe ich diese Herausforderung als einmalige Chance, mich zu profilieren, nehme den Zug in die Hauptstadt und treffe dort meine Landsleute. Etwas Small Talk hier, eine Unterhaltung bei einem Glas Wein dort, ich versuche »mein britisches Unternehmen« engagiert zu repräsentieren. Dem lockeren Gedankenaustausch folgt eine Führung durch das Parlamentsgebäude (House of Parliament) mit anschließendem Abendessen im »Palace of Westminster«. Im britischen Unterhaus (House of Commons) darf auch ich für einen Moment am Rednerpult des Premierministers stehen. Das ist ein ganz besonderes Highlight! Nach dem Rundgang geleitet man uns zu einem Speisesaal im Parlamentsgebäude, wo ein unvergessliches Dinner auf uns wartet. So etwas erlebt man nicht alle Tage! Mit wenig Gepäck, aber viel Mut im Herzen landete ich vor etwas über einem Jahr an der Küste dieses Landes. Jetzt speise ich zusammen mit britischen und deutschen Ingenieuren und Geschäftsleuten im Zentrum der Macht dieses Landes. Was für ein Erfolg!

Kurz darauf steht eine Bewährungsprobe hinsichtlich Kundenkontakte an. Bisher war ich hauptsächlich am Schreibtisch tätig. Direkten Kontakt zu Kunden hatte ich noch nicht. Im Rahmen einer Hausmesse sollen inländischen Kunden die neuesten Maschinen vorgeführt werden. Ich werde für das Werkzeugeinstellgerät eines Schweizer Herstellers eingeteilt. Zwei Schweizer Ingenieure würden kommen, um das Gerät vorzuführen. Ich solle lediglich bei Bedarf übersetzen. So schwierig kann das ja wohl nicht sein, denke ich. Doch es kommt anders! Die beiden Ingenieure sind aus irgendeinem Grund verhindert und können nicht kommen. Diese nicht unerhebliche Nachricht wird mir erst kurz vor Beginn der Hausmesse mitgeteilt. Ich solle versuchen, das Werkzeugeinstellgerät, so gut es gehe, alleine vorzuführen, denn die Kollegen seien alle anderweitig eingeteilt. Was also tun, wenn man als Kaufmann nicht gerade viel von Technik versteht? Da ist guter Rat teuer! Ich erhalte noch schnell ein paar Informationen über die Funktionsweise der Maschine. Am nächsten Tag geht es los. Bis zuletzt hatte ich gehofft, dass die Schweizer doch noch aufkreuzen würden. Da dies aber nicht der Fall ist, muss ich jetzt ran, bin bereit, diese neue Herausforderung anzunehmen. Auf jeden Fall will ich mich wacker schlagen, wobei ich mir über das »Wie« noch nicht so ganz im Klaren bin. Da stehe ich also, ein Deutscher vor einer Schweizer Maschine in Großbritannien und soll einem einheimischen Fachpublikum ein Gerät vorführen, von dem ich so gut wie keine Ahnung habe. Tolle Aussichten! Die erste Gruppe erscheint. Zehn Minuten, so erfuhr ich, werde jede Gruppe an den einzelnen Maschinen verweilen. Das heißt für mich: Habe ich genügend Stoff, um zehn Minuten lang über das mir zugeteilte Gerät sprechen zu können? Ich versuche es, erkläre erst einmal grob die Funktionsweise, über die mich gestern Abend ein Kollege noch schnell informiert hat. Zwei Minuten sind vergangen, bleiben also noch acht Minuten. Ich wage mich nun an den komplizierteren Teil und komme prompt ins Schleudern. Weitere drei Minuten kann ich noch gut machen, dann verlassen mich die Ideen aufgrund der spärlichen Kenntnisse und ich weiß eigentlich nichts mehr. Bleiben noch fünf Minuten. Was also tun? Jetzt sollte mir ganz schnell etwas einfallen! In jeder Gruppe gibt es immer ein paar Spezialisten, die sich technisch sehr gut auskennen und ihr Wissen gerne mit anderen teilen möchten. Bittet man nun diese Personen um eine Erklärung, fühlen sie sich geschmeichelt. Ihre Fachkompetenz wird anerkannt und sie werden um Rat gefragt. Bereitwillig geben sie Auskunft, erklären alles, was man hören möchte. So ist das auch bei meiner ersten Gruppe. Als mir der Gesprächsstoff ausgeht, mache ich mir diese Erkenntnis zunutze, bitte die Besucher heranzutreten und sich die Maschine näher anzusehen. Bei dieser Gelegenheit stelle ich nun Fragen, lasse mir die Technik detailliert erklären und erhalte somit mehr Informationen für die nächste Gruppe. Die Rechnung geht auf! Fünf Minuten lang beschäftigt sich die Gruppe nun mit dem Gerät und fachsimpelt. Dann kommt der Wechsel. Eine neue Gruppe versammelt sich um mich und meine Maschine, deren Funktionsweise ich jetzt schon etwas besser kenne. Nun spreche ich bereits fünf Minuten über technische Einzelheiten, wage mich weitere zwei Minuten aufs »Glatteis« und lasse dann wieder vortreten, das Gerät begutachten und stelle erneut Fragen. Auf diese Weise erfahre ich so ziemlich alles, was ein Nichttechniker über dieses Einstellgerät wissen sollte. Insgesamt werden zwölf Gruppen von Maschine zu Maschine geführt, kommen also auch zu mir. Bereits bei der fünften Gruppe reicht mein Gesprächsstoff für die vollen zehn Minuten. Mit jeder neuen Gruppe werde ich sicherer. Am zweiten Tag der Messe führe ich das Gerät erneut zwölf Besuchergruppen vor und treffe den Inhaber des deutschen Unternehmens, mit dem wir eng zusammenarbeiten. Das Familienunternehmen hat seinen Sitz nahe Aschaffenburg und stellt ebenfalls Messmaschinen her, die wir in Großbritannien sowie einigen anderen Ländern vertreiben. Des Weiteren beziehen wir von diesem Unternehmen Material für unsere eigenen Maschinen.

Zu Beginn des Sommers besuchen wir ein Familienfest in Frankreich. Dieses Mal nehmen wir das Flugzeug, um die lange Reise mit Bus oder Bahn zu vermeiden. Der Flug vom »East Midlands Airport« nach Paris dauert nur eine knappe Stunde. Wir vertrauen unser Leben einer mittelgroßen Propellermaschine vom Typ »Fokker Friendship« an. Der Flug verläuft ruhig, unser »Vogel« schaukelt nicht allzu sehr. Wir erreichen die englische Südküste und haben von hier oben einen erstklassigen Blick hinunter auf den Ärmelkanal. Nach der Landung in Paris geht es per Zug weiter nach Süden. Das Fest findet bei herrlichem Sommerwetter auf einem Bauernhof statt. Es gibt Spezialitäten vom Grill, verschiedene Salate, der Wein fließt reichlich und wir tanzen bis tief in die Nacht. Zu erzählen gibt es viel. Jeder möchte auch hier wissen, wie es uns auf der anderen Seite des Kanals so geht. Insgesamt bleiben wir eine Woche in Frankreich. Der Rückflug verläuft zu Beginn ruhig, bis zur Landung. Aufgrund heftiger Windböen wird die kleine Propellermaschine für einige Minuten extrem stark durchgerüttelt. Sie kippt mal nach links, mal nach rechts, sackt plötzlich ab, sodass einem regelrecht der Sitz unter dem

Hintern wegbricht. Angenehm ist das nicht! Viele Passagiere sind beunruhigt und ich muss gestehen, besonders wohl fühle auch ich mich nicht. Hoffentlich sind wir bald unten! Für ein paar Minuten werden wir weiter durchgeschüttelt, dann haben wir endlich wieder festen Boden unter den Füßen.

Den Juli verbringen wir in Derbyshire. An den Wochenenden fahren wir in die nahen Berge und besuchen Sehenswürdigkeiten dieser herrlichen Gegend. Am liebsten bummeln wir durch Matlock Bath. Dieser Ort ist bekannt und daher besonders während der Sommermonate gut besucht. Hier herrscht Urlaubsstimmung! Wir schlendern die Hauptstraße entlang, vorbei an Cafés, »Fish and Chips Shops«, Andenkenbuden und Spielhöllen, trinken unseren »Afternoon-Tea«, essen Sandwiches und Kuchen. Es sind unbeschwerte Sommertage. Wir sind zufrieden und glücklich, durchleben eine Zeit ohne Angst.

Für eine Fahrradtour durch Cornwall bieten sich im August zwei Wochen Urlaub an. Am Samstag, dem 24. August, geht es los. Mit Zelt, Schlafsäcken, Luftmatratzen und sonstigem Reisegepäck vollbeladenen Fahrrädern radeln wir zum Bahnhof von Derby. Von dort bringt uns ein IC nach Exeter in Devon. Für diesen Expresszug ist eine Reservierung für Fahrräder notwendig. Von Exeter geht es dann mit einem Personenzug nach Penzance. Dieser Ort liegt fast an der westlichen Spitze von Cornwall. Am späten Nachmittag treffen wir dort ein und schlagen die Richtung zum Campingplatz ein. Der ist schnell gefunden. Hier stehen nur wenige Zelte herum, wir sind fast alleine und können uns einen Platz aussuchen. Nachdem das Zelt aufgebaut und das Gepäck verstaut ist, zieht es uns ans Meer. Dort treffen wir auf »St. Michael's Mount«, dem kleinen Bruder des bekannteren »Le Mont-Saint-Michel« jenseits des Kanals in Frankreich.

Die erste Nacht im Zelt wird nicht besonders angenehm. Grund dafür ist eine Diskothek gleich nebenan. Gegen 1 Uhr verlassen die letzten ziemlich angetrunkenen Gäste diesen Ort, einige torkeln über den Campingplatz. Wir liegen in den Schlafsäcken und hoffen, nicht belästigt zu werden. Einige der Ruhestörer versuchen Zelte zu öffnen. Wir vernehmen Stimmen verärgerter Camper, denen das gar nicht gefällt. Unser Zelt steht etwas abseits. Hoffentlich bekommen wir keinen Ärger! Wir haben kein Fahrzeug, in das wir uns zurückziehen könnten, hinter dem Zelt parken nur unsere Fahrräder. Da liegen wir nun unter der Plane und hoffen, dass die alkoholisierten Nachtschwärmer möglichst bald ihren Heimweg finden mögen. Zum Glück bleibt es um unsere Behausung ruhig, die Stimmen werden leiser und entfernen sich in Richtung Stadt. Bald herrscht wieder Ruhe. Wir atmen auf und versuchen zu schlafen. Doch so ganz gelingt uns das in dieser ersten Campingnacht dann doch nicht.

Regen am Morgen! Was für ein Urlaubsbeginn! Wir warten, bis die himmlische Dusche etwas nachlässt, bauen das Zelt ab, verstauen das Gepäck auf den Rädern und starten in Richtung »Land's End«, dem südwestlichsten Zipfel des englischen Festlandes. Für ein Frühstück stoppen wir an einem »Tea-Room«. Marie wählt ein »Continental Breakfast«, ich bevorzuge ein deftiges »Englisches Frühstück« mit »Sausages, Bacon, Scrumbled Eggs, Baked Mushrooms, Baked Tomatoes, Black Pudding (Würstchen, Frühstücksspeck, Rühreier, gebratene Champignons, gegrillte Tomaten, Blutwurst)«. In der Gaststube treffen wir ein junges Paar aus Holland, das ebenfalls mit Fahrrädern unterwegs ist. Am »Land's End« schießen wir wie alle Touristen ein Erinnerungsfoto. Vor uns liegt der Atlantik, eine Menge Wasser trennt uns von Amerika. Wegen der vielen Touristen halten wir uns hier nicht lange auf, fahren weiter, ruhigeren Gefilden entgegen. Diese Ruhe lässt sich in einer kleinen Ortschaft finden, dessen lokales Restaurant zum Mittagessen einlädt. Wir wählen Lamm, es schmeckt ausgezeichnet! Am späten Nachmittag entdecken wir neben der schmalen Küstenstraße einen Zeltplatz. Er ist wesentlich komfortabler als der gestrige. Die sanitären Anlagen sind blitzsauber, wir fühlen uns gleich wohl. Nachdem das Zelt steht, wandern wir an der felsigen Steilküste entlang. Hier waren früher viele Zinnminen aktiv, auf Schritt und Tritt begegnet uns Geschichte. Was für eine atemberaubend wilde Landschaft! Felsige Steilküste, raues Meer, Ruinen ehemaliger Minen wie an die Felsen geklebt. Wir setzen uns auf einen Felsvorsprung hoch über der Brandung und blicken hinaus auf den Ozean. Es ist still, nur in der Ferne durchbricht das Tuten eines Schiffshorns die nebelige Einsamkeit. Hier herrscht Ruhe und tiefster Frieden.

Die zweite Nacht im Zelt verläuft schon viel besser. Nichts und niemand stört unseren Schlaf. Am Morgen regnet es leider erneut, diesmal sogar in Strömen! Doch wir müssen weiter, bauen ab und schwingen uns auf die Sättel. Da wir noch nichts gefrühstückt haben, knurren unsere Mägen. Der Regen hat uns bald völlig durchnässt, beste Voraussetzungen für miese Laune! Kein Frühstück, jede Menge Wasser von oben, da wird es Zeit, dass sich etwas ändert. Zum Glück taucht in der nächsten Ortschaft ein »Tea-Room« auf. Nichts wie hinein! In einem urgemütlichen Gastraum erwartet uns ein herrliches Frühstück mit Tee, Scones (englisches Teegebäck), Marmelade und der in Cornwall so berühmten »Clotted Cream« (dicker Rahm). Es schmeckt köstlich! Draußen prasseln die Regentropfen zu Boden, uns stört das nicht. Nach diesem perfekten Frühstück sind wir so zufrieden, dass uns das schlechte Wetter überhaupt nicht mehr tangiert. Mag es noch so schütten, wir radeln gut gelaunt in Richtung St. Ives. Nach unserer Ankunft dort, lässt sich der Campingplatz gar nicht so leicht finden. Er liegt oberhalb des Ortes. Schließlich kommen wir an, errichten das Zelt und erkunden die Gegend. St. Ives gefällt uns. Mit seinen engen Gassen und schnuckeligen Geschäften strahlt dieser Ort südländisches Flair aus. Kaum zu glauben, dass wir hier immer noch in England sind! Am späten Nachmittag ändert sich dann plötzlich das Wetter. Mit einem Schlag verziehen sich die grauen Wolken und geben den Blick frei auf einen strahlend blauen Himmel. Nach dem zermürbenden Regen von heute Vormittag ist das schon fast unwirklich. Den nächsten Tag verbringen wir am Strand. Es ist heiß, das völlige Gegenteil von gestern. Wenn nur das Wasser nicht so kalt wäre! Lange halte auch ich es darin nicht aus. Wegen des Windes unterschätze ich die Intensität der Sonneneinstrahlung, das Resultat ist ein perfekter Sonnenbrand am Abend. Einen Tag später sitzen wir im Zug nach St. Austell. Dort werden wir morgen Debby und Andrew, unsere Freunde aus Cambridge, treffen. Gemeinsam wollen wir dann nach Plymouth radeln. Das schöne Wetter hält an, sodass wir unser Zelt bei strahlendem Sonnenschein auf dem Campingplatz von St. Austell aufbauen können. Am Nachmittag besuchen wir das Fischerdorf Mevagissey. Im Gegensatz zu St. Ives tummeln sich hier keine Touristenmassen. Wir trinken Tee, essen Scones und sonnen uns auf der Hafenmauer. Hoffentlich hält das brillante Wetter, bis wir Plymouth erreicht haben. Doch dies bleibt leider ein frommer Wunsch, die britischen Inseln haben eben auch in punkto Wetter immer eine Überraschung parat. Am nächsten Morgen gießt es erneut in Strömen! Wir trauen unseren Augen nicht. Alles hätte so schön sein können! Die Moral sinkt und erreicht am Nachmittag ihren absoluten Tiefpunkt. Völlig durchnässt sind wir bedient, wollen abbrechen und mit dem nächsten Zug nach Hause fahren. Doch das geht nicht, da unsere Freunde heute Abend, wie vereinbart, eintreffen werden. Telefonisch können wir sie jetzt nicht mehr erreichen. Am Abend hört es auf zu regnen und wir radeln zum Bahnhof. Debby und Andrew kommen pünktlich an, es ist bereits dunkel. Nachdem auch sie ihr Zelt aufgebaut haben, schlüpfen wir in die Schlafsäcke, um morgen fit zu sein. Für den nächsten Tag haben wir uns viel vorgenommen, bleibt nur zu hoffen, dass das Wetter mitspielt. Am Morgen scheint zwar nicht die Sonne, es fällt aber kein Regen mehr. Doch als wir die Zelte abgebaut und verstaut haben, fängt es an zu nieseln. Den ganzen Tag über regnet es zwar nicht stark, aber irgendwie ist alles nass. Wir radeln die Küste entlang, die Gegend ist wildromantisch, nur das Wetter ist es nicht! Die Nacht wollen wir auf jeden Fall im Trockenen verbringen, suchen eine Herberge, werden fündig und können uns am Abend in ein warmes, trockenes Bett legen. Die Stimmung steigt wieder.

Einen Tag später fällt kein Wasser mehr vom Himmel. Jetzt macht das Radfahren entlang der englischen Südküste richtig Spaß. Gegen Mittag zeigt sich sogar die Sonne und der Himmel streift seine grauen Schleier ab. Am Abend campen wir erneut, die Witterung passt. Zusammen mit Andrew besuche ich den lokalen Pub, um ein gefährliches Getränk zu probieren, einen extrastarken Cider (Apfelwein), den es nur hier in Cornwall geben soll. Ein Pint davon und man sei besoffen, meint Andrew. Ich kenne diesen besonders starken Cider nicht, jedenfalls noch nicht, und so will ich dessen Wirkung gerne einmal ausprobieren. Doch wir haben Pech, es gibt ihn nicht in diesem Pub. Man hätte ihn früher ausgeschenkt, doch zu viele Gäste wären davon zu schnell betrunken gewesen, informiert man uns. Seitdem würde dieses Getränk hier nicht mehr angeboten. Wir versuchen es in einem anderen Pub, haben aber auch dort kein Glück. Der muss ja wirklich teuflisch sein, dieser extrastarke Cider! So begnügen wir uns an diesem

Abend mit Bier und das Geheimnis des »Cornwall Ciders«
wird mir wohl für immer verborgen bleiben. Vielleicht ist das
auch besser so! Unsere Frauen zogen es derweilen vor, auf dem
Campingplatz zu bleiben. Als wir von der Pub-Tour zurückkehren, wollen wir sie etwas erschrecken, spielen die Betrun-
kenen und machen ihnen weis, jeder von uns hätte zwei Pints
dieses teuflischen Gebräus getrunken. Wir müssen gut spielen,
denn zuerst glauben sie es wirklich. Doch dann gestehen wir,
dass wir nur ein paar Bier getrunken haben und somit noch fast
nüchtern sind. Ein angenehmer Tag inklusive eines schönen
Abends gehen zu Ende, zufrieden schlafen wir ein.

Heute ist der letzte Tag unserer gemeinsamen Radtour durch
Cornwall. Am Nachmittag erreichen wir Plymouth. Mit einer
Fähre setzen wir von Cornwall über nach Devon und fragen
uns zur Jugendherberge durch. Dort staunt der Herbergsva-
ter nicht schlecht, als er die Nationalitäten unserer kleinen
Reisegruppe erfährt. Zwei Australier, eine Französin und ein
Deutscher unterwegs im Süden Englands. Das trifft man auch
in einer Jugendherberge sicher nicht alle Tage. Unsere letzte
Nacht wird sehr laut. Andrew und ich schlafen in einem großen Saal mit 30 Betten. Alle Schlafplätze sind belegt, eine
wilde Schnarcherei beginnt. Hört einer auf, fängt irgendwo ein
anderer an. Viel Schlaf bekomme ich in dieser Nacht nicht ab.
Im Zug zurück nach Derby kann ich am nächsten Tag aber
ausgiebig ruhen. Die letzten Kilometer bis zu unserer Wohnung legen wir dann wieder mit dem Fahrrad zurück. Eine
Woche Cornwall liegt hinter uns. Abgesehen von den beiden
Regentagen hat sie uns ausgezeichnet gefallen.

September 1986. Kurz nach dem Urlaub werde ich beruflich
auf die Reise geschickt. Ziel ist Deutschland. Das Unternehmen bei Aschaffenburg, mit dem wir Geschäftsverbindungen

unterhalten, veranstaltet eine Hausmesse. Ich freue mich auf die neue Herausforderung. Mit einem Kollegen aus der Technik fliege ich von Birmingham nach Frankfurt/Main. Vom Flughafen fahren wir mit einem Mietwagen weiter ans Ziel. Auf der Hausmesse fungiere ich als Übersetzer für unseren Techniker, traue mir aber schon bald mehr zu und beginne unsere Messmaschine interessierten Besuchern eigenständig zu erklären. Das macht Spaß! So lerne ich die Technik noch intensiver kennen und verstehen. Hier kann ich Theorie und Praxis verbinden. Mein Chef, der Verkaufsleiter, ist ebenfalls anwesend. Ich weiß, dass er mich beobachtet, um herauszufinden, wie ich mit Kunden umgehe und wie genau ich die Technik bereits verstehe. Mir ist bewusst, dass von meinem Auftreten bei dieser Veranstaltung viel abhängt. Mein aktuelles Beschäftigungsverhältnis läuft nur noch bis Ende dieses Monats. Ich gebe daher mein Bestes und bin mit meiner Leistung zufrieden. Ob dies mein Chef genauso sieht, werde ich sicher schon bald erfahren.

Samstag, 13. September. Ich fliege am Abend von Frankfurt nach Birmingham zurück. Wir starten bei leichtem Nieselregen, tauchen ein in dichten Nebel, die Sicht ist eingeschränkt. Dann kommt der wohl schönste Moment eines Fluges. Die Nebelwand reißt auf und macht einem strahlend blauen Himmel Platz. Im Westen verfärbt sich die Sonne bereits leicht rötlich, welch himmlischer Moment! Wir gleiten in eine andere Welt. Die letzten Wolkenfetzen treten zur Seite, die Maschine steigt höher in den klaren Abendhimmel. Als wir unsere endgültige Reisehöhe erreicht haben, schwebt unser »Vogel« ruhig durch den abendlichen Sonnenschein. Als ich so dasitze, Essen serviert bekomme, muss ich an die vergangenen eineinhalb Jahre denken, die ich nun schon in Großbritannien bin. Im März 1985 hätte ich nie auch nur zu träumen gewagt, ich könnte in der Fremde einen Job ergattern, wie ich ihn im Augenblick habe. Damals fuhr ich nachts auf einer Fähre übers Meer, einer völlig ungewissen Zukunft entgegen. Ich hatte Mut und war fest entschlossen, zwei Jahre in Großbritannien zu leben und zu arbeiten, komme was wolle. Jetzt, eineinhalb Jahre später, sitze ich in der Business Class eines Jets, trinke Wein, esse geräucherten Lachs, reise erneut von Deutschland nach Großbritannien, nur mit dem Unterschied, dass ich genau weiß, was mich erwartet. Ich habe eine gemütliche Wohnung, einen interessanten Job, gute Freunde, fühle mich in Derbyshire zu Hause. Die riskante Entscheidung, ins Ausland zu gehen, hat sich gelohnt. Hoch über den Wolken genieße ich das süße Gefühl des Erfolgs in vollen Zügen.

Fester Arbeitsvertrag
als »Technical Support Engineer«

Zwei Wochen später ruft mich mein Chef eines Vormittags in sein Büro. Jetzt schlägt die Stunde der Wahrheit! Wie wird er sich wohl entschieden haben? Positiv! Er bietet mir einen festen Arbeitsvertrag an. Die Höhe des Einkommens stehe noch nicht fest, müsse noch mit der Geschäftsleitung besprochen werden. Sicher ist aber, dass ich ab dem 01.10.86 in ein festes vertragliches Angestelltenverhältnis übernommen werde. Wenn auch mein zukünftiges Einkommen noch nicht feststehe, so werde es mich auf jeden Fall zufriedenstellen, wird mir versichert. Am Abend bespreche ich das Angebot mit Marie. Überraschend kommt es nicht, seit einiger Zeit habe ich damit gerechnet. Nun liegt es vor und wir müssen uns entscheiden. Laut ursprünglichem Plan wollten wir nur zwei Jahre in Großbritannien bleiben. Diese Zeit ist fast um. Nehme ich den Vertrag an, müssten wir verlängern. Wir treffen eine Entscheidung. Sollte sich der Vertrag finanziell lohnen, werde ich ihn annehmen. Dadurch würde sich unser Auslandsaufenthalt um mindestens zwei Jahre verlängern. Mein aktueller Arbeitsplatz ist interessant, ich bin gut integriert, werde von den Kollegen akzeptiert. Für meinen späteren Berufsweg sind mehr als zwei Jahre Auslandserfahrung sicher eher positiv als negativ. Auch privat gefällt es uns in Derbyshire sehr gut. Wir haben einen großen Freundeskreis und bleiben gerne noch ein paar Jahre hier. Eine Bedingung gibt es dann aber! Wenn wir bleiben, dann suchen wir uns eine größere, vor allem winterfestere Wohnung. Mir ist aber jetzt schon klar, dass es schwerfallen wird, die urgemütliche Wohnung in Duffield zu verlassen, in der wir uns zwei Jahre lang sehr wohl gefühlt haben. Das alte Haus hat bereits eine stattliche Anzahl von Jahren auf dem Buckel. In alten englischen Häusern soll es ja angeblich spuken. Ich glaube nicht an Geister. Sollte es sie aber wirklich geben, so muss es sich in diesem Haus um einen sehr guten Geist handeln. Noch nie hatte ich mich in einer Wohnung so sicher und geborgen gefühlt, wie hier im Herzen Englands. Der Abschied wird mir sehr schwerfallen.

Der Arbeitsvertrag lässt auf sich warten. Mir wird versichert, dass ich ihn ganz bestimmt erhalten werde. Vor allem interessiert mich das Einkommen. Vielleicht ist diese Ungeduld typisch deutsch, denn meine englischen Kollegen scheinen sie wirklich nicht zu verstehen. Ich würde den Vertrag bekommen, das sei sicher. Wann, sei doch egal! Das höhere Einkommen werde sowieso rückwirkend zum 01.10.86 gezahlt, wo also liege das Problem? Hier scheinen Briten und Deutsche wirklich anders zu denken. Vier weitere Wochen vergehen, noch immer liegt kein Vertrag vor. Das beginnt mich nun wirklich zu nerven! Ich mache Druck, spreche mit dem Sales Manager. Er scheint die Sache ernst zu nehmen. Aber auch ihm sehe ich an, dass er meine Ungeduld nicht versteht. Auch er versichert mir, dass ich bereits fest angestellt sei und ab dem 01. Oktober ein höheres Gehalt bekommen werde. Ich gebe auf. Für einen Briten scheint ein Dokument mit Stempel und Unterschrift einfach nicht den gleichen Wert zu besitzen wie für einen Deutschen. Hier zählt das Wort, das Versprechen, das man mir gegeben hat. Meinen Kollegen ist wirklich unklar, warum ich mich nicht darauf verlassen will.

Zwei weitere Wochen vergehen, noch immer kein Vertrag! Ich ergebe mich dem Schicksal und warte weiter. Nach ein paar Tagen ist es dann endlich soweit, ich erhalte meinen ersten festen Arbeitsvertrag in Großbritannien. Jetzt ist es offiziell und ich bin zufrieden. Mein Jahresgehalt wird vorerst 10.000 Pfund betragen, plus einem Sonderbonus von 1.000 Pfund, der im März 1987 ausgezahlt wird. Diesen Bonus erhalten alle Angestellten, die nicht direkt an der monatlichen Verkaufsprämie beteiligt sind. Somit wird mein Gesamteinkommen pro Jahr 11.000 Pfund betragen. Das wären knapp 212 Pfund pro Woche. Verglichen mit den 35 Pfund an meinem ersten britischen Arbeitsplatz konnte ich mein Einkommen deutlich erhöhen. Marie verdient aktuell rund 5.000 Pfund pro Jahr. Finanziell geht es uns jetzt gut. Nach eineinhalb Jahren im Ausland haben wir es geschafft. Finanzspritzen von Sparkonten sind nicht mehr notwendig, wir schreiben schwarze Zahlen! Um den Vertrag gebührend zu feiern, besuchen wir am Abend unser kleines Restaurant für besondere Anlässe. Marie wählt einen Krabbencocktail als Starter, gefolgt von Putenschnitzel mit Beilagen und als Nachtisch einen Pfannkuchen mit Vanilleeis. Ich entscheide mich für eine Suppe als Starter, Beefburger mit Hüttenkäse als Hauptgang und als Nachtisch ebenfalls den gefüllten Pfannkuchen. Dazu passt frisch gepresster Orangensaft. Es schmeckt köstlich! Wir fühlen uns wie kleine Könige! Welch tolles Glücksgefühl, mit wenig vollkommen zufrieden sein zu können. Wir genießen den Abend in vollen Zügen. Tauschen möchten wir jetzt mit niemandem.

Es ist Ende November, der Winter rückt unaufhaltsam näher. Wir bereiten uns auf die Kälte vor, machen die Schiebefenster wetterfest. Aus dem letzten Winter wissen wir, was uns in dieser kalten Wohnung bevorsteht und richten uns früh darauf ein. Die Fenster werden innen mit Plastikfolien abgedichtet, sodass die Kälte nicht eindringen kann. Als die Nächte frischer werden, benutzen wir die Schlafsäcke unter der Bettdecke. So haben wir schon den letzten Winter überstanden.

Dezember, bald ist Weihnachten. Viele Karten werden verschickt, die in langen Reihen aufgestellt oder aufgehängt werden. Daran mussten wir uns erst gewöhnen, passten uns an und verschicken jetzt auch solche Karten. Hier nimmt man das sehr ernst und wir wollen keine Freundschaften riskieren, weil wir das »Weihnachtskartenritual« nicht beherrschen. Also erstellen wir eine Liste mit den Namen all der Menschen, die wir kennen. Niemanden vergessen, die Karten unterschreiben (der Text ist bereits vorgedruckt) und abschicken. Das ist dann eigentlich schon alles. Natürlich bekommen auch wir viele Weihnachtskarten und hängen sie, wie bei Freunden gesehen, auf einer Schnur quer durchs Wohnzimmer. Vorweihnachtszeit in England. In diesem Jahr wollen Marie und ich Weihnachten zusammen verbringen und nicht wie im letzten Jahr getrennt mit unseren jeweiligen Familien in zwei verschiedenen Ländern. Am 24. Dezember wird bis 12 Uhr gearbeitet. Danach besuche ich mit Kollegen einen Pub, dort geht es ziemlich feucht-fröhlich zu. Gegen 15 Uhr brechen die ersten auf und streben nach Hause. Auch mich zieht es nun dorthin. Wir haben einen Tannenbaum gekauft, der festlich geschmückt im Wohnzimmer steht. Nach Einbruch der Dunkelheit genießen wir schottischen Räucherlachs, Toastbrot, Butter und Zitronenscheiben, trinken einen trockenen Weißwein dazu und verspeisen danach einen köstlichen Apfelstrudel, den eine lokale Österreicherin gebacken hat. Es ist das zweite Mal, dass wir Weihnachten nicht im Kreise wenigstens einer unserer Familien verbringen. Aber der Heilige Abend 1986 ist trotzdem etwas ganz Besonderes. Nach dem Festmahl gehen wir ins große Wohnzimmer, zünden einige Kerzen an, setzen uns unter den Baum und öffnen die Geschenke, die wir von Freunden und unseren Familien zugeschickt bekommen haben. Der Gasofen verbreitet wohlige Wärme, von draußen blickt nur der mächtige Kastanienbaum zu uns herein.

An Silvester sind wir bei Irene und John eingeladen. Debby und Andrew sind aus Cambridge angereist und auch Andrews Eltern aus Australien plus zwei Tanten sind da. Irene überrascht uns mit einem wunderbaren Buffet. Man kann über die englische Küche denken, was man will, sie ist besser als ihr Ruf! Es kommt auch in Großbritannien, wie eigentlich in allen Ländern, darauf an, wo und bei wem man isst. Das Buffet heute Abend ist nicht nur lecker, sondern auch für das Auge liebevoll angerichtet. Es gibt verschiedene Salate, kleine Pizzen, Würstchen, Käse, belegte Brote, Früchte, Nüsse, Kuchen, Gebäck, Puddings und als Höhepunkt Irenes selbstgemachte Pralinen. Die schmecken wahnsinnig gut! Hierbei handelt es sich um eine Schokoladenhülle, gefüllt mit einer Mousse aus in Rum getränkten Früchten, umrahmt von einem Kranz frischer Sahne, garniert mit einer Kirsche. Himmlisch! Bis zum Jahreswechsel vertreiben wir uns die Zeit mit Gesprächen. Dann ist es soweit, Mitternacht! 1986 geht zu Ende, macht Platz für 1987. Was wird uns das neue Jahr bringen? Werden wir weiter so erfolgreich sein wie bisher? Oder wird die Erfolgssträhne irgendwann einmal jäh abreißen? Wir werden sehen. Jeder umarmt jeden und man wünscht sich ein gesundes neues Jahr. Menschen aus England, Frankreich, Australien und Deutschland wünschen sich in diesen frühen Morgenstunden des Jahres 1987 alles Gute. Wenn das kein internationales Neujahr ist! Gegen 1 Uhr fahren wir nach Hause. Der Weg ist nicht weit, nur zehn Minuten mit dem Auto. Ein Jahreswechsel hat immer etwas Trauriges und Aufregendes zugleich. Vertrautes geht zu Ende, Neues beginnt.

Die Entscheidung, den Arbeitsvertrag anzunehmen und länger als ursprünglich geplant in Großbritannien zu bleiben, bedeutet auch die Suche nach einer größeren Wohnung oder einem Haus zur Miete. Dies wollen wir zu Beginn des neuen Jahres nun auch realisieren. Am Samstag, dem 03. Januar, mache ich mich auf die Suche. Doch das ist leichter gesagt als getan. Ich besuche an diesem Morgen so gut wie alle großen Immobilienmakler in Derby. Zu kaufen gibt es viel, zu mieten leider wenig. Ich laufe von Maklerbüro zu Maklerbüro, es regnet, das Wetter frustriert! Ich versuche die Motivation nicht abreißen zu lassen. Irgendwo wird es schon etwas geben. Nur finden muss ich es selbst, das nimmt mir keiner ab. Ich versuche mein Glück bei kleineren Maklerbüros. Dort sieht es tatsächlich etwas positiver aus. Ab und zu, so wird mir erklärt, kämen auch Mietobjekte rein. Doch aktuell liege leider nichts vor. Ich ziehe weiter meine Runden, habe fast alle Makler durch, komme am Ende dann doch noch zu einer Adresse. Ein Makler kann mir ein kleines Haus zur Miete anbieten. Es befinde sich in einem westlichen Vorort von Derby. Am Sonntag, dem 04. Januar, sehen wir uns das Haus von außen an. Wie die meisten Häuser in diesem Wohnviertel ist auch das Mietobjekt eine Doppelhaushälfte (semi-detached house) mit Vorgarten, Garage und einem Garten hinter dem Haus. Die Kaltmiete würde 180 Pfund pro Monat betragen. Das Haus gefällt uns, auch das Wohnviertel ist angenehm. Doch bevor wir uns entscheiden, möchten wir auch die Inneneinrichtung sehen. Vor allem sind wir an einer Zentralheizung und winterfesten Fenstern interessiert. Ich rufe den Makler zurück, um einen Besichtigungstermin zu vereinbaren. Vor Ende der Woche gehe das leider nicht. Also mache ich für Samstagvormittag einen Termin aus. Doch ich hätte mich schneller entscheiden müssen, denn am Samstag ist das Haus bereits an einen anderen vermietet, der schneller zugegriffen hat als wir. Pech! Dieses Mietobjekt ist also weg. Nun tut uns das Zögern doch leid. Vielleicht hätten wir schneller zugreifen sollen. Vielleicht ist es aber auch besser so, denn was hätten wir davon, wenn wir uns erneut ein Haus mit undichten Fenstern eingefangen hätten, in dem es im Winter nicht viel wärmer ist als in unserer aktuellen Wohnung. Ohne genaue Informationen mieten wir nichts! Das haben wir uns vorgenommen, dazu stehen wir jetzt auch. Vergessen wir also dieses Haus. Es ist weg, nachtrauern hilft uns jetzt auch nicht weiter.

Wie kommen wir an weitere Adressen von Mietwohnungen? Fast alle Anzeigen sprechen uns nicht wirklich an. Entweder sind die Wohnungen zu klein, zu teuer, oder sie sind möbliert, was für uns ungünstig ist, da wir eigene Möbel besitzen. Ich entdecke eine Agentur, die sich angeblich nur auf Mietobjekte spezialisiert hat. Dort schaue ich am Montagabend einfach mal vorbei. In einem Raum sitzen vier Mitarbeiter. Als Erstes erfahre ich, dass nichts umsonst ist! Bevor man hier Adressen erhalte, seien 35 Pfund zu berappen. Danach könne ich eine Liste mit rund 100 Adressen von Mietobjekten im Raum Derby einsehen. Bevor ich zahle, vergewissere ich mich, dass unter den Adressen auch Angebote aus guten Wohngegenden zu finden seien. Mir wird versichert, dass Angebote aus allen Wohngegenden auf der Liste stünden. Ich zahle und bin gespannt, was mich nun erwartet. Es dauert ein paar Minuten, dann halte ich eine Kopie der Adressliste in den Händen. Dabei fällt auf, dass viele Objekte bereits als »vermietet« gekennzeichnet sind. Genauer betrachtet sind von den 100 Adressen rund die Hälfte bereits nicht mehr verfügbar. Bleiben also nur knapp 50 Objekte übrig. Somit decken die 35 Pfund nur die Hälfte der versprochenen Adressmenge ab! Das wirkt schon mal nicht gerade seriös! Ich beschwere mich und werde darauf hingewiesen, dass täglich neue Angebote eingingen und ich natürlich das Recht habe, täglich auch diese Neuzugänge einzusehen. Na gut, ich kann jetzt eh nur versuchen, das Beste aus der Situation zu machen und alle Mietangebote genau zu studieren. Ich sehe also die verbleibenden rund 50 Mietobjekte auf der heutigen Liste sorgfältig durch. Was ich befürchtet habe, wird deutlich!

Viele der Objekte befinden sich in weniger beliebten Wohngegenden der Stadt. Zwei Angebote interessieren mich dann aber doch, ein Bungalow und ein »Semi« (Doppelhaushälfte). Die Vermieter dieser beiden Adressen werde ich morgen vom Büro aus anrufen. Wer weiß, vielleicht habe ich Glück. Doch der gewünschte Erfolg bleibt aus. Der Bungalow werde nur möbliert an Rentner vermietet, die Doppelhaushälfte ist zu teuer und soll außerdem nur für ein Jahr zu haben sein, da der Besitzer danach selbst wieder einziehen möchte. Jeden Abend schaue ich nach der Arbeit in dieser Agentur vorbei, die zum Glück auf meinem Heimweg liegt, und sehe die neueste Version der Adressliste ein. Meistens ändert sich die Liste fast überhaupt nicht, oft sogar im negativen Sinne, da noch mehr Angebote als »bereits vermietet« gekennzeichnet sind. Doch ich lasse nicht locker, lasse mich nicht entmutigen. Bezahlt habe ich, also renne ich denen jetzt die Bude so lange ein, bis etwas Passendes auftaucht. Ab und zu ist dann doch etwas Interessantes dabei, wie ein Haus in einem guten Wohnviertel. Ich rufe an und verabrede einen Besichtigungstermin für Sonntagnachmittag. Doch leider führt dies auch nicht zum Erfolg. Das Haus ist zwar sehr schön, gefällt uns, ist jedoch voll möbliert und soll auch nur für ein halbes Jahr vermietet werden. Das ist zu kurz! Wir möchten für mindestens zwei Jahre mieten, um nicht noch einmal umziehen zu müssen.

Samstag, 31. Januar. Den Vormittag verbringen wir in Nottingham, doch so richtige Freude will nicht aufkommen. Seit vier Wochen suchen wir nun schon eine neue Wohnung. Bisher leider ohne Erfolg! Wie kommen wir an interessante Adressen von Mietobjekten? Von einem Kollegen bekam ich den Tipp, es doch einmal im »Derby Information Center« zu versuchen. Dort würden auch Mietwohnungen angeboten. Das ist sicher einen Versuch wert. Kurzerhand entschließen wir uns, dort noch heute einmal vorbeizuschauen. Wir kehren nach Derby zurück, finden das Center und treten ein. Sofort fallen uns die Sauberkeit und Ordnung auf, die hier herrschen. Ganz das Gegenteil zu der »35 Pfund Agentur«. Umsonst gibt es aber auch hier nichts, doch der Preis ist wesentlich günstiger. Für nur 5 Pfund kann man in diesem »Information Center« einen Monat lang die Objektliste einsehen, die sich auch hier Woche für Woche verändert. Wir zahlen diesen fairen Preis und erhalten einen Ordner mit Angeboten verschiedener Mietobjekte. Diese sind sehr gut beschrieben und übersichtlich nach Wohngebieten unterteilt. Wir sehen den Ordner durch und finden schnell ein paar passende Angebote. So kommen wir tatsächlich noch an diesem Nachmittag an die Adressen von drei Häusern, die sowohl von der Lage, als auch vom Mietpreis her passen würden. Ihren Zustand kennen wir aber noch nicht. Den gilt es noch herauszufinden. Zeit wollen wir diesmal aber keine verlieren. Noch am Abend rufe ich die Vermieter an. Beim ersten Angebot handelt es sich um ein möbliertes Ferienhaus auf dem Lande, das nur für einige Monate vermietet werden soll. Also nichts für uns! Da waren es nur noch zwei. Das nächste Angebot ist ein Einfamilienhaus in Derby. Doch auch dieses Haus könne nur für eine begrenzte Zeitspanne vermietet werden, es sei nur für ein Jahr zu haben. Also wieder nichts! Bleibt nur noch eine Adresse übrig. Hierbei handelt es sich um ein »Semi« auf dem Lande, gar nicht weit von Duffield entfernt. Dieses Haus sei noch zu haben, der Mietzeitraum sei unbegrenzt. Das würde passen! Ich vereinbare einen Besichtigungstermin. Schon am nächsten Tag fahren wir hin. Das Mietobjekt liegt in Blackbrook, einem kleinen Weiler etwas oberhalb von Belper. Hier reihen sich nur ein paar Häuser an der Hauptstraße sowie einer Seitenstraße entlang. Sonst herrscht ländliche Idylle mit grünen Wiesen, vereinzelten Bäumen, Hecken und Weiden. Aktuell bewohnt das Mietobjekt ein älteres Ehepaar, das in einer Woche ins eigene Heim umziehen wird. Ihre Möbel sind daher in den Zimmern nur eingelagert, was dem Inneren des Hauses einen etwas überfüllten Eindruck verleiht. Trotzdem gefällt uns das Haus auf Anhieb. Insbesondere das Wohnzimmer hat es uns angetan! Es ist geräumig, hat auf beiden Seiten große Fenster, ist mit Teppichboden ausgelegt, Holzbalken strahlen Geborgenheit aus und der Gasofen ist mit roten Backsteinen ummauert. Landhausidylle pur! Die Küche ist ebenfalls geräumig und voll eingerichtet. Herd, Kühlschrank und sogar eine Waschmaschine sind vorhanden. Alles ideal für uns! Im oberen Stockwerk gibt es drei Schlafzimmer plus ein Bad. Hinter dem Haus erstreckt sich ein mittelgroßer Garten, an den sich eine Weide anschließt. Die Fenster im Erdgeschoss sind doppelt verglast, oben gibt es leider wieder »Push-Fenster«. Das Haus hat eine Zentralheizung und im Wohnzimmer steht ein Gasofen. Was wir sehen, gefällt uns. Innerlich haben wir uns beide schon für dieses Landhaus entschieden. Nach dem ersten Rundgang erscheint die Vermieterin. Sie wohnt nur wenige Meter entfernt, ist jung und freundlich. Da wir uns das Haus bereits angesehen haben und die aktuellen Mieter nicht weiter stören wollen, entschließen wir uns, ins Haus der Vermieterin zu gehen, um dort weitere Details zu besprechen. Wir erfahren, dass sie gar nicht die Hausbesitzerin ist, sondern ihre Schwester, die aktuell als Krankenschwester im Nahen Osten arbeitet. Auf meine Frage, für welchen Zeitraum wir das Haus denn mieten könnten, erfahre ich, dass die Schwester wohl so schnell nicht nach Großbritannien zurückkehren werde und wir das Haus für ein paar Jahre mieten könnten. Wir seien an einem Zeitraum von bis zu drei Jahren interessiert, lassen wir die Frau wissen. Dies sei kein Problem, meint sie. Nun zum Mietpreis. 272 Pfund pro Monat kalt ist nicht gerade günstig. Dieser Betrag beinhalte jedoch die Gemeindesteuer (Rates) und das Wasser. Für Gas und Elektrizität müssten wir selbst aufkommen. 272 Pfund pro Monat sind ein stolzer Preis! Aber mit zwei Einkommen sollte das finanzierbar sein. Da uns sowohl das Haus als auch die Gegend anspricht, zögern wir nicht lange, zumal wir erfahren, dass sich weitere Personen für dieses Mietobjekt interessieren. Wir müssen uns also schnell entscheiden, tun dies auch und erklären, dass wir das Haus definitiv anmieten wollen. Bleibt nur noch die Frage zu klären, wann wir einziehen können. »Mitte Februar«, lautet die Antwort. Bis dahin sollte das neue Haus der aktuellen Mieter bezugsfertig sein. Alles scheint perfekt zu sein. Scheint! Wie so oft bei schnellen Entscheidungen ist am Anfang alles wunderbar. Doch dann kommen Zweifel!

Ein paar Tage später denken wir noch einmal über den Mietpreis nach. Wir waren von dem Haus so begeistert, hatten Angst, ein anderer könnte es uns doch noch vor der Nase wegschnappen, dass wir über die Höhe des Mietpreises gar nicht so richtig nachgedacht hatten. Plötzlich wird uns klar, wie teuer das Haus bei einem Mietpreis von 272 Pfund pro Monat wirklich ist! Im Vergleich dazu zahlen wir aktuell für unsere Zweizimmerwohnung in Duffield nur 88 Pfund pro Monat. Das Haus in Blackbrook würde also mehr als dreimal so viel kosten wie unsere derzeitige Wohnung! Dazu kommen noch die Nebenkosten. Können wir uns dieses Mietobjekt wirklich leisten? Das Geld, das wir an Miete zahlen, können wir nicht anderweitig ausgeben. Wollen wir das? Wir sitzen in der Klemme, wissen nicht so recht, was wir tun sollen. Einerseits haben wir bereits fest zugesagt, andererseits gibt es vielleicht günstigere Häuser. Wäre es nicht besser, weiter zu suchen? Und wie so oft, wenn man hin und her überlegt, weiß man am Ende überhaupt nicht mehr, was man tun soll, was richtig oder falsch ist. Wir versuchen unsere Gemüter zu beruhigen und eine Entscheidung zu treffen. Schließlich einigen wir uns darauf, dass ich die Vermieterin noch einmal aufsuchen sollte, um eingehender über die Höhe des Mietpreises zu sprechen. So machen wir das dann auch. Am nächsten Abend besuche ich die stellvertretende Vermieterin erneut. Sie gibt zu, dass der Mietpreis wirklich hoch sei, doch ich müsse das Haus nicht nehmen, wenn es zu teuer sei. Es gebe drei andere Interessenten, die es zu diesem Preis anmieten würden. Das bringt mich nicht weiter. Auf keinen Fall will ich jetzt einen Fehler machen, denn das Haus an sich und vor allem die herrliche Lage auf dem Lande gefällt uns sehr. Wir können das Haus zu dem bekannten Preis anmieten, da wir die ersten Interessenten waren. Sollten wir es nun aber doch nicht mehr wollen, warten bereits andere, denen der Mietpreis nicht zu hoch ist. Das sind die Fakten! Ich kehre nach Hause zurück. Nachdem wir nun wissen, dass keine Verpflichtung besteht, das Haus anzumieten, sollte uns der Preis zu hoch erscheinen, und wir vor allem auch wissen, dass andere das Objekt ebenfalls mieten wollen, ebben die Zweifel ab. Hoffentlich haben wir durch unsere Bedenken nicht die Bereitschaft der Vermieterin verspielt, uns das Haus zu überlassen. Vielleicht überlegt sie gerade, es doch einem der anderen Interessenten zu geben. Uns rauchen die Köpfe! Warum haben wir eigentlich mit dieser ganzen Zweifelei begonnen? Das führt doch zu nichts! Einmal wollen wir das Haus lieber nicht, dann möchten wir es plötzlich doch wieder, als wir glauben, es schon fast verloren zu haben. Können wir es uns nun leisten oder nicht? Das ist jetzt die alles entscheidende Frage. Wir müssen schnell reagieren und kalkulieren unsere derzeitigen Einkommen noch einmal genau durch. Der Preis für das Mietobjekt ist hoch, aber wir kommen nach eingehender Rechnung zu dem Urteil, dass wir uns das Haus leisten können. Die Tatsache, dass uns sowohl das Gebäude als auch die Umgebung sehr gut gefallen, beeinflusst diese Entscheidung ganz wesentlich. Um kein Risiko einzugehen, fahre ich am gleichen Abend noch einmal zur Vermieterin, um ihr mitzuteilen, dass wir es uns nun gründlich überlegt hätten und das Haus zu dem von ihr genannten Preis anmieten möchten. Die Frau ist zwar etwas erstaunt, mich heute Abend noch einmal zu sehen, versichert mir aber, dass wir das Haus wie am Sonntag besprochen, ab Mitte Februar anmieten können. Was man doch so alles anstellt, wenn man sich unsicher fühlt! Fast hätten wir alles zerstört, nur weil wir plötzlich kalte Füße bekamen. Doch zum Glück haben wir die Sache doch noch in den Griff bekommen.

Um so weit draußen auf dem Lande leben zu können, brauchen wir ein zweites Auto. Ich werde jeden Tag von Blackbrook aus rund 40 Kilometer zu meinem Arbeitsplatz am East Midlands Airport fahren müssen und am Abend die gleiche Strecke wieder zurück. Marie wird ebenfalls einen Wagen benötigen, um an ihren Arbeitsplatz in Duffield zu gelangen. Wir beginnen also die Zeitungsanzeigen für Gebrauchtwagen zu studieren. Ich finde umgehend einen günstigen VW Polo, rufe an, und noch am gleichen Abend sehen wir uns das Fahrzeug an. Der Wagen ist gepflegt und auch die Besitzer machen einen guten Eindruck. Das Auto soll 1000 Pfund kosten, ein fairer Preis. Wir kaufen das Fahrzeug noch am gleichen Abend. Diesmal ohne jegliche Bedenken. Mit beiden Autokäufen in Großbritannien hatten wir Glück. Abgesehen von ein paar kleineren Reparaturen gab es während unseres gesamten Auslandsaufenthalts mit beiden Fahrzeugen keine Probleme. Der VW lief und lief, der kleine Franzose ließ sich nicht lumpen und lief tüchtig mit.

Erstes Haus zur Miete
in Blackbrook, Derbyshire

Wir kündigen die Wohnung in Duffield. Der für Mitte Februar geplante Einzug ins neue Heim verzögert sich dann aber doch etwas. Das neue Haus des älteren Ehepaars sei noch nicht bezugsfertig. Das ist ungünstig, da wir unsere Wohnung gekündigt haben. Der Auszug sollte sich aber nur um eine Woche verzögern, wird uns versichert. Hoffentlich bleibt es dabei! Wenn nicht, wird es schwierig! Doch der Termin kann eingehalten werden, alles geht gut. Am Samstag, dem 21. Februar, können wir unser neues Heim auf dem Lande beziehen. Zuvor hatte ich mir drei Tage Urlaub genommen und die oberen Zimmer komplett neu gestrichen. Etwas Farbe kann so viel verändern! Alles wird heller, frischer, sauberer. Am Umzugstag miete ich einen Lieferwagen und Freunde helfen beim Transport der Möbel. Wenn viele Hände zupacken, geht alles ruck zuck! Geschafft! Wir haben ein ganzes Haus mit Garten in herrlicher Umgebung für uns alleine. Wie nach jedem Umzug schlafen wir während der ersten Nacht in neuer Umgebung nicht besonders gut. Alles ist noch ungewohnt, neue Geräusche umgeben uns. Irgendwo knackt oder raschelt etwas, draußen in der Dunkelheit ruft für Stunden ein Käuzchen. Hinter dem Haus ist es pechschwarz! Wir leben nun weit draußen auf dem Lande. Vor dem Haus verläuft die Landstraße nach Ashbourne, sie ist während der Nacht nur spärlich beleuchtet. Wo immer wir in den letzten Jahren auch gewohnt haben, unser Domizil war immer innerhalb einer Ortschaft, die nachts gut ausgeleuchtet war. Doch hier draußen ist es fast völlig dunkel und still. Vor allem die Stille hinter dem Haus ist in dieser ersten Nacht bedrückend. Nur ab und zu durchdringen sie die Schreie des Käuzchens. Wir liegen im Bett, müde vom Umzug, jedoch hellwach. Etwas unheimlich ist es schon. Da sehnt man sich nach der alten, vertrauten Umgebung zurück. Aber auch damals gab es eine erste Nacht mit neuen Geräuschen. Danach wurde alles langsam vertrauter. So wird es auch hier sein. Die Stunden vergehen, das Käuzchen verstummt, es herrscht Totenstille! Irgendwann schlafen wir ein, unsere erste Nacht in Blackbrook.

Nach ein paar Wochen haben wir uns eingelebt. Die Dunkelheit stört nicht mehr, die Ruhe hinter dem Haus ist herrlich. Unser neues Zuhause ist sehr geräumig. Im Erdgeschoss befinden sich das Wohnzimmer und die Küche. Im oberen Stock gibt es zwei große und ein kleines Schlafzimmer, sowie das Badezimmer. Der Garten hinter dem Haus wird am Ende von einem Bach begrenzt. Der ist wohl das Schönste an diesem Garten, wir besitzen ein eigenes Stück fließendes Gewässer! Es gibt auch einen kleinen Schuppen mit Gartengeräten, eine begrenzte Rasenfläche, einen Apfelbaum sowie genügend Platz zum Anpflanzen von Gemüse und Salat. Vor dem Haus erstreckt sich zur Landstraße hin ein Vorgarten mit Rasen, Blumen und Sträuchern, neben der Küche bietet ein überdachter Stellplatz Raum für ein Auto. Der Zweitwagen kann direkt vor der Haustüre abgestellt werden. Im Obergeschoss wählen wir den Raum mit Blick in den Garten als Schlafzimmer. Unser Bett, die Kommode und der Schrank machen sich sehr schön in diesem frisch gestrichenen Raum. Herrlich, die Aussicht über den Garten auf die Weide dahinter, auf der vor allem im Sommer ein paar Kühe grasen. Von Hecken umrandete Wiesen, mächtige Bäume, ein Bergrücken, an dessen grünen Hängen Schafe grasen. Ruhe und Frieden pur! Oft stehe ich an diesem Fenster und blicke hinaus auf den Berg. Für mich liegt die Welt mit all ihrer Hektik und Rastlosigkeit vor dieser Erhebung. Ich selbst befinde mich dahinter, in einem malerischen Tal, sicher und geborgen im Herzen Englands.

In der Doppelhaushälfte nebenan wohnt ein Fuhrunternehmer mit seiner Familie. Wir machen uns gleich mit ihnen bekannt. Insgesamt reihen sich sieben Häuser an der Landstraße entlang, weitere Gebäude an einer Seitenstraße. Läden gibt es keine, zum Einkaufen müssen wir hinunter nach Belper. Die anderen direkten Nachbarn lernen wir ebenfalls zügig kennen. In einer solch kleinen Gemeinschaft will jeder natürlich so schnell wie möglich wissen, wer neu zugezogen ist. Alle sind sehr freundlich und hilfsbereit, schon nach wenigen Wochen fühlen wir uns hier richtig zu Hause. Diese Aktion wäre somit geschafft. Wir haben den Wohnort gewechselt, sind in ein größeres Haus umgezogen und haben ein zweites Auto gekauft. Alles läuft weiter äußerst positiv.

Mein höheres Einkommen bedeutet aber auch mehr Arbeit. Ein weiterer PC wird angeschafft und Teil meines Aufgabengebietes. Ich soll eine Kundendatenbank aufbauen und verwalten. Dazu muss ich eng mit den Kollegen (Sales Engineers) zusammenarbeiten. Offiziell lautet mein beruflicher Titel: »Technical Support Engineer«. Was immer das bedeutet, die Arbeit macht Spaß. Neben der Verwaltung der Datenbank übersetze ich vor allem Telexe, Anfragen, Pflichtenhefte und was sonst noch so alles auf Deutsch hier aufschlägt, telefoniere mit Kunden und Geschäftspartnern in Deutschland, Österreich und der Schweiz, erledige so mancherlei andere Aufgaben, wenn gerade wieder einmal irgendwo Not am Mann ist. Über Mangel an Arbeit kann ich mich wirklich nicht beklagen. Mit den Arbeitskollegen komme ich gut zurecht. Natürlich gibt es wie überall Kolleginnen und Kollegen, mit denen man besser auskommt, und solche, die man weniger mag. So ist das auch hier. Als Ausländer wird man »spezieller gehänselt« als das bei Einheimischen der Fall ist, auch das muss ich feststellen. Doch meistens macht mir das nichts aus, da es ja nicht wirklich böse gemeint ist. Ich blödele einfach mit, das entspannt! Aber es gibt auch Tage, an denen man selbst nicht besonders gut drauf ist. Wird man dann auch noch gehänselt, nervt das. Doch ich lerne auch in solchen Situationen gelassen zu bleiben, um direkte Konfrontationen zu vermeiden. Begeht man nämlich als Ausländer den Fehler, sich mit einem einheimischen Kollegen zu intensiv zu streiten, verhalten sich die übrigen Kollegen schon aus Nationalstolz solidarisch und man hat plötzlich die ganze Gruppe gegen sich. Das bringt nichts, also vermeide ich es. Manchmal gelingt das besser, manchmal schlechter.

Über Ostern kommt Maries Schwester aus Frankreich für zwei Wochen zu Besuch. Sie hat unwahrscheinliches Glück mit dem Wetter, die Sonne strahlt von einem blauen Himmel und es ist heiß. Mit der Witterung ist das in Großbritannien nämlich so eine Sache. Auf dem Kontinent herrscht die Meinung vor, auf der Insel regne es viel, es sei kalt und nebelig, also alles andere als angenehm. Das stimmt aber nicht! Zugegeben, es kann vorkommen, dass es gerade während der Sommermonate viel regnet. Aber im Frühling und Herbst kann man mitunter sehr schöne, manchmal sogar heiße Tage erleben. Meine Schwägerin ist jedenfalls angenehm überrascht von so viel Sonne und Wärme. Da sowohl ich als auch Marie tagsüber arbeiten, muss sie sich die Zeit bis zum Abend alleine mit Spaziergängen oder Radfahren vertreiben. Sie berichtet, mit dem Fahrrad vorschriftsmäßig auf der linken Straßenseite gefahren zu sein. Sehr konzentriert sei sie vor allem auf schmalen, relativ verkehrsarmen Straßen geradelt. Die Tendenz, wie gewohnt nach rechts abzudriften, sei hier besonders groß.

Im Mai fahren wir mit Freunden für drei Tage nach Cumbria in den »Lake District National Park«. Wir haben schon viel von der Schönheit dieser Gegend gehört, doch die Wirklichkeit übertrifft dann sogar noch alles. Die gebirgige Landschaft ist einzigartig! Berge, Wälder, Seen! Die Gipfel ziert zu dieser frühen Jahreszeit eine leichte Schneedecke. Untergebracht sind wir in einem B&B (Bed and Breakfast) in Windermere, umwandern ein paar Seen, besteigen Berge, essen gemütlich in Restaurants und gehen am Abend für ein oder zwei »Pints« in den nächsten Pub. Es ist ein erholsamer Kurzurlaub.

Anschließend reise ich beruflich für zwei Tage zu einer Besprechung nach Deutschland. Eine unserer Messmaschinen wurde als Teil eines FMS-Systems (Flexible Manufacturing System) an ein Schweizer Unternehmen verkauft. Nun treffen sich alle Zulieferfirmen, um das weitere Vorgehen zu besprechen, insbesondere die Integration der einzelnen Komponenten. Ich begleite unseren Projektleiter, um, wenn nötig, zu übersetzen. Es sind zwei interessante Tage. Danach fliegen wir von Düsseldorf nach Birmingham zurück. Nach Hause kann ich aber noch nicht. Auf dem Messegelände von Birmingham, gleich neben dem Flughafen, findet eine Industriemesse statt, auf der auch wir mit einem Messestand vertreten sind. Bis zum Ende der Woche kümmere ich mich dort um die Kundendatenbank, das heißt, ich trage alle Anfragen, die während der Messetage eingehen, ins System ein. Des Weiteren kümmere ich mich um deutschsprachige Geschäftspartner und Messebesucher, die zu uns an den Stand kommen. Wie bei Messen so üblich, findet am letzten Abend ein gemeinsames Essen in einem Restaurant statt. Das motiviert! Man identifiziert sich mit dem Unternehmen, ist stolz, ein Teil davon zu sein. Nach einer Woche kann ich dann endlich wieder nach Hause.

In der darauffolgenden Woche geht es erneut für ein paar Tage nach Deutschland. Ich begleite drei Software-Ingenieure, die mit deutschen Technikern weitere Fragen der Integration unserer Messmaschine in das geplante FMS-System besprechen möchten. Ich fungiere hierbei wiederum als Übersetzer. Das Treffen ist auch eine gute Gelegenheit, die Mitarbeiter auf der deutschen Seite kennenzulernen. Später werde ich sicher des Öfteren mit ihnen telefonieren. Das fällt leichter, wenn man sich bereits persönlich kennt.

Der Sommer verläuft ziemlich ruhig. Das Wetter ist durchwachsen, mal ist es heiß, mal nass, mal windig und auch mal kalt. Marie besucht im Juli ihre Eltern in Frankreich, kehrt aber pünktlich zu meinem 31. Geburtstag zurück. Den Abend dieses besonderen Tages verbringen wir gemeinsam in einem Restaurant in Matlock. Eine Jazzband spielt und das Essen ist ausgezeichnet. Am letzten Wochenende im Juli entscheiden wir uns spontan für einen Kurzurlaub, packen das Zelt ins Auto und fahren nach Skegness an die Nordsee. Skegness, oder »Skeggy«, wie die Menschen hier liebevoll sagen, ist der Küstenort, der Derby am nächsten liegt. Er ist sozusagen der »Strand von Derby«. Wir haben schon viel über diesen Ort gehört, nun wollen wir ihn auch einmal selbst erfahren. Wie in fast allen britischen Badeorten, so gibt es auch hier einen Vergnügungspark. Dort vertreiben wir uns den Samstagabend. Am Sonntagmorgen spazieren wir in der frischen Seeluft am Strand entlang. Die Sonne scheint, in der Stadt sind die Läden geöffnet, wir bummeln durch die Straßen. Das darauffolgende Wochenende verbringen wir in Oxford, einem der geistigen Zentren Englands. Die harmonische Architektur der Universitätsgebäude vermittelt ein ganz besonderes Flair. Man spürt regelrecht die Wichtigkeit dieser Stadt, in der ein Teil der Führungselite des Landes ausgebildet wird. Hier riecht es förmlich nach Wissenschaft und Bildung. Eine Woche später sind wir dann erneut in Cambridge und besuchen unsere Freunde. Andrew leiht sich ein Boot von seinem College und wir nutzen den Nachmittag für »Punting« auf der Cam einschließlich einem Picknick an Bord. Den restlichen August verbringen wir zuhause in Blackbrook. Mein Cousin, der gerade zusammen mit einem Freund per Motorrad in Großbritannien unterwegs ist, nutzt die Gelegenheit, über ein Wochenende bei uns vorbeizuschauen. Sein nicht alltägliches Motorrad, eine »Royal Enfield« wird nicht nur von uns bewundert. Im September steht erneut ein Familienfest in Frankreich an. Wie im letzten Jahr bringt uns die Propellermaschine der lokalen Airline vom East Midlands Airport nach Paris. Als wir Großbritannien verlassen, ist es windig und kühl. Eineinhalb Stunden später schlägt uns in Paris schwülheiße Luft entgegen. Der Temperaturunterschied ist ziemlich krass! Wir bleiben eine Woche in Frankreich. Ende September veranstalten wir ein Barbecue in unserem Garten in Blackbrook, zu dem wir Freunde einladen. Wir grillen, haben Salate vorbereitet, löschen den Durst mit Wein oder Bier, zum Dessert gibt es Kuchen. Es ist ein gelungener Spätsommerabend.

Alles in allem verbringen wir 1987 einen wunderschönen Sommer in unserem Haus in Blackbrook. Die Ruhe und üppige Natur hier draußen auf dem Lande sind herrlich, die Nachbarn ideal. Jeder hilft jedem. Oft frühstücken wir auf der Terrasse bei strahlendem Sonnenschein. Die eine Hälfte des Gartens belassen wir als Ziergarten, die andere nutzen wir zum Anpflanzen von Gemüse und Salat. Das heißt, wir versuchen uns als Hobbygärtner und pflanzen Tomaten, Karotten, Radieschen, Rote Beete, Zwiebeln, grüne Bohnen und Kopfsalat. Erfolg haben wir eigentlich nur mit dem Kopfsalat. Der gedeiht prächtig und schmeckt ausgezeichnet. Bei den restlichen Produkten stellt sich nur mäßiger bis gar kein Erfolg ein. Die Karotten fallen Hasen und Mäusen zum Opfer, die Tomaten wollen nur spärlich rot werden, die Radieschen verschwinden ebenfalls in irgendwelchen Tiermägen und die Zwiebeln verfaulen teilweise im feuchten Boden. Mit der Roten Beete und den grünen Bohnen können wir zumindest mäßige Erfolge feiern.

Ein Bach im eigenen Garten reizt natürlich zum Bau eines Dammes! Man kann nicht nur einfach dem Lauf des Wassers zusehen, nein, man muss das Gewässer bändigen! Meine ersten Stauversuche scheitern kläglich. Entweder dringt das Wasser überall durch, oder die angestauten Fluten reißen das Bauwerk nach kurzer Zeit wieder ein. Eines Tages gelingt mir dann aber doch ein kleines Meisterwerk! Das Wasser lässt sich bis zu einer bestimmten Höhe anstauen und der Damm hält. Es vergehen Tage, ich habe meine bauliche Höchstleistung schon längst vergessen, da klingelt es eines Abends an der Tür. Ich öffne und blicke in das lächelnde Gesicht meines Nachbarn. Wir kennen uns gut. Er ist nicht verärgert, bittet mich jedoch, »The Masterpiece of German Engineering« wieder einzureißen, da sich das Wasser bis in seinen Garten zurückstaut! Da erinnere ich mich wieder an das Dammbauprojekt. Der viele Regen der letzten Tage hat den Bach stark anschwellen lassen. Normalerweise rissen solche Wassermassen meine früheren Dammbauversuche sofort weg. Dieses kleine Stauwehr hält jedoch immer noch! Ich eile ans Ende des Gartens und sehe auch gleich die Bescherung! Es ist wirklich höchste Zeit, die Steine zu entfernen, damit die Fluten ablaufen können. Ein bisschen stolz bin ich schon, dass dieser Damm so gut gehalten hat.

Am Arbeitsplatz ist es während des Sommers aufgrund der allgemeinen Urlaubszeit ziemlich ruhig. Reisen stehen aktuell keine an, meine Tätigkeit beschränkt sich auf die Betreuung der Datenbank plus Übersetzungsarbeiten. Das ist jedoch genug, um mich auszulasten, langweilig wird es nicht. Vor allem der Aufbau der Datenbank gefällt mir. Diese ist so zu strukturieren, dass alle wichtigen Informationen schnell abrufbar sind. Auf wöchentlich stattfindenden Sales Meetings wird besprochen, welche Informationen in die Datenbank aufgenommen werden sollten. Die Vereinbarungen sind dann von mir umzusetzen. Das ist eine sehr kreative Arbeit. Anfang Oktober wird es hektischer. Das Ende des Geschäftsjahres rückt näher, die Umsatzzahlen stimmen noch nicht, man versucht weitere Aufträge an Land zu ziehen. Die Stimmung im Büro wird gereizter. Leider bin ich als Ausländer das schwächste Glied im Team und muss ab und zu als Ventil herhalten, wenn einige Kollegen glauben, Frust ablassen zu müssen. Anspielungen auf mein Land sind dann keine Seltenheit. Normalerweise ertrage ich das ziemlich gelassen. Doch jetzt wird auch mein Job stressiger. Vor lauter Extraarbeit sind die regulären Aufgaben fast nicht mehr zu bewältigen. Hier fehlt noch etwas, dort passt einiges nicht, »warum ist denn das noch nicht fertig?« »Vielleicht, weil etwas anderes, Zusätzliches, zu erledigen war«? So geht das nun Tag ein, Tag aus, Woche für Woche. Mit dem Stress steigt die Aggression. Die Kollegen haben ein Ventil, ich aber nicht. Wie gerne würde ich auf so manch plumpe Anspielung prompt und gezielt reagieren. Doch in einer Fremdsprache ist das nicht immer so einfach wie in der eigenen Muttersprache. Ich merke, wie ich in eine Krise hineinschlittere. Plötzlich treffen mich die Anspielungen persönlich, prallen nicht mehr ab, gehen tiefer. Antipathie entsteht. So gut es geht, versuche ich mir nichts anmerken zu lassen. Wenn es mich schon trifft, so möchte ich nicht, dass die anderen auch noch triumphieren. Doch es ärgert mich von Tag zu Tag mehr, ich steigere mich regelrecht in etwas hinein. Wer gibt den Briten eigentlich das Recht, so überheblich über andere Länder zu urteilen? Worauf sind die eigentlich so stolz? Auf ihr ehemaliges Empire, das längst nicht mehr existiert? Auf ihre Sprache, die alle lernen müssen, weil sie nun mal die Weltsprache ist? Auf ihr Königshaus? Auf ihren Linksverkehr? Auf was eigentlich? Ich befinde mich im Krisenmodus! Privat mag ich Land und Leute noch immer, doch beruflich läuft es nicht mehr optimal.

Im November überlege ich allen Ernstes, das Abenteuer Großbritannien vielleicht doch früher zu beenden als geplant. Bald werde ich meinen aktuellen Arbeitsplatz seit genau zwei Jahren innehaben. Ob ich dann das dritte Jahr in diesem Unternehmen und somit mein viertes Jahr in Großbritannien realisiere, erscheint mir bei dem derzeitigen Frust nicht sicher. Während der nächsten Monate kämpfe ich plötzlich nur noch darum, das Ende des Jahres zu erreichen, ohne vorher aufzugeben. Die Krise im Beruf hält an. Manchmal möchte ich einfach alles hinschmeißen und abhauen. An jedem Tag muss ich mich neu motivieren, um die viele Arbeit erledigen zu können, die zusätzlich zu meiner regulären Tätigkeit auf mich abgewälzt wird. Zudem gilt es, spitze Bemerkungen der Kollegen über mein Land geschickt zu ignorieren. Jede Woche, die vergeht, ist ein persönlicher Erfolg. Das Ende des Jahres rückt näher und ich habe noch nicht aufgegeben. Doch so ganz negativ sind die letzten beiden Monate des Jahres 1987 dann doch nicht. Privat kündigt sich ein freudiges Ereignis an, wir bekommen Nachwuchs! Ende November ist es dann ganz sicher, Marie ist schwanger! Das Kind soll Ende Juli nächsten Jahres zur Welt kommen. Wo werden wir dann wohl sein? Doch darüber machen wir uns jetzt noch keine Gedanken, bis dahin fließt noch viel Wasser den Derwent hinunter. Ende November findet die Weihnachtsfeier der Bausparkasse statt, in der Marie arbeitet. Es gibt ein Buffet, danach »Raffle-Tickets« (Lose) und anschließend wird bis nach Mitternacht getanzt.

Anfang Dezember möchten wir privat ein Wochenende in London verbringen und buchen ein Hotelzimmer. Schon seit Wochen freuen wir uns auf diesen Kurzurlaub, der dann völlig unerwartet noch schöner wird als geplant. Seit einigen Tagen ist ein Schweizer Ingenieur bei uns im Unternehmen, dessen Firma eine Messmaschine gekauft hat, die nun abgenommen werden soll. Leider verzögert sich der technische Prozess. Das bedeutet, der Kunde muss in etwa zwei Wochen erneut anreisen. Da ich täglich mit diesem Ingenieur zusammen war, um ihn bei eventuellen Sprachschwierigkeiten zu unterstützen, werde auch ich zum Mittagessen in ein Restaurant eingeladen. Die aktuelle Situation ist für beide Seiten nicht ideal. Der Ingenieur muss unverrichteter Dinge zurückkehren und erneut anreisen, wir müssen Fehler eingestehen und können den versprochenen Liefertermin nicht einhalten. Um dem Ganzen doch noch etwas Positives abgewinnen zu können, möchte mein Chef dem Kunden einen persönlichen Wunsch erfüllen, ein Wochenende in London. Während des Mittagessens werde ich gefragt, ob ich mit nach London fahren könnte. Da ich dies privat sowieso vorhatte, bietet mir mein Chef kurzerhand an, noch heute Abend unseren Gast nach London zu begleiten und meine Frau mitzunehmen. Dort sollten wir dann gemeinsam zu Abend essen, er werde in einem sehr guten Restaurant drei Plätze reservieren lassen. Außerdem werde die Firma die zusätzliche Übernachtung bezahlen. Das nenne ich ein Angebot! Der Abend in London wird eines der Erlebnisse, die man sein Leben lang nicht mehr vergisst. Wir treffen uns mit dem Schweizer um 18 Uhr am Bahnhof in Derby und besteigen den Intercity-Zug nach London. Dort nehmen wir ein Taxi, fahren kurz ins Hotel und dann gleich weiter zu dem Restaurant, in dem für uns ein Tisch reserviert ist. Auf dem Weg dorthin gleiten wir durch die hell erleuchteten Straßen der britischen Hauptstadt. Es ist wie im Traum! Wir genießen diesen besonderen Abend in vollen Zügen. Bei leiser Klaviermusik genehmigen wir uns erst einmal einen Aperitif und wählen unsere Speisen und den Wein aus. Nach einer Weile führt man uns an einen Tisch, der für drei Personen eingedeckt ist. Die Teller tragen das Emblem des Restaurants, die Atmosphäre ist phantastisch. Als Vorspeise haben wir uns alle drei für Spargel entschieden. Beim Hauptgang unterscheiden sich dann die Geschmäcker. Marie wählt ein zartes Kalbsteak, unser Gast ein feuriges Pfeffersteak und ich entscheide mich für Lachs. Dazu trinken wir französischen Rotwein. Als Dessert wären Erdbeeren genau das Richtige, finden wir und bestellen. Zum Schluss wartet dann noch eine Kugel Trüffelschokolade auf uns und Marie bekommt eine rote Rose aus einem riesigen Blumenbouquet überreicht. Wir speisen hervorragend, trinken exzellenten Wein und unterhalten uns ausgezeichnet. Der Ingenieur, ein sehr angenehmer Mann, hegte schon lange den Wunsch, London zu besuchen. Er ist zufrieden, wir sind glücklich, alles in allem ein gelungener Abend. Für ein paar Stunden durften auch wir in eine andere Welt eintauchen. Privat hätten wir uns ein Essen in einem so exquisiten Restaurant gar nicht leisten können, das wird mir klar, als ich die Rechnung sehe. Sie ist astronomisch! Aber nicht ich muss sie begleichen, meine Firma kommt dafür auf. Mit dem Taxi geht es nun durch die nächtlichen Straßen dieser Weltmetropole zurück ins Hotel. Alle drei sind wir uns einig, diesen wunderbaren Abend so schnell nicht zu vergessen! Während des Samstagvormittags unternehmen wir zusammen mit unserem Gast eine Stadtrundfahrt, erwischen einen äußerst zuvorkommenden Taxifahrer, der uns nicht nur chauffiert, sondern auch zu jeder Sehenswürdigkeit Interessantes zu berichten weiß. Für das Mittagessen besuchen wir das »Schweizer Haus« am Leicester Square, sicher das Naheliegendste, wenn man einen Gast aus der Schweiz betreut. Danach heißt es Abschied zu nehmen, der Ingenieur muss zum Flughafen. Wir bestellen ein Taxi, ein letztes Winken, dann biegt er um die nächste Ecke. Der geschäftliche Teil unseres London-Aufenthalts wäre somit beendet, nun beginnt der private Teil. So exquisit wie gestern wird unser heutiges Abendmahl nicht ausfallen. Wir essen trotzdem gut und nehmen anschließend ein Taxi zu Harrods, dem weltberühmten Kaufhaus. Das muss man einfach einmal gesehen haben! Gekauft haben wir nichts, sind nur ein bisschen durch die Gänge gebummelt, waren einfach auch einmal hier. Am Sonntag schlendern wir gemütlich durch die Straßen und über Plätze, setzen uns auf eine Parkbank und lassen London auf uns wirken. Was für eine lebendige Stadt, reich an Geschichte, sehr grün, zu deren besonderem Flair natürlich die schwarzen Taxis und roten Doppeldeckerbusse beitragen. Am späten Nachmittag bringt uns ein Intercity-Zug in rund zwei Stunden nach Derby zurück.

Als ich an einem der darauffolgenden Abende nach Hause komme, bemerke ich sofort, dass etwas nicht stimmt. Marie überreicht mir den Brief eines Rechtsanwalts. Ich lese ihn durch, danach bin auch ich geschockt! Der Anwalt unserer Vermieterin teilt uns mit, dass die Besitzerin des Hauses im Juli nach Großbritannien zurückkehren und wieder einziehen wolle. Unser Mietverhältnis, so der Rechtsanwalt, sei auf ein Jahr befristet und laufe somit im Februar aus. Wir könnten jedoch, sollten wir das wünschen, bis Anfang Juli bleiben. Das ist wirklich eine böse Überraschung so kurz vor Weihnachten! Von einer zeitlichen Begrenzung des Mietvertrags höre ich heute zum ersten Mal. Bevor ich das Haus angemietet habe, erklärte ich ausdrücklich, dass wir nicht an einer kurzen Mietdauer interessiert seien, sondern das Haus für einen Zeitraum von mindestens zwei Jahren zu mieten beabsichtigten. Zuerst wollte die Vermieterin nicht einmal einen Mietvertrag aufsetzen. Doch ich habe damals auf einen solchen bestanden, denn was ich schwarz auf weiß habe, das gibt mir Sicherheit. Sofort nehme ich den Mietvertrag zur Hand und lese ihn durch. Zur Sicherheit gehe ich ihn ein zweites Mal durch, kann aber beim besten Willen keine Begrenzung der Mietdauer feststellen. Irgendwie muss es sich hier um ein Missverständnis handeln, anders kann ich mir das Ganze nicht erklären. Doch wir sind vorsichtig, wollen den Sachverhalt genauer prüfen lassen. Zum Glück gibt es in unserem Freundeskreis einen Rechtsanwalt, den wir um Rat bitten. Auch er liest sich den Vertrag durch und beruhigt uns. Erstens sei dieser Mietvertrag nicht einmal vollständig und zweitens auf gar keinen Fall zeitlich begrenzt. Demnach sind wir völlig sicher. Wenn wir bleiben möchten, könne uns nichts passieren. Er verspricht, dem Anwalt der Gegenseite zu schreiben, auf die Unvollständigkeit hinzuweisen und unsere Absicht zu erklären, weiter im Haus bleiben zu wollen. Vorerst sind wir beruhigt. Wir wissen jetzt, dass wir im Recht sind. Die Gegenseite ist außerdem darüber informiert, dass auch wir einen Rechtsbeistand haben und uns nicht einschüchtern lassen. Es ist immer gut, einen Juristen im Freundeskreis zu haben.

Freitag, 18. Dezember. Heute ist mein letzter Arbeitstag für dieses Jahr, morgen beginnt der Weihnachtsurlaub. Diesen Abend genieße ich ganz besonders, fühle mich als Sieger. Es ist geschafft! Ich habe durchgehalten, den Job trotz Stress und persönlichem Frust nicht hingeschmissen. Zwei volle Jahre in einem britischen Unternehmen sind nun Teil meiner Berufserfahrung. Die Hektik am Jahresende ist vorbei. Aus Erfahrung weiß ich, dass die ersten Monate des neuen Jahres wesentlich ruhiger verlaufen werden. Ich habe erneut ein positives Gefühl und beginne langsam wieder daran zu glauben, das dritte Jahr vielleicht doch noch realisieren zu können. Marie verbringt die Weihnachtsfeiertage in Frankreich, ich reise nach Deutschland.

Silvester feiern wir mit unseren Freunden Jean und Ian zuhause in Blackbrook. In gemütlicher Runde sitzen wir zusammen, essen, trinken, lachen und unterhalten uns. Das Jahresende rückt näher. Ian will uns einen Silvesterbrauch seiner schottischen Heimat zeigen. Kurz vor Mitternacht überreicht er mir ein Stück Früchtekuchen. Damit muss ich nach draußen vor die Haustür und darf erst nach Mitternacht, also im neuen Jahr, zurückkehren. Ich stehe im Vorgarten, absolute Stille umgibt mich, nur das Licht des Mondes erhellt die sanften Hügel ringsum. Ich verspüre eine tiefe innere Ruhe und Dankbarkeit. Das zurückliegende Jahr, das in wenigen Minuten zu Ende geht, war beruflich zwar teilweise schwierig, letztendlich aber doch erfolgreich. Auch privat geht es uns gut. Wir wohnen in einem schönen Haus, inmitten herrlicher Natur. Ich werde mich später noch oft an diese letzten Minuten des Jahres 1987 erinnern, wie ich zufrieden und stolz in dieser stillen, hellen Silvesternacht stehe. Ich blicke auf die Uhr. Es ist bereits nach Mitternacht, das neue Jahr 1988 hat begonnen. Zeit, wieder ins Haus zurückzukehren, wo die anderen bereits auf mich warten. Der Früchtekuchen, so erfahre ich, symbolisiert das Glück, welches für das neue Jahr ins Haus getragen wird. Wollen wir hoffen, dass es wirkt! Wir essen den Kuchen, trinken Whiskey und sitzen noch eine Weile gemütlich im Gespräch beisammen. Dann heißt es für heute Abschied nehmen, denn wir sind alle sehr müde. Eines wissen wir schon jetzt. Das neue Jahr wird uns auf jeden Fall ein freudiges Ereignis bringen, nämlich die Geburt unseres ersten Kindes. Darauf freuen wir uns beide sehr!

1988 beginnt mit etwas Schnee, der jedoch nicht lange liegen bleibt. Mitte Januar erhalten wir einen Brief von unserem Rechtsanwalt mit der Kopie seines Schreibens an den Anwalt der Gegenseite. Laut Mietvertrag könnten wir so lange im

Haus verbleiben, wie wir wollten. Es vergehen ein paar Wochen, dann bekommen wir eines Abends einen unerwarteten Anruf. Die Hauseigentümerin, also die Schwester der lokalen Vermieterin, ist am Apparat. Sie sei aktuell in Großbritannien und würde gerne heute Abend bei uns vorbeischauen. Warum denn nicht? Ein klärendes Gespräch wäre sicher auch für uns vernünftig. Ich sage zu, bin mir aber sicher, dass sie nicht alleine kommen werde, und soll recht behalten. Sie erscheint mit ihrem Partner. Beide seien auf der Rückreise von einem Skiurlaub in den USA und würden nach dem kurzen Zwischenstopp in Großbritannien in den Nahen Osten zurückkehren, wo sie gerade beruflich tätig sind. Einziges Thema des heutigen Abends ist das Mietverhältnis. Sie versuchen uns einzuschüchtern. Darauf bin ich vorbereitet. Dank der Information unseres Anwalts bleibe ich gelassen, lasse mich nicht aufs Glatteis führen. Die Frau ist nervös, rutscht unruhig auf ihrem Stuhl hin und her, kratzt sich oft am Kinn. Ihr Partner hingegen ist ruhiger und beginnt das Gespräch. Beide arbeiten aktuell im Nahen Osten, ihre Arbeitsverträge liefen noch bis Juli dieses Jahres, werden danach aber nicht verlängert. Sie müssten also nach Großbritannien zurückkehren. Ob sie das Haus dann selbst beziehen oder es verkaufen wollten, wüssten sie derzeit noch nicht. Soweit also die berufliche Situation der beiden. Nun zum Mietvertrag. Dieser hätte auf ein Jahr begrenzt werden sollen, was die Schwester, als lokale Vermieterin, leider versäumt hätte. Außerdem sei der Vertrag unvollständig! Ich erwidere, dass es nicht meine Aufgabe sei, dies zu beurteilen, dafür sei mein Rechtsanwalt zuständig. Das sitzt! Die beiden merken, dass wir keine Angst haben. Nun erklären wir unseren Standpunkt. Wir hätten das Haus vor einem Jahr nur angemietet, weil es keine zeitliche Begrenzung gab. Außerdem hätten wir bei Vertragsabschluss ganz klar zu verstehen gegeben, dass wir das Mietobjekt für mindestens zwei Jahre anmieten wollten. Dies schien zum Zeitpunkt des Vertragsabschlusses auch kein Problem gewesen zu sein. Wenn die Schwester den Vertrag nicht richtig aufgesetzt habe, so sei das nicht unser Problem. Es gebe nur einen Mietvertrag und der sei nun mal zu unseren Gunsten! Außerdem erwarten wir Nachwuchs. Schon alleine aus diesem Grund könnten und wollten wir das Haus im Juli nicht verlassen. Wir kommen noch einmal auf die rechtliche Situation zu sprechen. Die beiden wollen den Mietvertrag sehen. Auch damit habe ich gerechnet! Ich halte es jedoch für klüger, das einzige Beweismittel nicht aus den Händen zu geben. Der Vertrag sei bei meinem Rechtsanwalt, lasse ich sie daher wissen. Somit ist das erledigt. Ich kann die Enttäuschung in ihren Gesichtern sehen. Zu gerne hätten sie mir jetzt das Dokument, das sie für unvollständig halten, weggenommen. Doch daraus wird nichts! Den Vertrag rücke ich nicht heraus. Außerdem haben die beiden sicher längst eine Kopie davon. Während des gesamten Gesprächs sind wir völlig ruhig und gelassen, während die Gegenseite äußerst nervös agiert. Nach eineinhalb Stunden verlassen uns die beiden wieder. Wir haben unsere Standpunkte klar kommuniziert, uns zivilisiert benommen, jetzt ist es Aufgabe der Anwälte, das Ganze weiter zu prüfen. Mir soll's recht sein. Die Gegenseite muss ihren Rechtsbeistand bezahlen, wir zum Glück nicht! Eine Woche vergeht, dann erhalten wir Post vom Anwalt der Gegenseite mit folgendem Inhalt: Unter gewissen Bedingungen sei die Vermieterin bereit, uns das Haus für zwei weitere Jahre zu überlassen. Wir sollten einen neuen, zeitlich befristeten Mietvertrag unterschreiben, und die Monatsmiete werde erhöht. Ich halte Rücksprache mit meinem Anwalt. Er rät mir, nichts zu unterschreiben, denn rechtlich seien wir mit unserem jetzigen Vertrag absolut sicher. Warum sich also schlechter stellen, wenn dies nicht nötig ist. Wir unterschreiben nicht und akzeptieren auch keine Mieterhöhung, denn die Miete ist sowieso schon sehr hoch. Und wieder ziehen ein paar Wochen ins Land. In der Wand neben der Haustüre ist mir schon seit geraumer Zeit ein nasser Fleck aufgefallen, der sich auszubreiten scheint. Feuchtigkeit muss von außen ins Mauerwerk eindringen. Da müsste etwas unternommen werden, damit der Schaden nicht größer wird. Zumindest sollte die Vermieterin davon Kenntnis erlangen. Auf Anraten meines Anwalts verfasse ich ein Schreiben, in dem ich sie über den Schaden informiere.

Sonntag, 31. Januar. Es ist ein angenehmer, sonniger Tag. Wir gehen am Nachmittag in der näheren Umgebung spazieren und kehren gegen 16 Uhr nach Hause zurück. In letzter Zeit kam wieder Post für die lokale Vermieterin, also der Schwester der Hauseigentümerin, die vor einiger Zeit selbst in diesem Haus gewohnt hat. Ein größeres Paket ist diesmal auch dabei. Ich sollte ihr die Sachen bringen, vielleicht sind sie ja wichtig. Seit der Geschichte mit dem Rechtsanwalt habe ich die Frau nicht mehr getroffen. Sie wohnt nur ein paar Meter von uns entfernt, die Straße hinunter. Bei dieser Gelegenheit könnte ich auch gleich mal die Stimmung testen. Ich mache mich also noch heute Abend auf den Weg in die »Höhle des Löwen«. Ein ungutes Gefühl ist nicht zu leugnen, doch feige bin ich nicht! Und überhaupt, ich bin ja im Recht! Ich schnappe mir also die Briefe und das Paket und ziehe los. Ein paar Minuten zu Fuß und das Ziel ist erreicht. Ich klopfe an die Tür. Zuerst einmal rührt sich nichts. Ich klopfe noch einmal. Es dauert eine Zeitlang, dann erscheint ein Kopf am Küchenfenster. Kurz darauf öffnet die Schwester der Hauseigentümerin die Tür. An ihrem Gesichtsausdruck ist sofort zu erkennen, dass sie gar nicht gut auf mich zu sprechen ist. Ich übergebe die Post und möchte noch kurz die feuchte Stelle in der Hauswand ansprechen, doch so weit komme ich gar nicht mehr. Der Angriff erfolgt zwar nicht unerwartet, doch hatte ich die Heftigkeit unterschätzt.

Ich sei ein Betrüger, legt sie los, der ihre Familie zerstören würde, da ihre Schwester wegen des unvollständigen Mietvertrags nicht mehr mit ihr spreche. Ich hätte genau gewusst, dass sie den Vertrag auf nur ein Jahr begrenzen wollte, aber leider versäumt hätte, dies schriftlich zu erwähnen. Diesen Fehler würde ich nun schamhaft ausnutzen. Ich sei ein Schwindler, ein Krimineller, ein ganz böser Mensch! Ich komme überhaupt nicht zu Wort. Ab und zu versuche ich zu widersprechen, denn was sie sagt, stimmt so einfach nicht. Sie lässt mich aber erst gar nicht ausreden. Ihre Schwester, fährt sie fort, wolle im nächsten Jahr heiraten, könne dies aber nicht, da wir aus ihrem Haus nicht ausziehen würden. Daran sind wir also auch noch schuld! Es wird immer schlimmer. Sicher, so meint sie, hätte ich jetzt gut lachen, da mir rechtlich wegen ihres Fehlers nichts passieren könne. Dies scheint sie am meisten zu ärgern! Sie hoffe, dass ich nachts nicht mehr ruhig schlafen könne! Weitere Anschuldigungen folgen. Ich lasse sie sich erst einmal abreagieren. Dann versuche ich die Sachlage aus meiner Sicht zu erklären. Doch eine sachliche Diskussion ist hier an der Haustüre nicht möglich, sie sieht die Dinge nur aus ihrer eigenen Perspektive. Immer wieder beschimpft sie mich, wird richtig ungehalten. In einem Moment halte ich es sogar für klüger, einen Schritt zurückzutreten, um nicht mehr genau auf der Türschwelle zu stehen. Etwas Abstand wäre ratsam, denn sie wird immer aggressiver, und da weiß man nie, was noch alles passieren kann. Ich hoffe nur, sie rastet nicht völlig aus. Jetzt erscheint auch noch ihr Mann, den ich nur flüchtig vom Sehen her kenne, sodass ich nicht weiß, wie er reagieren wird. Ich habe keine Lust, eine handgreifliche Auseinandersetzung zu riskieren, und genug von den ungerechtfertigten Anschuldigungen und Beleidigungen. Vernünftig argumentieren kann man hier nicht. Zeit zu gehen, bevor ich noch wirklich in Schwierigkeiten gerate, denn ich bin alleine, habe also keine Zeugen. Als krönenden Abschluss knallt sie mir dann die Türe vor der Nase zu. Da stehe ich nun, total vor den Kopf gestoßen. Und dabei wollte ich doch nur die Post abgeben. Langsam laufe ich nach Hause zurück. Dabei überlege ich mir, wie sie das wohl gemeint haben könnte, als sie sagte, sie hoffe, ich würde nachts nicht mehr ruhig schlafen können? Sollte das etwa eine Drohung sein? Man weiß ja nie, was in den Köpfen mancher Menschen so vor sich geht! Wenn ich gewusst hätte, was mich erwartet, dann wäre ich besser überhaupt nicht hingegangen. Doch dazu ist es nun zu spät. Ich bin stinksauer und beginne erst jetzt überhaupt zu realisieren, was passiert ist. Eine solche Behandlung, derartige Beleidigungen und Unterstellungen habe ich wirklich nicht verdient. Von einem begrenzten Mietvertrag war nie die Rede! Wir haben das Mietobjekt in gutem Zustand gehalten, ja sogar verbessert, indem wir die Räume neu gestrichen haben, und zwar auf eigene Kosten! Außerdem haben wir den Garten gepflegt, uns nie etwas zu Schulden kommen lassen und die nicht gerade geringe Miete immer pünktlich bezahlt. Dafür müssen wir uns jetzt beschimpfen lassen, nur weil wir im Recht sind, und nur, weil diese Frau einen Fehler gemacht hat? Plötzlich haben wir überhaupt keine Lust mehr, hier länger wohnen zu bleiben! Warum sollen wir uns wie bisher um alles kümmern und die hohe Miete zahlen, wenn man uns doch nur für gemeine Schwindler hält? Können wir uns hier noch wohl fühlen? Werden wir überhaupt noch sicher sein? Sollte man uns etwas heimzahlen wollen, hier draußen ist es nachts sehr einsam und dunkel. Wir kennen nur die unmittelbaren Nachbarn, die auf unserer Seite sind. Die Frau ist aber hier aufgewachsen und kennt viel mehr Bewohner, die sie eventuell gegen uns aufwiegeln könnte. Das ruhige, zufriedene und vor allem friedliche Landleben dürfte damit wohl zu Ende sein. Die Stimmung an diesem Sonntagabend tendiert gegen Null und fällt zeitweise sogar noch darunter. Wenn wir erneut umziehen müssen, dann zurück ins eigene Land. Doch das ist nicht so einfach! Zuerst müsste ich mir dort einen neuen Job suchen. Plötzlich stecken wir völlig unerwartet mitten in einer fundamentalen Krise! Da ist es gut, Freunde zu haben, mit denen man Probleme besprechen kann. Wir bitten Jean und Ian zu uns zu kommen. Gemeinsam erörtern wir nun zu viert den Vorfall und die aktuelle Situation. Die Rechtslage ist eindeutig. Wir können hier wohnen bleiben, so lange wir möchten. Die Frage ist nur: Wollen wir das aber noch? Die Beziehung zu der Schwester der Hausbesitzerin, mit der wir bisher alle das Haus betreffenden Angelegenheiten freundschaftlich geregelt haben, ist vergiftet. Ich glaube kaum, dass wir uns daher hier noch wohl fühlen können. Etwas ist durch den ganzen Rechtsstreit unwiderruflich zerstört worden, nämlich der Friede, den wir hier draußen gefunden hatten und den wir uns gerne erhalten hätten. Vor allem habe ich Bedenken, dass man aus Rache versuchen könnte, uns das Leben schwer zu machen. Zum Glück sind jetzt unsere Freunde zur Stelle, mit denen wir reden können und die uns neutral ihre Meinung sagen. Wir beginnen das Ganze sachlicher und ruhiger anzugehen, nicht mehr so emotional aufgeladen wie zu Beginn.

Es gibt tatsächlich ein anderes Objekt, das wir eventuell mieten könnten. Meine Firma hat für sechs Monate ein Haus für einen ausländischen Mitarbeiter angemietet, der in Großbritannien eingearbeitet wird. Dieser Kollege wohnt dort mit seiner Frau, das Mietobjekt befindet sich zudem nicht weit von meinem Arbeitsplatz entfernt. In ein paar Wochen seien die sechs Monate um, danach könnte dieses Haus eventuell wieder angemietet werden. Ich müsste einmal nachfragen, ob dies der Fall sei. Gleich am nächsten Tag erkundige ich mich, erfahre den Namen und die Adresse des Vermieters und fahre noch am selben Abend hin. Sobald der Kollege Ende Februar ausgezogen sei, wäre das Haus frei und könne erneut angemietet werden. Der Mietpreis betrage 240 Pfund pro Monat kalt. Einschließlich der Nebenkosten wären das rund 300 Pfund pro Monat warm. Ich verabrede einen Besichtigungstermin. Mein Kollege lädt uns sogar zum Essen ein. Das Haus ist nicht schlecht, hat jedoch keine Zentralheizung. Für Wärme sorgen ein paar ältere Elektroheizgeräte. Das ist nicht ideal, zumal wir uns an die Zentralheizung unseres aktuellen Domizils gewöhnt haben und nicht mehr darauf verzichten wollen. Auch werden wir im nächsten Winter ein Kind haben, das Wärme braucht. Die kalte Wohnung in Duffield ist uns noch lebhaft im Gedächtnis. Der hohe Mietpreis sollte etwas mehr Komfort bieten.

Ein paar Tage später informiert mich eine Kollegin über ein weiteres Mietobjekt. Hierbei handelt es sich um das Haus eines Kollegen, der beruflich in die USA versetzt wurde. Es stünde aktuell leer. Der Besitzer würde es gerne während seiner Abwesenheit an jemanden vermieten, den er kenne. Als Mitarbeiter derselben Firma hätte ich gute Chancen, das Haus zu mieten. Ich kenne den Mann nur flüchtig, er war als Techniker in der Fabrik beschäftigt und ist bereits seit zwei Monaten in den USA. Ich müsse ihn dort anrufen, sollte ich an seinem Haus interessiert sein. Das tue ich dann auch. Dabei merke ich, dass es auch in seinem Interesse läge, wenn ich sein Haus mieten würde. Es befindet sich in Melbourne, südlich von Derby. Die monatliche Miete würde unter Kollegen nur 180 Pfund kalt betragen. Das wäre sehr günstig! Er würde das Haus jedoch nur für ein Jahr vermieten, so lange werde er in den USA bleiben. Danach kehre er zurück und wolle wieder selbst einziehen. Ich finde, wir sollten uns das Haus auf jeden Fall einmal ansehen. Danach können wir immer noch über Einzelheiten sprechen. Am darauffolgenden Wochenende fahren wir nach Melbourne und sehen uns das Mietobjekt an. Es ist relativ neu, liegt in einem ruhigen Wohnviertel am Rande der Ortschaft und verfügt über eine Zentralheizung, Doppelgarage und einen größeren Garten. Das Wohnzimmer ist möbliert, die Küche voll eingerichtet, es gibt eine Waschmaschine und einen Fernseher. All das gefällt uns! Der Mietpreis ist günstig, nur die zeitliche Begrenzung auf ein Jahr wäre ein Nachteil. Darüber müssen wir nachdenken. Wie sehen also unsere Pläne für die Zukunft aus? Wir haben jetzt Februar 1988. Im Januar 1989 werde ich drei Jahre bei meinem aktuellen Arbeitgeber tätig gewesen sein und vier Jahre im Ausland gelebt haben. Danach wollten wir sowieso nach Deutschland zurückkehren. Laut Plan hatte ich vor, mich ab Januar 1989 in Deutschland zu bewerben. Wie schnell ich dabei erfolgreich sein würde, weiß ich nicht. Das neue Mietobjekt stünde uns bis März 1989 zur Verfügung. Würde das reichen? Wir überdenken diese Option und entwickeln folgenden Plan: Wenn ich bereits im Herbst dieses Jahres mit den Bewerbungen beginne, sollte ich bis zum Frühjahr des nächsten Jahres etwas Passendes gefunden haben. Das ist sicher ein ehrgeiziger Plan, sollte aber realisierbar sein. Somit könnten wir Großbritannien spätestens im März 1989 verlassen und die begrenzte Mietzeit wäre kein Hindernis. Dies scheint uns die ideale Lösung zu sein. Wir bekämen für weniger Geld ein modernes Haus, und der leidige Rechtsstreit wäre erledigt. Wir entscheiden uns schnell. Ich rufe den Kollegen an und teile ihm mit, dass wir sein Haus gerne für ein Jahr anmieten würden. Auch für ihn ist das eine gute Lösung. Wir könnten einziehen, wann wir wollten, der Schlüssel sei bei den Nachbarn, lässt er uns wissen. Perfekt!

Während der letzten beiden Februarwochen packen wir wieder einmal unser ganzes Hab und Gut zusammen. Dem Rechtsanwalt der Hausbesitzerin teilen wir mit, dass wir Ende Februar ausziehen werden. Eine Kündigungsfrist halten wir nicht ein, da sowieso behauptet wurde, der Mietvertrag gelte nur bis Ende Februar. Somit ist die Sache für uns erledigt. Die direkten Nachbarn bedauern den Abschied. Aber wir sind ja noch nicht ganz aus der Welt, ziehen nicht allzu weit weg, können also immer noch in Kontakt bleiben.

Zweites Haus zur Miete
in Melbourne, Derbyshire

Samstag, 27. Februar. 10 Uhr morgens, wir sind startklar. Ein letzter Rundgang durch die leeren Räume, die für ein Jahr unser Zuhause waren. Einen Sommer lang waren wir hier sehr glücklich. Nun gilt es den Blick nach vorne zu richten. Was vorbei ist, ist vorbei! Es war schön, doch jetzt beginnt ein neuer Lebensabschnitt. Den Haustürschlüssel will ich persönlich abgeben und bin gespannt, ob ich die Frau, die mir noch vor wenigen Wochen die Tür vor der Nase zugeknallt hat, persönlich antreffen werde. Doch nur eines ihrer Kinder lässt sich blicken und nimmt den Schlüssel in Empfang. Somit wäre auch diese letzte Formalität erledigt. Wir hätten uns sicher ein schöneres Ende gewünscht, können das aber nicht mehr beeinflussen. Ich setze mich hinter das Steuer des angemieteten Kleintransporters, starte den Motor und fahre der Zukunft entgegen. Es ist schon ein intensives Gefühl von Freiheit, wenn man die Straße entlangfährt, das ganze Hab und Gut hinten auf der Ladefläche, und an nichts gebunden ist. Wir brauchen eine knappe halbe Stunde für die rund 30 Kilometer zwischen den beiden Orten. In Melbourne angekommen, laden wir mit Hilfe von Freunden alles ab und platzieren das meiste in der Doppelgarage. Nur unsere Schlafzimmermöbel sowie einige Holzregale bauen wir auf. Mehr brauchen wir nicht, das Haus ist voll möbliert. Zum Glück gibt es die Doppelgarage, wo sonst hätten wir all die restlichen Möbel unterbringen sollen? Auch in diesem Haus schlafen wir während der ersten Nacht in neuer Umgebung nicht tief. Vom Landleben her sind wir nachts völlige Stille gewohnt, von den Rufen der Käuzchen einmal abgesehen. Hinter unserem Landhaus gab es weder eine Straße, noch andere Gebäude, nur den Berg mit seinen Bäumen und Hecken. Hier verläuft die Straße nun direkt unter dem Schlafzimmerfenster, es gibt eine Straßenbeleuchtung sowie viele andere Häuser. Heute ist zudem Samstagabend, zahlreiche Anwohner kehren spät nach Hause zurück. Autos passieren und auch auf dem Bürgersteig herrscht reges Treiben. Ein paar Wochen später haben wir uns an all die neuen Geräusche und Gegebenheiten gewöhnt.

Nach und nach richten wir unser neues Heim ein. Abgesehen von den unmittelbaren Nachbarn lernen wir niemanden kennen. Kein Vergleich zu der kleinen Gemeinde, aus der wir gerade kommen. Dort gab es nur wenige Bewohner, dafür aber eine enge Nachbarschaft. Da interessierten sich die Menschen schon aus purem Eigeninteresse für uns. In diesem neuen Wohnviertel ziehen ständig Leute ein und aus. Da kümmert es keinen so richtig, wer hier wohnt. Da wir sowieso nur ein Jahr bleiben werden, stört uns das nicht. Wir haben genug Freunde, mehr brauchen wir nicht. Schon nach wenigen Wochen haben wir uns eingelebt. Das neue Haus ist wieder ein »Semi«, also eine Doppelhaushälfte. Die Außenmauern ziert roter Backstein, einen Keller gibt es nicht. Dafür bietet die Doppelgarage ausreichend Stauraum. Im Erdgeschoss befinden sich die Küche und das Wohnzimmer, in der oberen Etage zwei große Schlafzimmer, ein kleines Kinderzimmer und das Bad. Das Wohnzimmer ist mit einem Esstisch aus hellem Holz, vier passenden Stühlen, zwei Sesseln und einem Sofa voll möbliert. Wir stellen zwei Holzregale sowie unsere Stereoanlage dazu. Eines der beiden Schlafzimmer nutzen wir als Gästezimmer, das andere räumen wir leer und stellen dort unser eigenes Bett auf. Das kleine Zimmer wird das Kinderzimmer, unser Baby soll Ende Juli zur Welt kommen. Leider müssen wir schon bald feststellen, dass unser neues Wohngebiet in der Einflugschneise des Flughafens »East Midlands Airport« liegt, der sich nur wenige Kilometer weiter östlich befindet. Nachts donnern Transportmaschinen über uns hinweg, während der Sommermonate gesellen sich auch noch Charterflüge hinzu. Erstaunlicherweise gewöhnen wir uns aber sehr schnell an diese Lärmquelle, sodass wir nur noch gelegentlich aufwachen, wenn ein besonders lauter »Vogel« über uns hinwegzieht. Was für ein Unterschied zu den stillen Nächten in unserem Tal am Rande der Berge! Ich denke oft an Blackbrook zurück. Vor allem erinnere ich mich sehr gerne an jene späten Sommerabende, an denen ich durch den Garten schlenderte, am Bach stehenblieb und in die Stille hinaushorchte. Nur das leise Gurgeln des Wassers war zu hören. Manchmal ratterte in der Ferne ein Zug durch die Dämmerung, ab und zu passierten Fahrzeuge die Straße vor dem Haus, die ein paar altersschwache Laternen zu erhellen versuchten. Dahinter schien die Welt zu Ende zu sein. Im Haus brannte nur noch im Schlafzimmer Licht, das schwach durch die Vorhänge schimmerte. Augenblicke tiefen Friedens, die ich seit unserem Weggang aus Blackbrook so nicht wieder empfunden habe. Wahrscheinlich lag es an der Abgeschiedenheit des Ortes, den idealen nachbarschaftlichen Beziehungen, oder auch nur daran, dass das alles etwas ganz Besonderes war.

Am 11. März jährt sich meine »Landung« in Großbritannien zum dritten Mal. Wir feiern dieses Event mit Irene und John in unserem Haus in Melbourne, essen zu Abend und unterhalten uns dann noch bei einer Tasse Tee. Wir verdanken den beiden so viel! Gerade während der ersten entscheidenden Wochen unterstützten sie mich sehr. Durch sie bekam ich die erste Wohnung in Duffield. Sie waren es auch, auf die wir uns immer verlassen konnten. Alleine das Gefühl, zu wissen, dass ihre Türe immer offenstand, gab mir damals die Stärke und den Mut, mich in einem fremden Land zu behaupten.

Ich fühlte mich niemals alleine, hatte fast nie Heimweh und fühlte mich sicher und geborgen. Das verdanke ich vor allem diesen beiden Menschen. Noch heute verbindet uns eine ganz besondere Freundschaft.

Über Ostern verbringen wir ein paar Tage in den »Cotswolds«. Diese herrliche Landschaft erstreckt sich westlich von London zwischen Oxford und Cheltenham. Sanfte Hügel, grüne Wiesen und Weiden, malerische Dörfer mit gemütlichen Cottages aus Natursteinen. Wir haben uns ein Zimmer in einem B&B (Bed and Breakfast) reservieren lassen und fühlen uns außerordentlich wohl.

Ende April steht ein Seminar in Nürnberg an. Kaum zurück, muss ich zwei Tage später schon wieder weg. Diesmal geht es für eine Woche auf eine Industriemesse nach Stuttgart. Während der freien Zeit erkunde ich die Umgebung. Insgeheim haben wir den Raum Stuttgart für eine Rückkehr nach Deutschland angedacht. Die Landschaft ist schön, Frankreich nicht weit, und es gibt viele interessante Industrieunternehmen. Vor ein paar Wochen ließ ich mir von der Industrie- und Handelskammer Informationen und Adressen von Unternehmen im Großraum Stuttgart zuschicken. Der erste Schritt zur Planung und Realisierung unserer Rückkehr nach Deutschland ist getan. Anhand dieser Unterlagen habe ich eine Präferenzliste von Unternehmen erstellt, für die ich gerne arbeiten würde. Da trifft es sich bestens, dass die Messe gerade in Stuttgart stattfindet. Mit einem Mietwagen fahre ich einige der Unternehmen an, um mir ein erstes Bild zu machen. Die kommenden drei Monate sehe ich als Erkundungs- und Informationsphase. In dieser Zeit will ich Informationen sammeln, auswerten und eine Schwerpunktliste erstellen. Danach will ich Bewerbungsschreiben losschicken.

Am Samstag, dem 07. Mai, bin ich wieder zuhause in Melbourne, sehe Marie aber nur sehr kurz, da sie bereits am nächsten Tag für zwei Wochen zu ihren Eltern nach Frankreich reisen wird. In der Zeit des »Strohwitwerdaseins« beginne ich die Erlebnisse der letzten drei Jahre niederzuschreiben. Ob daraus jemals ein Buch werden wird, steht noch in den Sternen. Am 09. Mai schreibe ich die erste Seite. Wie die Geschichte einmal enden wird, weiß ich zu diesem Zeitpunkt noch nicht. Ich denke dabei vor allem an unser erstes Kind, das in etwa drei Monaten zur Welt kommen wird. Wenn es größer ist, soll es einmal selbst nachlesen können, was seine Eltern vor und zum Zeitpunkt seiner Geburt so alles erlebt haben. Außerdem schreibe ich insgesamt 60 Unternehmen im Großraum Stuttgart an und erbitte ein Firmenprofil plus Produktinformationen. Ich will die Vorarbeit für meine Bewerbungen so präzise wie möglich durchführen, um später auch wirklich nur die für mich interessantesten Unternehmen zu kontaktieren. Dafür brauche ich mehr als nur eine Adresse, dazu benötige ich detaillierte Fakten. 60 Briefe bedeuten jede Menge Portogebühren, eine Investition, die sich aber lohnen sollte. Die Wochen vergehen, Antworten trudeln ein. Ich bin angenehm überrascht! Nicht alle Unternehmen reagieren, doch eine Rücklaufquote von rund 90 % ist schon mal ein Erfolg! Anhand des umfangreichen Informationsmaterials kann ich die Unternehmen nun realistischer beurteilen. Ich strebe eine Tätigkeit im Export an, bei der ich sowohl meine Fremdsprachenkenntnisse als auch Auslandserfahrung nutzen kann. Vier Jahre Großbritannien sollten für diesen Berufswunsch von Vorteil sein.

Anfang Juni brechen wir für eine Urlaubswoche nach Wales auf. Dort haben wir uns ein B&B Zimmer auf einem Bauernhof nahe Criccieth reservieren lassen. Jeden Tag unternehmen wir kleine Touren, besichtigen alte Burgen, wandern in den

Bergen, laufen an Stränden entlang, sehen uns malerische Orte an. Wales erfreut uns mit Wäldern, hohen Bergen, dunklen Seen und einem blaugrünen Meer. Marie sieht man den kommenden Nachwuchs jetzt deutlich an, sie ist im achten Monat. Im Juni besucht uns auch eine Cousine aus Frankreich. Es ist ihr erster Besuch in Großbritannien. Für das Wochenende haben wir uns daher etwas Besonderes ausgedacht. Wir wollen mit ihr für einen Tag nach London fahren. Am Samstag, dem 11. Juni, reisen wir am Morgen mit dem Intercity von Derby nach London. Die Fahrtzeit beträgt knapp zwei Stunden. Dort angekommen, steigen wir in ein Taxi und bitten den Fahrer, uns zum Buckingham Palace zu chauffieren. Er sieht uns erstaunt an und bemerkt, er werde versuchen, so nahe wie möglich an den Palast heranzufahren. Ganz werde er es heute aber nicht schaffen. Wieso nicht? Die Aufklärung folgt prompt. Heute finde die alljährliche Militärparade (Trooping the Colour) zu Ehren des Geburtstages der Königin statt. Daran haben wir nicht gedacht. Was für ein Zufall! Was für ein Glück vor allem für unsere Besucherin! Sie ist zum ersten Mal in Großbritannien, zum ersten Mal in London und hat die Chance, die Königin zu sehen. Das ist schon etwas ganz Besonderes! Obwohl das Gedränge entlang der Allee »The Mall« vom Buckingham Palace zum Trafalgar Square sehr groß ist, ergattern wir trotzdem einen günstigen Platz, von dem aus wir die prächtigen Kutschen der »Royal Family« bestaunen können. Das Warten lohnt sich! Wir sehen die Queen plus weitere Mitglieder der britischen Königsfamilie. Danach meiden wir die Menschenmassen und entspannen. Eine weitere Fahrt mit einem der typischen schwarzen Taxis darf natürlich nicht fehlen. Am Abend können wir ohne Hast die Rückreise antreten, denn es verkehrt fast jede Stunde ein IC von London in Richtung Derby.

Gespannt erwarten wir nun die Geburt unseres Kindes, das im städtischen Krankenhaus von Derby (Derby City Hospital) das Licht der Welt erblicken soll. Viele Frauen aus unserem Bekanntenkreis haben dort ihre Kinder zur Welt gebracht und waren sehr zufrieden. Unser Stichtag ist der 25. Juli. Je näher er rückt, desto ungeduldiger werden wir. Im Fernsehen läuft die Dokumentation »Having a Baby«, die wir interessiert verfolgen. Die Wochen im Juli vergehen, Wehen setzen keine ein. Der 16. Juli ist mein Geburtstag. Insgeheim spekulierten wir schon darauf, dass eventuell beide Geburtstage aufeinander fallen könnten. Doch auch an diesem Tag bleiben die Wehen aus. Wir feiern meinen Geburtstag in einem Restaurant nahe Nottingham. Am 25. Juli gibt es noch immer keine Anzeichen von Wehen. Nun sind wir schon jenseits des vom Arzt genannten Termins. Ich rufe jetzt täglich von der Arbeit aus an, doch die Antwort lautet immer: »Keine Wehen«. Wann geht es endlich los? Ein Kollege, dessen Frau erst kürzlich entbunden hat, rät uns, viel zu laufen. Lange Spaziergänge würden Wehen auslösen.

Nachwuchs, Geburt unserer ersten Tochter im Derby City Hospital

Am Freitag, dem 29. Juli, wandern wir am Stausee »Staunton Harold Reservoir« entlang. Doch auch nach diesem Fußmarsch setzen noch keine Wehen ein. Am Samstag, dem 30. Juli, unternehmen wir am Nachmittag einen weiteren langen Spaziergang im Calke Abbey Park. Wieder zuhause essen wir zu Abend. Gegen 21 Uhr scheint es dann soweit zu sein. Die ersten Wehen setzen ein! Ich rufe sofort den Hausarzt an, der verständigt das Krankenhaus und wir machen uns auf den Weg. Gegen 22 Uhr treffen wir im Hospital ein. Dort nennt man uns »The United Nations«. Es kommt sicher nicht alle Tage vor, dass eine Französin mit einem deutschen Ehemann in Großbritannien ein Kind zur Welt bringt. Nach elf Stunden ist es dann am Morgen des 31. Juli 1988 gegen 9 Uhr soweit, unser erstes Kind ist endlich da! Etwas verspätet, aber kerngesund. Zuerst achte ich gar nicht auf das Geschlecht, bin einfach nur froh, dass es gesund ist. Erst nach der Konversation mit einer Hebamme erfahre ich, dass es ein Mädchen ist. Ich bin überglücklich, eine Tochter hatten wir uns beide ja insgeheim gewünscht. Nachdem das Kind gestillt und gewaschen wurde, darf nun auch ich meine Tochter zum ersten Mal in den Armen halten. Ich bin unheimlich stolz! Sie ist wunderschön! Wir nennen sie Rebecca, weil dieser Name in den drei Ländern, die sie verbindet, fast gleich ausgesprochen wird. Mutter und Kind bleiben eine Woche im Krankenhaus, wo ich sie jeden Abend besuche. Väter dürfen abends so lange bleiben, wie sie wollen. Ich finde das sehr schön. Gegen 23 Uhr bin ich fast immer der letzte Vater, der geht.

Am Freitag, dem 05. August, hole ich die beiden ab. Zuhause ist alles vorbereitet. Während der ersten Tage und Nächte stellen wir uns noch etwas unbeholfen an. Aber wir sind ja auch zum ersten Mal Eltern, und das will gelernt sein. Mit der Zeit werden auch wir sicherer und schon bald haben wir uns an die neue Rolle als Eltern gewöhnt. Auf dem Meldeamt in Derby (Registration Office) lasse ich Rebecca in das Geburtenbuch eintragen und erhalte einen Geburtsschein. Weitere Geburtsurkunden sind kostenpflichtig. Ich lasse mir fünf Original-Geburtsurkunden ausstellen, wer weiß, wo wir später einmal leben werden. In Bezug auf die Staatsangehörigkeit stellt sich nun die Frage: Auf welche Nationalitäten hat unsere Tochter ein Anrecht? Das gilt es jetzt zu klären. Ich wende mich diesbezüglich an das deutsche Konsulat in Liverpool, Marie kontaktiert das ihrige. Bald erhalten wir Antwort. Aufgrund des leiblichen deutschen Vaters erhält Rebecca automatisch die deutsche Nationalität. Mit einer leiblichen französischen Mutter ist die französische Staatsangehörigkeit auch kein Problem. Wie halten es nun die Briten? Hat unsere Tochter durch ihre Geburt in Großbritannien auch das Recht auf die britische Staatsangehörigkeit? Wir schreiben das »Home-Office« in London an und setzen uns mit dem für Derbyshire zuständigen Europa-Abgeordneten in Verbindung. Der kann uns diesbezüglich leider keine schnelle Antwort geben, verspricht jedoch, sich darum zu kümmern. Lange hören wir nichts, weder vom Home-Office, noch vom Europa-Abgeordneten. Daher wenden wir uns erneut an unseren Freund, den Rechtsanwalt. Vielleicht lässt sich hierzu ja etwas im Gesetzestext finden. Dem ist auch so. Wäre Rebecca vor dem 01. Januar 1983 in Großbritannien geboren worden, hätte sie per Geburt automatisch die britische Staatsangehörigkeit erhalten. Da sie nun aber nach diesem Stichtag zur Welt kam, erfolgt das nicht mehr automatisch. Kinder, die nach dem 01.01.1983 in Großbritannien geboren wurden und deren Eltern keine britischen Staatsangehörige sind, haben nur dann ein Recht, diese zu erlangen, wenn der Aufenthaltsstatus der Eltern als »settled« bezeichnet werden kann. Was aber bedeutet »settled«? Die Übersetzung lautet: sesshaft (also fester Wohnsitz plus Arbeit). Doch Juristen verstehen darunter noch etwas viel Komplizierteres! Und an diesem juristischen »settled« scheitert Rebeccas britische Staatsangehörigkeit. Allgemein betrachtet würden wir uns sicher für »settled« qualifizieren, denn wir sind bereits seit über drei Jahren im Lande, haben einen festen Wohnsitz, einen Arbeitsvertrag und sind als Bürger der Europäischen Union im Besitz gültiger »Residence-Permits« (Aufenthaltserlaubnis). Eigentlich sollte für uns der Tatbestand des »settled« erfüllt sein. Doch Juristen sehen das anders. Wir haben zwar »Residence-Permits«, doch diese sind aktuell auf nur fünf Jahre befristet. Durch diese zeitliche Befristung fallen wir juristisch nicht unter den Aspekt »settled«. Erst mit einer unbefristeten Aufenthaltserlaubnis würde dies zutreffen. Rebecca hat somit kein Recht auf die britische Staatsangehörigkeit. Aber sie hat ja bereits zwei Nationalitäten und das ist sicher nicht schlecht für den Anfang!

Im August beende ich die Bewerbungsvorbereitungen. Aus den erhaltenen Informationen konnte ich mir eine »Hitliste« erstellen. In dieser Reihenfolge will ich mich ab September bewerben. Alles ist vorbereitet, Zeugniskopien, Lebenslauf, Bilder, Bewerbungsschreiben.

Im September besuchen uns die Schwiegereltern aus Frankreich für zwei Wochen. Sie überqueren zum ersten Mal den Ärmelkanal. Da sie den Linksverkehr nicht gewohnt sind, gehen wir kein Risiko ein. Ich fahre mit dem Zug an die Küste nach Folkestone, hole sie dort ab und steuere den Wagen nach Melbourne. Über die Autobahn brauchen wir knapp dreieinhalb

Stunden. Sie freuen sich sehr, ihre kleine Enkeltochter zu sehen. Rebecca ist jetzt fünf Wochen alt. Während des Aufenthalts zeigen wir ihnen die nähere Umgebung. Das Wetter ist perfekt, die Sonne strahlt fast jeden Tag und es ist angenehm warm. Ich nehme mir einige Nachmittage für größere Touren frei. Schon bald entdeckt mein Schwiegervater eine besondere Leidenschaft für »Scones«, einem Gebäck, das in Großbritannien oft mit »Clotted Cream« (eine Art dicker Rahm) und Konfitüre zum Tee serviert wird. Das ist kein Wunder, denn auch wir mögen Scones, wenn nur die Kalorien nicht wären! Mein Schwiegervater geht jeden Tag zum Einkaufen und kommt erstaunlicherweise mit den richtigen Produkten wieder nach Hause, obwohl er so gut wie kein Wort Englisch spricht! Wie das wohl funktioniert? Vor allem aber genießt er es, seine Enkelin im Kinderwagen durch den Ort zu schieben. Am Wochenende laden uns Freunde zum Essen ein. So bekommen auch meine Schwiegereltern Einblicke in eine englische Familie. Nach zwei Wochen heißt es dann wieder Abschied zu nehmen. Ich fahre sie in ihrem Wagen nach Folkestone an die Kanalküste zurück und nehme von dort den Zug über London nach Derby.

Kurz darauf begleite ich meinen Chef für ein paar Tage nach Wiesbaden. Dort treffen wir Einkäufer aus Fernost, die sich in Europa nach Werkzeugmaschinen umsehen. Für ein FMS-System (Flexible Manufacturing System) benötigen sie auch Messmaschinen. Und genau deshalb treffen wir sie, wollen unsere Maschinen vorstellen und eine mögliche Integration in ihre FMS-Systeme besprechen. Ich nutze diese Reise nach Deutschland auch, um die ersten Spontanbewerbungen vom Frankfurter Flughafen aus abzuschicken.

Der Kollege, in dessen Haus wir aktuell wohnen, informiert uns, dass er etwas länger in den USA bleiben werde als ursprünglich geplant. Statt bis März bliebe er jetzt bis September 1989. Somit könnten wir ein paar Monate länger als vereinbart im Haus verbleiben. Das freut uns natürlich sehr und reduziert den Zeitdruck. Die ersten Bewerbungen laufen, Ende September folgen die nächsten.

Anfang Oktober steht der Besuch einer Industriemesse in der Schweiz an. Dort soll ich mich um Fachbesucher kümmern, die lieber Deutsch als Englisch sprechen. Marie nutzt diese Zeit, um Rebecca der Familie in Deutschland vorzustellen. Gemeinsam fliegen wir nach Frankfurt und fahren von dort mit einem Mietwagen zu meinen Eltern. Rebecca ist jetzt zweieinhalb Monate alt, es ist ihr erster Flug. Sie schläft fast die ganze Zeit, nur bei der Landung ist sie unruhig. Am späten Nachmittag kehre ich nach Frankfurt zurück und nehme die Abendmaschine nach Zürich. Auf dem Rückweg unterbreche ich die Reise erneut und verbringe das Wochenende mit Frau, Kind und Eltern. Am Sonntagnachmittag reisen wir zurück. Während des Landesanflugs auf Birmingham herrscht dichter Nebel. Durch eine dicke graue Brühe gleiten wir langsam nach unten. Als die Nebelwand aufreißt, erscheint die Landebahn direkt unter uns. Wir sind jedoch noch viel zu hoch. Der Pilot reagiert blitzschnell und zieht die Maschine nach oben. Der Flughafen verschwindet unter uns im dichten Grau. Nicht nur mich beschleicht ein ungutes Gefühl, auch die Gesichter der anderen Reisenden drücken Unbehagen aus. Der Pilot teilt uns kurz darauf mit, dass er den Landeanflug von der anderen Seite versuchen wolle. Die Betonung liegt hierbei auf »wolle«! Ob dies auch möglich sei, erwähnt er nicht. Das Flugzeug dreht eine Schleife und setzt erneut zur Landung an. Und wieder gleiten wir durch dichten Nebel. In der Kabine ist es mucksmäuschenstill. Jeder hofft, dass wir diesmal die Landebahn treffen. Es gelingt und wir sind alle heilfroh, wieder festen Boden unter den Füßen zu haben.

Mitte Oktober trifft die erste Antwort auf meine Bewerbungs-schreiben ein. Leider keine positive! Die erste Enttäuschung! Ich war doch so überzeugt, aufgrund meines bisherigen Werde-gangs zumindest zu Gesprächen eingeladen zu werden. In die-sem Fall ist das aber nicht so. Man erkenne meine Erfahrungen an, leider gebe es aktuell aber keine offenen Stellen. An diesem Tag erhält meine positive Einstellung einen leichten Dämpfer. Vielleicht wird es doch nicht so einfach sein, in der Heimat Arbeit zu finden. Doch am nächsten Tag sieht die Sache schon wieder ganz anders aus. Mein Selbstvertrauen kehrt zurück, ich bereite die nächsten Bewerbungen vor und schicke sie ab. Doch auch die folgenden Tage bringen nichts Gutes. Ein negativer Bescheid folgt dem anderen. Sofort schicke ich weitere Schrei-ben auf die Reise, keine wertvolle Zeit darf verloren gehen.

Ende Oktober habe ich bereits zwölf Bewerbungen abge-schickt, doch der Erfolg will sich nicht einstellen. Es gelingt mir nicht, auch nur ein Vorstellungsgespräch zu ergattern. Das, so muss ich gestehen, hatte ich bei der Planung nicht erwartet. Vielleicht war ich doch zu optimistisch. Ich schicke weitere Be-werbungen ab, doch außer Absagen erreiche ich nichts. Es ist nicht leicht, Niederlagen wegzustecken. Mein Selbstvertrauen ist angekratzt. Warum bin ich für Unternehmen, die weltweit agieren und sicher Mitarbeiter wie mich bräuchten, so uninte-ressant, dass sie mich nicht persönlich kennenlernen möchten? Ist das, was ich zu bieten habe, denn gar nichts wert? Leistung müsse sich wieder lohnen, hieß es. Ich habe etwas geleistet! Wa-rum bekomme ich dann nur Absagen? Was mache ich falsch? Ich denke nach. Vielleicht liegt es daran, dass ich mich nicht auf konkrete Stellenangebote bewerbe, sondern nur aufs Ge-ratewohl. Sind keine Stellen zu besetzen, dann können mir auch keine angeboten werden. Ich muss die Strategie ändern und mich auf real existierende Stellenanzeigen bewerben. Je früher, desto besser! Wie aber komme ich in Großbritannien an Stellenangebote deutscher Unternehmen? Dazu bräuchte ich die Samstagsausgabe einer überregionalen Zeitung. Leider lässt sich sowohl in Derby als auch in Nottingham kein Exemplar auftreiben. Ich weiß aber, dass diese Zeitung am Flughafen von Birmingham zu haben ist, und versuche es dort. Leider ist der Weg umsonst! Zeitungen aus dem Ausland würden hier immer einige Tage nach ihrem Erscheinungsdatum eintreffen. Manchmal kämen sie auch gar nicht an. Das ist also nicht der richtige Weg zum Erfolg. Einige Tage später fällt mir in einer technischen Fachzeitschrift eine Anzeige genau dieser überregionalen Zeitung mit Adresse und Telefonnummer auf. Ich rufe dort an und erkundige mich nach der Möglichkeit, die Samstagsausgabe an meine Adresse in Großbritannien geschickt zu bekommen. Dies sei möglich, erfahre ich. Endlich eine positive Nachricht! Ich abonniere die Samstagsausgabe, erhalte sie jeweils am darauffolgenden Montag und konzentriere mich auf Stellenanzeigen im Exportbereich. Der ersten Ausgabe entnehme ich gleich zwei interessante Anzeigen. Ein Unternehmen sucht einen Exportkaufmann, ein anderes einen Mitarbeiter für das Auslandsmarketing. Zum ersten Mal bewerbe ich mich auf konkrete Stellenangebote. Beide Unternehmen sind im Raum Frankfurt/Main ansässig. Jeden Montag erhalte ich nun mein Zeitungsexemplar, arbeite die Stellenanzeigen durch, wähle aus und schicke ein bis zwei Bewerbungen los.

Am Abend des 31. Oktober wird auch in Großbritannien »Halloween« gefeiert. Auf dem Weg nach Hause fällt mir gerade noch rechtzeitig ein, Süßigkeiten zu kaufen. An diesem Abend klingelt es auch ziemlich oft an unserer Haustüre, die Kinder aus der Nachbarschaft murmeln ihr »trick or treat« und bekommen Süßigkeiten.

Am 05. November ist wie jedes Jahr »Bonfire Night«. An diesem Abend werden große Feuer entzündet und Feuerwerksraketen steigen in den Himmel. Vor langer Zeit wollte ein Mann namens Guy Fawkes in London das Parlament in die Luft jagen. Das Schwarzpulver befand sich bereits unter dem Gebäude, kam jedoch nicht zur Explosion, da das Vorhaben verraten wurde. Guy Fawkes wurde festgenommen und hingerichtet. Aus Freude darüber, dass der Anschlag verhindert werden konnte, feiert man noch heute an jedem ersten Samstag im November im ganzen Königreich »Bonfire Night«. In den Freudenfeuern werden symbolisch Strohpuppen verbrannt, die Guy Fawkes darstellen sollen.

Am 16. November muss ich beruflich erneut nach Deutschland. Kaum angekommen, erfahre ich, dass heute ein Telegramm mit der Einladung zu einem Vorstellungsgespräch ankam. Den genauen Gesprächstermin solle ich telefonisch vereinbaren. Was für eine Überraschung! Die erste Einladung zu einem Vorstellungsgespräch in Deutschland! Na also, geht doch! Nach der ersten Euphorie sollte ich mich jetzt darauf konzentrieren, wie sich diese Einladung praktisch auch umsetzen lässt. Ich bin aktuell in der Nähe von Aschaffenburg. Das Unternehmen, das mich einlädt, sitzt in Frankfurt/Main, also nicht weit von hier. Ich rufe dort an. Vielleicht besteht ja die Möglichkeit, einen frühen Termin zu vereinbaren. Das ist leider nicht möglich. Der früheste Termin wäre am kommenden Montag, vormittags um 10.30 Uhr. Ich sage spontan zu, muss mir nun aber überlegen, wie sich dieser Termin realisieren lässt. Beruflich werde ich bis Freitag in Deutschland sein. Die beste Lösung wäre, ich würde über das Wochenende im Lande bleiben. Der notwendige Urlaubstag wird genehmigt.

Am Montag, dem 21. November, erscheine ich pünktlich um 10.30 Uhr in Frankfurt/Main zum Vorstellungsgespräch für die Position eines Exportkaufmanns. Nun gilt es, in die engere Wahl zu kommen. Die Anzahl der Mitbewerber sei groß, lässt man mich wissen, insgesamt wurden zehn Kandidaten zur ersten Gesprächsrunde eingeladen. Davon bekämen nur die drei Besten einen zweiten Termin. Nach dem Gespräch bringt mich ein Taxi zum nahen Flughafen zurück. Ein kurzer Anruf zuhause bringt eine weitere Überraschung! Heute sei ein Brief aus Mainz mit einer weiteren Einladung zu einem Vorstellungsgespräch angekommen. Auch mit diesem Unternehmen solle ich mich telefonisch in Verbindung setzen. Umgehend rufe ich an. Leider könne kein kurzfristiger Termin vereinbart werden, der zuständige Abteilungsleiter sei außer Haus. Das wäre auch zu schön gewesen! Ich kehre nach Großbritannien zurück.

Am Mittwoch, dem 23. November, steht beruflich der nächste Trip nach Deutschland an, diesmal nach Offenbach. Das trifft sich gut! Dabei ließe sich eventuell doch noch ein Gesprächstermin in Mainz realisieren. Es gelingt! Am Freitagvormittag könne ich dort vorsprechen. Dafür ist ein weiterer Urlaubstag notwendig, auch er wird bewilligt. Nach meinen beruflichen Pflichten in Offenbach bringt mich die S-Bahn am Donnerstagabend nach Mainz. Drei Wochen sind vergangen, seitdem ich mich gezielt auf Stellenangebote bewerbe. Nun steht also bereits das zweite Vorstellungsgespräch an. Nicht schlecht! Am nächsten Morgen stehe ich pünktlich auf der Matte. Meine Gesprächspartner zeigen großes Interesse an meinem Auslandsaufenthalt. Die Leistung wird honoriert, das macht mich stolz! Die Position, die es zu besetzten gilt, betrifft das Auslandsmarketing. Auch hier seien viele Bewerbungen eingegangen, wovon einige, darunter auch meine, in die engere Wahl kamen. Außer mir bewerbe sich ein weiterer Kandidat aus Großbritannien.

Nach dem Gespräch kehre ich nach Frankfurt zurück und sitze schon bald in der nächsten Maschine nach Birmingham.

Am Sonntag, dem 27. November, wird unsere Tochter in der katholischen Kirche von Melbourne getauft. Patin sollte eine Engländerin sein, damit Rebecca auch später eine Verbindung zu dem Land haben kann, in dem sie geboren wurde. Wir fragen Irene und sie sagt sofort zu. Darüber freuen wir uns sehr! Zu dieser Taufe laden wir alle lokalen Freunde ein. Mit unseren Familien auf dem Kontinent werden wir das Ereignis während der nächsten Besuche nachfeiern. Der Pfarrer gestaltet die Tauffeier sehr schön. Da viele unserer Freunde nicht katholisch sind, nehmen sie zum ersten Mal an einer Tauffeier dieser Konfession teil. Anschließend feiern wir bei uns zuhause, haben ein Buffet angerichtet und bekommen alle satt. Irene hat den Kuchen für ihr Patenkind speziell dekoriert. Den mit Zuckerguss glasierten Früchtekuchen zieren die Flaggen der drei Länder, die Rebecca in sich vereint: Großbritannien, Frankreich und Deutschland. Alle finden die Idee sehr originell. Der Kuchen sieht nicht nur schön aus, er schmeckt auch ganz vorzüglich! Dem ältesten Ehepaar unseres Freundeskreises, Nancy und Wilfried, gebührt die Ehre eines Trinkspruchs. Wilfried hält eine wunderbare Rede, für die wir ihm sehr dankbar sind. An diesem Abend gehen wir müde, aber glücklich zu Bett. Allen Gästen hat es gefallen. Heute war ein wunderschöner Tag, an den wir uns noch lange erinnern werden.

Der November geht zu Ende, der Dezember zieht ins Land. Aus Frankfurt trudelt eine Absage ein. Darüber bin ich enttäuscht! Doch man kann nicht immer gewinnen. Jede Woche schicke ich ein bis zwei neue Bewerbungen auf den Weg. Immer ungeduldiger warte ich jetzt auf eine Antwort aus Mainz. Die Tage vergehen, eine Antwort bleibt aus.

Am Freitag, dem 09. Dezember, wirft der Postbote auch etwas in unseren Briefkasten. Ein großes Kuvert ist nicht dabei, also auch keine Absage. Tatsächlich ist ein Brief für mich dabei. Es ist zwar nicht die erhoffte Antwort aus Mainz, aber dennoch eine positive Nachricht. Ein Unternehmen aus dem Raum Stuttgart lädt mich zu einem Vorstellungsgespräch ein! Während der Mittagspause rufe ich dort an und vereinbare einen Termin für Freitag, dem 16. Dezember.

Am Mittwoch, dem 14. Dezember, ist mein letzter Arbeitstag für 1988. Tags darauf reise ich nach Stuttgart. Als ich dort ankomme, ist es bereits dunkel. Ein Mitarbeiter des Unternehmens, das mich einlädt, holt mich vom Flughafen ab und bringt mich in eine Kleinstadt südwestlich von Stuttgart. Nachdem das Hotelzimmer bezogen ist, bleibt Zeit für einen Spaziergang durch den Ort. Irgendwie fühle ich mich hier am Rande des Schwarzwaldes sofort wohl. Die Stadt strahlt Geborgenheit aus. Hier könnte auch unsere kleine Tochter sicher aufwachsen. Zurück im Hotel setze ich mich in die Gaststube, bestelle einen schwäbischen Zwiebelbraten und trinke ein erfrischendes Weizenbier dazu.

Am nächsten Morgen holt mich der Personalleiter höchstpersönlich vom Hotel ab, wir fahren zur Hauptverwaltung. Im Laufe des Vormittags nehmen sogar die beiden Geschäftsführer zeitweise am Gespräch teil. In diesem Unternehmen ist die Stelle eines Exportmanagers neu zu besetzen. Natürlich gibt es viele Bewerber. Ein erstes Vorstellungsgespräch dauert in der Regel ein bis zwei Stunden. In meinem Fall ist das heute aber anders. Die Zeit bis zu meiner Rückreise am Abend sollten das Unternehmen, wie auch ich, gezielt nutzen, um so viel wie möglich übereinander zu erfahren. Der Personalleiter arrangiert sogar einen Rundgang durch die Produktion.

An diesem Abend gehe ich mit einem positiven Gefühl. Ich konnte mich eingehend informieren und bin mit dem Verlauf des Gesprächs zufrieden. Der Personalleiter fährt mich zum Flughafen. Dabei informiert er mich, dass bei Bewerbungen normalerweise mindestens zwei Gespräche stattfänden, bevor eine Entscheidung getroffen werde. In meinem Fall werde man jedoch auf Grund der Entfernung und der damit verbundenen Reisekosten eine Ausnahme machen. Beide Parteien konnten sich heute intensiv kennenlernen. Sollte die Entscheidung zu meinen Gunsten ausfallen, würde er mich in Melbourne anrufen. Dies sollte in der nächsten Woche geschehen. Eine Stunde später bin ich bereits auf der Rückreise nach Großbritannien. Während des Landeanflugs auf Heathrow überfliegen wir die hellerleuchtete City of London. Ich erkenne das House of Parliament mit dem Big Ben, den Buckingham Palace und das in bunten Farben erstrahlende Kaufhaus Harrods. Das vorweihnachtliche Lichtermeer dieser Weltmetropole wird zu einem unvergesslichen Moment meines Lebens. Von London Heathrow geht es dann weiter zum East Midlands Airport. Gegen 21 Uhr bin ich wieder zuhause. Dort erwartet mich eine ernüchternde Nachricht. Heute Morgen kam ein negativer Bescheid aus Mainz. Ich hatte es bei dem dortigen Unternehmen zwar auf Platz zwei geschafft, was ein beachtlicher Erfolg ist, aber leider nicht auf Platz eins. Und nur einer erhielt die ausgeschriebene Stelle. Ich war es leider nicht. Zum Glück erreichte mich diese Tatsache nicht vor dem Gesprächstermin in Stuttgart. Mein Selbstvertrauen wäre dadurch sicher etwas angekratzt gewesen. Natürlich bin ich enttäuscht! Doch dank des heutigen Gesprächs gewinnt die positive Einstellung schnell wieder die Oberhand. Jetzt heißt es aber erst einmal Geduld zu haben und abzuwarten. Insgesamt laufen neun Bewerbungen.

Am Samstag, dem 17. Dezember, findet am Abend der »Christmas Dinner Dance« meiner Firma statt. Wie schon die Jahre zuvor, wird es auch diesmal ein fröhlicher Abend im Kreis der Kollegen. Wir essen, tanzen, die Stimmung ist ausgelassen. Bei aller Freude bin ich trotzdem nachdenklich. Wo werden wir im nächsten Jahr Weihnachten feiern?

Die Tage vergehen, ich hoffe auf einen positiven Anruf aus Stuttgart. Mit der Zeit kommen Zweifel auf. Der ideale Bewerber für die Position des Exportmanagers sollte Berufserfahrung im Vertrieb mitbringen, die ich jedoch nicht vorweisen konnte. Dies kam zur Sprache, schien aber kein Problem zu sein.

Am Dienstag, dem 20. Dezember, erhalte ich gegen 17 Uhr einen Anruf von der Sekretärin meines Chefs. Sie fragt, ob ich morgen den Urlaub für einen Tag unterbrechen könnte, um in Frankfurt als Übersetzer bei einem wichtigen Treffen mit Geschäftspartnern anwesend sein zu können. Ich sage zu. Urlaub ist zwar Urlaub, doch letztendlich sorgt die Firma für mein Einkommen. Das Ticket werde am Flughafen in Birmingham hinterlegt, dort könne ich es in Empfang nehmen. Den Chef werde ich erst in Frankfurt treffen, er sei gerade in Schweden und reise von dort aus an.

Am Mittwochmorgen holt mich ein Taxi um 6 Uhr vor der Haustüre ab und bringt mich zum Flughafen. Gegen 8.30 Uhr startet die Maschine nach Frankfurt. Anfänglich gibt es keine besonderen Vorkommnisse. Wir erreichen die Küste, der Pilot warnt vor starken Turbulenzen. Schon bald beginnt das Flugzeug leicht zu vibrieren, danach stärker. Daran bin ich gewöhnt, das passiert auf fast allen Flügen mitunter einige Male. Doch diesmal wird es schlimmer. Die Schwankungen der Maschine nehmen an Stärke zu. Plötzlich sackt das Flugzeug regelrecht ab. Es gibt einen gewaltigen Ruck! Angst macht sich in der Kabine breit! Ich fliege nicht gerne mit dem alten Flugzeugtyp, in dem wir gerade sitzen. Erst vor ein paar Monaten soll eine Maschine dieses Typs wegen eines Triebwerkschadens beinahe abgestürzt sein, wahrlich kein großer Vertrauensbeweis! Die Maschine sackt ein zweites Mal nach unten weg, der Schlag ist diesmal noch heftiger. Einige der Passagiere werden unruhig, vereinzelte Schreie sind zu hören. Auch ich werde zunehmend nervöser. Während der nächsten Minuten werden wir kräftig durchgerüttelt. Solch heftige Turbulenzen durchflog ich noch nie. Da wir nicht höher steigen können, zieht der Pilot die Maschine nach unten, die Erschütterungen lassen nach. Ich will nur noch raus hier! Zum Glück bin ich für den Rückflug auf einem moderneren Flugzeugtyp gebucht. Wir landen in Frankfurt, ich treffe den Chef, ein Mietwagen bringt uns ans Ziel. Die Besprechung ist wichtig und dauert daher länger. Statt wie geplant um 16.40 Uhr kann ich erst um 18 Uhr zurückfliegen. Das würde nicht weiter schlimm sein, wäre da nicht der gleiche alte Flugzeugtyp wie heute Morgen. Ich kann nur hoffen, dass sich die Turbulenzen mittlerweile verzogen haben. Dies ist der Fall, der Rückflug verläuft ruhig, ich bin erleichtert.

Die Woche ist fast um, eine Antwort aus Stuttgart steht noch aus. Seit drei Monaten bewerbe ich mich nun in Deutschland. Einen Durchbruch konnte ich noch nicht erzielen.

Donnerstag, 22. Dezember. Heute ist der letzte Tag vor unserer Abreise nach Frankreich. Das weiß auch der Personalleiter, auf dessen Rückruf ich warte. Er müsste also im Laufe des Tages anrufen. Die Spannung steigt! Sollten wir heute eine positive Antwort erhalten, würde dies unser Leben wieder einmal grundlegend verändern. Der Vormittag vergeht, das

Telefon bleibt stumm. Gegen Mittag klingelt es! Ich nehme den Hörer ab, bin aufgeregt, hoffe, dass sich auch wirklich derjenige meldet, den ich erwarte. Er ist am anderen Ende der Leitung! Dann geht alles sehr schnell. Man habe sich für mich entschieden. Sollte ich an der ausgeschriebenen Position eines Exportmanagers noch immer Interesse haben, würde mir der Arbeitsvertrag zugeschickt. Ich bestätige mein Interesse. Sobald ich den Vertrag erhalten habe, werde ich mein aktuelles Arbeitsverhältnis mit einer Frist von einem Monat kündigen. Arbeitsbeginn wäre der 01. Februar 1989. Ich lege den Hörer auf und kann mein Glück noch gar nicht fassen. Es ist also wahr! Es ist wirklich wahr! Man hat sich für mich entschieden! Ich werde den Arbeitsvertrag bekommen! Wir sind überglücklich. Unsere kleine Tochter ist wohl in diesem Moment die einzige Person im Haus, die von diesem bedeutenden Augenblick nichts mitbekommt. Sie ist noch viel zu klein, um zu verstehen, dass unser Leben in diesem Augenblick wieder einmal eine ganz bestimmte Richtung eingeschlagen hat. Am Nachmittag unternehme ich mit Rebecca in der Babytrage einen Spaziergang durch Melbourne. Die erste Freude über den Erfolg ist verflogen, nun kommt doch so etwas wie Abschiedswehmut auf. Jetzt ist es also gewiss. Schon in ein paar Wochen werden wir diesen Ort, diese Gegend, dieses Land verlassen. Vier Jahre waren wir in Großbritannien. Während dieser Zeit wurde Derbyshire zur zweiten Heimat. Nun werden wir das alles wieder verlassen. Doch wir haben die Entscheidung, nach Deutschland zurückzukehren, aus freien Stücken getroffen, keiner hat uns dazu gezwungen. Es ist ein grauer, windiger Nachmittag, Rebecca schläft in der Babytrage. Ich laufe hinunter zum Pond (Weiher). Während des Sommers kamen wir oft hierher, setzten uns auf eine Bank, genossen die Beschaulichkeit dieses Ortes, sahen den Enten zu. Dann lenke ich meine Schritte zur kleinen Dorfklinik, in der wir zusammen

mit anderen werdenden Eltern an einem Schwangerschafts-
kurs teilnahmen. Während des Spaziergangs erinnere ich mich
an all die schönen Stunden, die wir in Melbourne verbracht
haben. Ich freue mich auf das Neue, doch der Abschied fällt
schwerer als gedacht.

Am Freitag, dem 23. Dezember, reisen wir nach Paris. Ein
Arbeitskollege und dessen Frau, ebenfalls eine Französin, begleiten uns. Beide wollen Weihnachten wie wir im Kreis der
Familie verbringen. Nach den Feiertagen teilen wir meinen
Schwiegereltern die große Neuigkeit mit. Sie freuen sich sehr,
denn für sie wird es wesentlich einfacher sein, uns in Deutschland zu besuchen, als in Großbritannien. Vor allem jetzt, wo
wir ein Kind haben, möchten sie öfter zu uns kommen, um
ihre Enkeltochter zu sehen. Auf die Neuigkeit müssen wir an-
stoßen. Die Sektkorken knallen, die Gläser klingen. Auf eine
erfolgreiche Zukunft!

Ich bleibe nur über die Weihnachtsfeiertage in Frankreich,
denn ab dem 03. Januar muss ich wieder arbeiten. Zudem
erwarte ich den neuen Arbeitsvertrag. Sobald dieser unterschrieben ist, muss ich umgehend kündigen, um am 01. Februar frei zu sein. Marie und Rebecca werden am 06. Januar
zurückkehren. Silvester bin ich bei Irene und John eingeladen.
Mein letztes Jahresende im Vereinigten Königreich! Zur Sil-
vesterparty kommen auch Freunde und Nachbarn. Es wird
ein wunderbarer Abend mit kaltem Buffet, Kuchen und Irenes
herrlichen, selbstgemachten Pralinen. Ich behalte die Neuigkeit
noch bis kurz nach Mitternacht für mich. Erst als alle Gäste
gegangen sind, teile ich Irene und John die anstehende Veränderung mit. Sie sind natürlich sehr überrascht, freuen sich aber
für uns, bedauern jedoch, dass wir nun schon bald so weit von
ihnen entfernt sein werden. Dann ist es nicht mehr möglich,

kurzfristig mal schnell auf eine »Cup of Tea« vorbeizukommen, um sich zu unterhalten.

Am Sonntag, dem 01. Januar 1989, will ich mich von der Landschaft verabschieden, die mir vier Jahre lang Heimat war. Ich fahre nach Blackbrook, werfe noch einmal einen Blick auf das Haus, in dem wir 1987 einen Sommer lang sehr glücklich waren, laufe den Feldweg hinter dem Garten entlang, betrachte die Landschaft und kann mich nur schwer einer zunehmenden Melancholie erwehren. Nächstes Ziel ist Matlock Bath. An Sonntagnachmittagen kamen wir oft hierher, bummelten entspannt die Hauptstraße entlang, sahen uns die Schaufenster an und ließen in einem Café die Seele baumeln. Das waren erholsame Nachmittage. An Matlock Bath werde ich mich immer angenehm erinnern. Auf der Weiterfahrt nach Chatsworth House halte ich an einem Gasthaus an und kehre ein. Nach dem Abstecher zu dem bekannten Herrenhaus geht es über Bakewell nach Buxton. Entlang der Strecke passiere ich Orte, an denen wir mit Freunden sorgenfreie Stunden verbrachten. Erinnerungen, die ich für immer in meinem Gedächtnis bewahren werde. Im Kursaal von Buxton findet an diesem Nachmittag eine Antiquitätenausstellung statt. Ich würde gerne ein kleines Souvenir erstehen, finde jedoch nichts Passendes in meiner Preisklasse. Auf dem Rückweg schaue ich noch bei Nancy und Wilfried auf dem Mount Pleasant in Belper vorbei. Auch für das kinderlose Ehepaar waren wir während der letzten Jahre wie eigene Kinder. Ich glaube, es war vor allem die Freundschaft und Herzlichkeit all der Menschen, die wir in Großbritannien zu unserem engsten Freundeskreis zählen durften, die ausschlaggebend dafür waren, dass wir uns hier so wohl gefühlt haben und fast nie Heimweh hatten. Auch die Tür von Nancy und Wilfried stand uns immer offen, gleich einem Elternhaus. Wie Irene und John, so freuen sich natürlich auch diese beiden über unseren Erfolg, sind jedoch ebenso traurig darüber, dass wir nun schon bald weggehen werden.

Montag, der 02. Januar, ist ein sogenannter »Bank Holiday« (Feiertag) in Großbritannien. Ich beginne mit dem Packen. Der Arbeitsvertrag aus Deutschland ist angekommen, ich werde ihn morgen unterschrieben zurückschicken. Die Kündigung ist verfasst und wird ebenfalls morgen abgegeben. Sie kommt für meinen Chef überraschend, doch er versteht und respektiert meine Entscheidung und wünscht mir alles Gute. Er hätte mich gerne behalten, könne mir jedoch aktuell keine höhere Position anbieten. Während der letzten Jahre konnte ich viel lernen und wertvolle Erfahrung sammeln, dafür bin ich ihm sehr dankbar. Es gab berufliche Höhen und Tiefen, Tage des Erfolgs, aber auch der Frustration. Trotzdem bleibt diese Zeit für immer ein Teil meiner beruflichen Vergangenheit, die mich persönlich geprägt hat. Bleibt nur zu hoffen, dass die Entscheidung, den Job zu wechseln, die richtige war und ich im neuen Unternehmen die Aufgabe finden werde, die ich mir vorstelle. Ein Stellenwechsel ist immer riskant, dessen bin ich mir bewusst. Die Entscheidung, ins Ausland zu gehen, war ebenfalls riskant. Jetzt, nachdem wir wissen, wie erfolgreich alles verlaufen ist, sind wir froh, dieses Risiko eingegangen zu sein. Warum sollte die Rückkehr ins eigene Land nicht ebenso erfolgreich verlaufen? Wir sind guten Mutes und haben keine Angst.

Am Freitag, dem 06. Januar, kehren Marie und Rebecca aus Frankreich zurück. Ich hole sie vom Flughafen ab. Schon von weitem erkenne ich die starken Scheinwerfer der Maschine am dunklen Himmel, bevor diese zur Landung ansetzt. Ein Gefühl der Erleichterung macht sich breit, alles ist wieder einmal gut gegangen, meine beiden Frauen sind sicher gelandet. Ich freue mich sehr auf das Wiedersehen, eine Woche kann ganz schön lang sein. Rebecca hat sich bestimmt wieder etwas verändert.

Die nächsten Wochen verbringen wir mit dem Verpacken unserer Habseligkeiten. Die Zeit vergeht ziemlich schnell, wir haben alle Hände voll zu tun. Jeden Abend nach der Arbeit verbringe ich einige Stunden mit Packen. Wir verstauen alles in Kisten und Kartons, bauen die Möbel ab und platzieren das Ganze in der großen Doppelgarage. Dort lässt sich unser gesamtes Hab und Gut bereits so aufstellen, dass es am Tag des Umzugs leicht und schnell auf den Lkw geladen werden kann. Da wieder einmal Grenzen überschritten werden, sind alle Kisten und Kartons zu nummerieren und eine detaillierte zweisprachige Liste über deren Inhalt sowie aller Möbelstücke ist anzufertigen.

Ich bitte meinen Chef um ein Arbeitszeugnis. Wie schon bei meinen vorherigen britischen Arbeitgebern, so ist auch mein aktueller Vorgesetzter über diesen Wunsch erstaunt. Es scheint hier nicht üblich zu sein, ein Arbeitszeugnis ausgestellt zu bekommen. Eher ist es die Regel, dass der neue Arbeitgeber beim vorherigen anruft, um sich telefonisch zu informieren. Da es aber in meiner Heimat nun mal anders ist, tut er mir den Gefallen. Das Zeugnis fällt sehr gut aus! Damit kann ich mich überall sehen lassen. Ich bin äußerst zufrieden.

Offiziell trete ich die neue Stelle am 01. Februar an. Doch mein neuer Arbeitgeber fragte an, ob ich nicht bereits in der letzten Januarwoche auf einer Handelsmesse in Köln zugegen sein könnte, um dort wichtige ausländische Kunden zu treffen. Ich spreche mit meinem Chef über die Möglichkeit einer vorzeitigen Freistellung, er hat nichts dagegen.

Eines Abends klingelt das Telefon. Am anderen Ende der Leitung meldet sich der Kollege, dessen Haus wir aktuell mieten, um die Übergabe zu besprechen. Wir planen Ende Januar auszuziehen, Marie und Rebecca würden danach noch zwei Wochen bei Freunden in Derby bleiben. Der Kollege hätte natürlich gerne für die restlichen Monate bis zu seiner Rückkehr jemanden im Haus. Da trifft es sich gut, dass eine Kollegin gerade ein zeitlich begrenztes Mietobjekt sucht. Ich stelle den Kontakt her und schon bald sind sich beide Parteien einig. Somit ist auch dieses Problem zur Zufriedenheit aller gelöst.

Nun wird es ernst! Unser Hab und Gut ist verpackt, eine Transportfirma aus Derby wird alles am 24. Januar abholen. An der Küste wird das Ganze dann auf ein Fährschiff verladen, auf dem Kontinent von einem deutschen Transportunternehmen übernommen und weiter an den Bestimmungsort gebracht. Da wir aktuell am neuen Standort noch keine Wohnung haben, werden unsere Habseligkeiten dort erst einmal bei einer lokalen Spedition eingelagert. Jetzt heißt es Abschied zu nehmen. Am Samstag, dem 21. Januar, laden wir Irene und John zum Essen in ein feines Restaurant in Derby ein. Es wird ein sehr schöner Abend. Marie kann mit Rebecca nach meiner Abreise noch für knapp zwei Wochen bei ihnen bleiben, bis sie am Freitag, dem 03. Februar, nachkommen werden. Am Sonntag, dem 22. Januar, nehmen wir Abschied von Nancy und Wilfried. Sie haben uns zum Essen zu sich nach Hause eingeladen. Nancy hat wie immer sehr gut gekocht. Als Vorspeise gibt es eine halbe Melone mit Cherry, als Hauptgericht ein wunderbares Steak mit Gemüse, und als Nachtisch Eis und Trifle (Süßspeise aus Biskuit, Früchten und Sahne). Was bei Irene die Pralinen sind, ist bei Nancy das Trifle. Jeder Abschied fällt schwer, so auch hier und heute. Aber wir trösten uns damit, dass wir uns schon bald wiedersehen. Sie können uns besuchen und den Schwarzwald kennenlernen.

Am Montag, dem 23. Januar, sind wir tatsächlich mit dem Packen fertig! Alle Kisten und Kartons sind nummeriert, verschnürt, der Inhalt sorgfältig aufgelistet. Rebecca, sechs Monate alt, scheint unsere Anspannung zu spüren, sie ist unruhig. Am Dienstag fährt wie vereinbart gegen 10 Uhr der Möbelwagen vor. Schnell ist alles aufgeladen, der Lkw startet, unser Hab und Gut befindet sich ab diesem Zeitpunkt bereits auf der Reise. Ich fahre ins Büro, heute ist mein letzter Arbeitstag. Morgen werde ich mit meinem Chef zu einem Besprechungstermin nach Frankfurt fliegen und dort ein letztes Mal für ihn übersetzen. Danach endet meine Tätigkeit für dieses Unternehmen und ich werde am Nachmittag von Frankfurt aus mit dem Zug zur Möbelmesse nach Köln fahren, um dort den Dienst bei meinem neuen Arbeitgeber anzutreten. Im Büro verabschiede ich mich von den Kolleginnen und Kollegen, Adressen werden ausgetauscht, man verspricht sich zu schreiben, vielleicht einmal zu besuchen, auf jeden Fall in Kontakt zu bleiben. Am späten Nachmittag werde ich offiziell verabschiedet, erhalte viele Geschenke, sehr schöne Souvenirs aus der Umgebung von Derby, darunter ein Buch über Derbyshire, Porzellan aus dem benachbarten Staffordshire und eine wunderbare Tischdecke aus Spitze aus Nottingham.

Am Mittwoch stehe ich zeitig auf, denn um 6 Uhr wird mich ein Kollege abholen und nach Birmingham zum Flughafen fahren. Ich steige in den Wagen, lege den Sicherheitsgurt an und blicke ein letztes Mal auf das Haus, in dem wir ein Jahr gelebt haben und Rebecca die ersten sechs Monate ihres Lebens verbrachte. Dann biegen wir um die Ecke, verlassen das Wohnviertel, durchqueren Melbourne, dessen Bewohner noch schlafen, und sind kurz darauf auf der Hauptstraße nach Birmingham. Es wird hell. Ein letztes Mal bin ich auf dieser Strecke unterwegs. Wie oft habe ich sie in den vergangenen Jahren befahren, um Kunden oder Geschäftspartner vom Flughafen abzuholen oder dorthin zurückzubringen. Es gibt immer ein erstes und ein letztes Mal. Dies hier ist nun das letzte Mal! Die Maschine nach Frankfurt setzt sich pünktlich um 8.30 Uhr in Bewegung. Langsam rollen wir hinaus zur Startbahn, der Pilot gibt Schub, die Triebwerke beschleunigen, dann heben wir ab. In diesem Augenblick verlasse ich Großbritannien. Vier Jahre lang war dieses Land, das jetzt unter mir zurückbleibt, auch für mich Heimat gewesen. Unsere erste Tochter kam hier zur Welt, wir fanden Freunde. Wann werde ich das nächste Mal hierher zurückkommen? Was erwartet mich dort vorne in der Zukunft? Ich blicke aus dem Fenster, sehe hinunter auf das Land, die von Hecken umrandeten Wiesen und Weiden, die Bäume, Straßen und Häuser. Jetzt, wo ich dieses Land verlasse, verspüre ich tatsächlich Heimweh! Hatte ich vor ein paar Monaten noch gedacht, es werde so einfach sein, diese Gegend wieder zu verlassen, um Neues zu beginnen, so sehe ich mich nun getäuscht. In diesem Augenblick macht es mir wirklich etwas aus, das hier alles aufzugeben. Ich tröste mich mit dem Gedanken, so oft ich kann hierher zurückzukehren, um Freunde zu besuchen, in Derbyshire zu wandern, einfach nur um wieder hier zu sein. Das Land unter mir verschwindet im Dunst der Wolken, die wir jetzt durchfliegen. Über der Wolkendecke strahlt ein tiefblauer Himmel. »Goodbye Great Britain«, es war eine ganz besondere Zeit, ich werde sie nie vergessen!

Rückkehr von Großbritannien nach Deutschland

Der Flug dauert rund 90 Minuten. Er bringt mich von der neuen Heimat zurück in die alte, die nun wieder Heimat werden soll. Landung in Frankfurt, Fahrt zum heutigen Gesprächstermin, Rückkehr zum Flughafen. Dort heißt es dann endgültig Abschied zu nehmen von meinem Chef und dem Kollegen, der bei dem heutigen Gespräch ebenfalls mit dabei war. Hier trennen sich nun unsere Wege. Während die beiden nach Großbritannien zurückkehren, nehme ich den Zug nach Köln. Wir geben uns die Hand, sie wünschen mir alles Gute und betreten die Rolltreppe. Ich sehe ihnen nach, bis sie meinem Blickfeld entschwinden. Dieser Augenblick ist nun wirklich der endgültige Abschluss meines vierjährigen Auslandsabenteuers, das am 11. März 1985 mit der Landung in Harwich begann und heute, am 25. Januar 1989, auf dem Flughafen von Frankfurt am Main endet.

Eigentlich wäre die Geschichte hier zu Ende. Sie konnten als Leser miterleben, wie ich auszog, um in Großbritannien mein Glück zu suchen, es fand, wie es mir dort vier Jahre lang erging und wie ich jetzt wieder nach Deutschland zurückgekehrt bin. Doch die Rückkehr in die alte Heimat entpuppte sich alles andere als einfach! Um Sie auch an diesem schwierigen Prozess teilhaben zu lassen, will ich fortfahren, über die Ereignisse des Jahres 1989 zu berichten, dem Jahr, in dem wir versuchten, nach vier erfolgreichen Jahren im Ausland, nun wieder in Deutschland Fuß zu fassen.

Nachdem die beiden britischen Kollegen über die Rolltreppe entschwunden sind, wende ich mich dem Bahnhof zu. Ein ICE bringt mich nach Köln, ein Taxi weiter zum Hotel. An diesem Abend gehe ich früh zu Bett, denn erstens bin ich sehr müde, und zweitens möchte ich morgen fit und ausgeruht sein.

Beim Frühstück treffe ich die ersten neuen Arbeitskollegen, mit denen ich anschließend zum Messegelände fahre. Der Stand meines zukünftigen Arbeitgebers ist beeindruckend! Die Veranstaltung läuft bereits seit einigen Tagen. Für mich ist heute der erste Tag, die Kollegen sind schon länger im Einsatz. Ich kenne natürlich so gut wie niemanden. In der Menge entdecke ich den Vertriebsleiter, der mir vom Vorstellungsgespräch her bekannt ist. Er wird mein neuer Chef. Ich gehe auf ihn zu und begrüße ihn. Er heißt mich freundlich willkommen, scheint aber in Eile zu sein. Ich höre ihn noch sagen, »unterstützen Sie die Exportsekretärin«, dann ist er auch schon wieder weg. Während des Gesprächs im Dezember konnte ich die Sekretärin der Exportabteilung kurz kennenlernen, also mache ich mich auf die Suche. Mein neuer Arbeitgeber ist ein mittelständisches Unternehmen. Den Firmeninhaber hatte ich während des Vorstellungsgesprächs ebenfalls getroffen. Auch er begrüßt mich freundlich, hat aber nur wenig Zeit. Ich suche weiter nach der Exportsekretärin, werde fündig und biete meine Hilfe an. Normalerweise besucht sie keine Messen. Da der vorherige Exportmanager das Unternehmen jedoch erst vor kurzem verlassen hat, sprang sie ein. Eigentlich habe ich mir den ersten Tag im neuen Unternehmen etwas anders vorgestellt. Immerhin zeigte man während des Vorstellungsgesprächs großes Interesse an meinem Studium plus mehrjährigem Auslandsaufenthalt. Da nimmt man doch an, am ersten Tag den neuen Kollegen und Geschäftspartnern offiziell vorgestellt zu werden. Doch nichts dergleichen geschieht. Ich nehme mir vor, die nächsten Tage engagiert zu nutzen, mich selbst vorzustellen, aktiv mitzuhelfen, die neuen Produkte kennenzulernen, einen guten Eindruck zu machen. Insgesamt werde ich vier Tage auf der Möbelmesse in Köln verbringen. Ein mulmiges Gefühl lässt sich aber nicht verleugnen. Während man mich mit dem Argument, ich könne auf der Messe die wichtigsten ausländischen Kunden und Geschäftspartner kennenlernen, bereits eine Woche vor dem offiziellen Arbeitsbeginn auf dem Messestand haben wollte, muss ich nun mit Erstaunen feststellen, dass die Tochter des Firmeninhabers mit genau diesem Personenkreis Gespräche führt und bei Bedarf übersetzt. Sie habe Betriebswirtschaftslehre studiert und spreche mehrere Fremdsprachen. Ich hingegen werde nicht einmal vorgestellt. Das finde ich äußerst merkwürdig!

Am Samstagabend lädt die Firmenleitung alle auf der Messe anwesenden Mitarbeiter zu einem gemeinsamen Essen ein. Im Anschluss hält der Firmenchef eine Rede und lobt dabei auch die Leistung der Exportsekretärin, die kurzfristig eingesprungen war, die Abteilung zu unterstützen. Mich erwähnt er mit keinem Wort. Wäre doch die beste Gelegenheit gewesen, einen neuen Mitarbeiter vorzustellen. Warum tut er das nicht? Mir fällt im Moment keine passende Antwort ein. Noch vor ein paar Wochen ließ man mich wissen, dass ich aus mehreren qualifizierten Mitbewerbern ausgewählt wurde. Nun bin ich seit vier Tagen hier, werde kaum beachtet, geschweige denn vorgestellt. Da stimmt doch etwas nicht!

Am Sonntag ist letzter Messetag sowie Tag der offenen Tür für jedermann, also nicht nur für das Fachpublikum. Ich mache mich nützlich, unterstütze, wo ich kann. Am Abend fahre ich mit einem Kollegen in die kleine Stadt am Rande des Schwarzwaldes, die nun unser neues Zuhause werden soll. Gegen 21 Uhr kommen wir dort an. Mich fröstelt. Habe ich mich erkältet? Wie schnell kann man sich in Messehallen Viren einfangen. Im Hotelzimmer nehme ich sofort eine heiße Dusche und gehe zu Bett. Schon bald schwitze ich sehr stark. Hoffentlich ist das nichts Ernstes! Das wäre kein guter Start in einen neuen Lebensabschnitt. Am nächsten Morgen fühle ich mich zwar nicht völlig gesund, will aber meinen ersten Arbeitstag am Standort nicht gleich mit einer Krankmeldung beginnen. Ich gehe ins Büro, die Exportsekretärin ist abwesend, sie ist krankgeschrieben! Von der Personalabteilung erhalte ich einen detaillierten Einarbeitungsplan für die nächsten zwei Monate. Daraus ist ersichtlich, dass ich alle Abteilungen durchlaufen und das Unternehmen intensiv kennenlernen werde. Der Personalleiter versichert mir, dass ich gründlichst eingearbeitet werde. Mein Vorgänger war älter als ich. Diesmal habe man sich aber ganz bewusst für einen jüngeren Kandidaten entschieden, den man gründlich einarbeiten und aufbauen wolle. Der Einarbeitungsplan scheint das zu bestätigen.

Während der ersten Februarwoche beginne ich mit der Wohnungssuche. Hier etwas Passendes zu finden werde nicht einfach sein, ließ man mich bereits wissen. Je früher ich mit der Suche beginne, desto besser! Zuerst einmal gilt es eine provisorische Unterkunft zu finden, die auch für meine kleine Familie geeignet ist. Da ich noch kein eigenes Fahrzeug besitze, darf ich am Abend einen Firmenwagen nutzen, um durch die umliegenden Ortschaften zu fahren und mich umzuschauen. In einigen Gasthöfen wären auch Zimmer für einen längeren Zeitraum zu haben, die jedoch sehr klein sind und keine Kochgelegenheit aufweisen. Ein Kollege gibt mir den Tipp, nach einer Ferienwohnung zu suchen. Das mache ich dann auch, sehe mir eine an und kann diese sogar zu einem recht günstigen Preis für die nächsten Wochen anmieten. Sie hat vier Zimmer, Küche, Bad, ist voll möbliert, sogar ein Kinderbett ist vorhanden. Die erste Hürde wäre genommen.

Am Freitag, dem 03. Februar, hole ich meine »beiden Frauen« vom Stuttgarter Flughafen ab. Gut, dass ich einen Firmenwagen nutzen kann. Rebecca ist jetzt sechs Monate alt und ich möchte keinen Tag ihrer Entwicklung versäumen. Sie war der Hauptgrund, warum wir den Umzug schnellstmöglich durchführen wollten. An diesem Abend sind wir drei nun wieder vereint. Vorerst haben wir eine provisorische Bleibe, jetzt müssen wir nur noch eine passende Wohnung finden. Doch das wird immer problematischer. Wen ich auch frage, die Antworten sind alles andere als ermutigend. Mit Wohnungen sehe es sehr schlecht aus, es gebe so gut wie nichts. Die Anzeigen in der Zeitung sind äußerst dürftig! Manchmal ist gar nichts dabei, hin und wieder gibt es zumindest ein paar Angebote. Ich entdecke einige und will mir die Wohnungen ansehen. Dazu machen wir uns am Samstagmorgen auf den Weg. Natürlich sind wir nicht die einzigen Interessenten, bei dem geringen Angebot sind viele Suchende unterwegs. Wir sehen uns zwei Mietobjekte an und hinterlassen Namen und Adresse. Man werde uns anrufen. So richtig glaube ich nicht daran, denn die Anzahl der Interessenten ist groß. Mehr können wir an diesem Tag nicht erreichen. Aber ich bleibe am Ball. Es muss doch noch andere Wege geben, um an Adressen zu kommen. Während der nächsten Tage rufe ich Immobilienmakler im näheren Umkreis an, Gemeindeverwaltungen, Zeitungen sowie die Immobilienabteilungen lokaler Sparkassen. Irgendwo muss es in dieser Gegend doch auch für uns eine passende Wohnung geben. Der Personalleiter informiert mich, dass ein Freund des Firmeninhabers eine Wohnung zu vermieten hätte. Sie sei noch im Rohbau, könne aber in ein bis zwei Monaten bezogen werden. Ich setze mich sofort mit diesem Mann in Verbindung. Doch der scheint sich nicht entscheiden zu können, an wen er nun letztendlich vermieten möchte. Interessenten gebe es viele! Ich merke schon, dass das hier kein Selbstläufer werden wird.

Man sollte sich nicht zu sehr auf andere verlassen, sondern vorwiegend auf sich selbst. Damit bin ich bisher immer gut gefahren. Also rufe ich weiter alle möglichen Stellen an, um vielleicht irgendwann einmal Glück zu haben.

Beruflich arbeite ich mich ein, lerne die Produkte und Organisationsstruktur kennen, passe mich der neuen Arbeitswelt an. Das alles läuft aber nicht immer so reibungslos ab, wie man das gerne hätte. Intrigen, Vorurteile und Neid spielen dabei eine größere Rolle, als man denkt. Zumindest verläuft die Einarbeitung äußerst professionell.

Bei der Wohnungssuche lasse ich nicht locker und telefoniere überall herum. Endlich treffe ich gleich zweimal ins Schwarze. Den ersten Treffer lande ich bei einer Bank im Nachbarort. Dort werde ein neues Haus gebaut, in dem noch Wohnungen zu vermieten seien. Ich erhalte Name und Telefonnummer des Bauherrn und rufe ihn an. Die Information wird bestätigt, eine Dreizimmerwohnung sei noch verfügbar. Ich verabrede einen Besichtigungstermin. Den zweiten Treffer lande ich dann gleich beim nächsten Anruf in der Immobilienabteilung einer örtlichen Bank. Ein Reihenhaus sei zu vermieten. Der Hauseigentümer, ein Kunde der Bank, habe diese erst heute Morgen darüber informiert, dass er das Haus vermieten wolle. Was für ein Glück, dass ich gerade jetzt anrufe. Das Objekt ist praktisch noch gar nicht auf dem Markt, niemand außer mir weiß also Bescheid. Ich erhalte Name und Telefonnummer des Vermieters, rufe sofort an und verabrede auch mit ihm einen Besichtigungstermin. Der Frust von drei Wochen vergeblicher Wohnungssuche ist plötzlich wie weggeblasen.

Tags darauf sehen wir uns die Dreizimmerwohnung an. Sie ist geräumig, hat aber den Nachteil, dass sie sich noch im Rohbau befindet und erst in drei bis vier Monaten bezugsfertig sein wird. Der Mietpreis liegt bei 780 DM pro Monat kalt. Der Bauherr notiert sich unsere Namen und Telefonnummer. Am Freitagabend sehen wir uns dann das Reihenhaus an. Der Mietpreis liegt hier bei 1100 DM pro Monat kalt, also ein ganzes Stück über dem der Wohnung. Dafür würden wir aber auch mehr bekommen. Das Haus hat vier Zimmer, einen Garten und eine Garage. Der Mietpreis liegt zwar am oberen Ende dessen, was wir uns leisten können, wäre aber finanzierbar. Zum 01. April könnten wir einziehen, das käme uns natürlich sehr gelegen. In fünf Wochen hätten wir dann bereits unsere eigenen vier Wände. Zudem müssten wir keine Maklerprovision zahlen, denn die Hausbank des Vermieters verlangt keine Provision. Das ist natürlich ein großer Vorteil, denn Makler in dieser Gegend nehmen bis zu 2,5 Monatsmieten. Der Garten wäre ideal für unsere kleine Tochter, das Stadtzentrum ist in wenigen Minuten zu Fuß erreichbar und doch liegt das Haus am Stadtrand in ruhiger Wohnlage. Der Hausbesitzer ist freundlich, wir haben einen guten Eindruck von ihm und er sicher auch von uns. Wenn wir das Haus wollen, müssen wir jetzt schnell zugreifen. Kommt es erst einmal auf den Markt, werden sicher weitere Interessenten auftauchen. Aktuell sind wir die ersten und einzigen, die dieses Mietobjekt kennen. Wir haben das Haus sofort ins Herz geschlossen. Es ist zwar teuer, wäre aber ein schönes und sicheres Zuhause. Wir greifen zu und vereinbaren den Abschluss des Mietvertrags für die nächste Woche.

An diesem Abend sind wir überglücklich! Wir haben tatsächlich ein ganzes Haus mit Garten gefunden. Das Erfolgserlebnis hebt die Stimmung. Um sie war es in letzter Zeit nicht so gut bestellt gewesen. Wir hatten uns die Rückkehr nach Deutschland immer leicht vorgestellt. Doch jetzt müssen wir feststellen, dass wir nach vier Jahren in Großbritannien tiefere Wurzeln geschlagen haben, als bisher angenommen. Auch wir haben uns verändert, haben andere Praktiken und Denkweisen übernommen, ein anderes System akzeptiert. Wir müssen uns nun wieder an eine neue Währung gewöhnen, den Rechtsverkehr, irgendwie auch an eine andere Mentalität. Großbritannien fehlt uns! Wir verspüren immer öfter Heimweh, vermissen vor allem unsere Freunde. Wir hatten nicht damit gerechnet, nach der Rückkehr solch starke Gefühle zu empfinden. Zum Glück haben wir unsere kleine Tochter. Sie ist jetzt knapp sieben Monate alt und entwickelt sich prächtig. Doch nun, da wir schon bald wieder in unseren eigenen vier Wänden werden leben können, verebbt das Heimweh, sehen wir die Lage wieder positiver.

Mit meinem direkten Vorgesetzten gab es weder ein persönliches Gespräch, noch erhielt ich von ihm interne Informationen. Bisher traf ich ihn nur bei zwei Gelegenheiten, das erste Mal während des Vorstellungsgesprächs und das zweite Mal auf dem Messestand. Der Grund dafür wird wohl in der Einarbeitungsphase liegen. Eine interne Information lässt mich dann aber aufhorchen. In Kürze werde die Tochter des Firmeninhabers ins Unternehmen eintreten. In welchem Bereich wird sie dann wohl tätig sein? In der Geschäftsführung? Im Marketing? In der Betreuung von Auslandsmärkten?

Mitte Februar reise ich vier Tage lang mit dem zweiten Exportmanager durch Holland und besuche zusammen mit ihm dessen Kunden. Dabei lerne ich seinen Verantwortungsbereich kennen, kann mich intensiv mit dem Produkt beschäftigen, nehme an Verkaufsgesprächen teil, lerne die Vertriebspolitik kennen und noch weitere wichtige Details. Zurück im Büro, bittet mich der Personalleiter zu einem Gespräch und erklärt, dass ich als Exportmanager einen großen Karriereschritt machen würde. Das bedeute aber auch Risiken und Gefahren, deren ich mir bewusst sein müsse.

Am Freitagabend, dem 24. Februar, unterzeichne ich den Mietvertrag für das Reihenhaus. Er hat eine Laufzeit von drei Jahren und kann danach verlängert werden. Wir haben es tatsächlich geschafft! Trotz der angespannten Situation auf dem Wohnungsmarkt konnten wir nach nur vier Wochen intensiver Suche ein schönes Zuhause finden und müssen nicht einmal eine Maklergebühr bezahlen! In fünf Wochen können wir einziehen. Dann werden wir endlich wieder ein eigenes Zuhause haben. All die vertrauten persönlichen Dinge wieder um sich zu haben, das ist es, was uns fehlte. Wir freuen uns riesig über das Haus! So richtig können wir es noch gar nicht fassen, dass wir es wirklich bekommen haben. Die Erfolgsgeschichte scheint auch in Deutschland weiterzugehen.

Misserfolg, Scheitern in Deutschland

Wer viel riskiert, der kann auch tief fallen! Noch sind wir auf Erfolgskurs. Eine neue Woche beginnt, die sechste in diesem Unternehmen. Gemäß Einarbeitungsplan bin ich heute im Einkauf. Der Abteilungsleiter führt mich durch das Rohstofflager, erklärt dessen Struktur und zeigt mir verschiedene Materialien.

Am Dienstag, dem 28. Februar, bin ich nochmals im Einkauf. Ein Mitarbeiter erklärt mir gerade verschiedene Materialgruppen, da klingelt das Telefon. Der Anruf ist für mich, der Vertriebsleiter möchte mich sprechen. Endlich bahnt sich das Gespräch an, das schon längst hätte stattfinden sollen. Im Vorzimmer muss ich kurz warten, dann bittet mich mein neuer Vorgesetzter am Besprechungstisch Platz zu nehmen. Wir sitzen uns gegenüber, er vermeidet direkten Blickkontakt. Ich fühle sofort, dass etwas nicht stimmt! Er kommt auch gleich zur Sache. Da ich nicht über ausreichende Erfahrung im Exportgeschäft verfüge, erscheine ihm die weitere Einarbeitung als zu aufwändig. Er bräuchte jemanden, der sofort die Position des Exportmanagers ausfüllen könne. Ich bin total vor den Kopf gestoßen! Dieser Mann behauptet jetzt genau das Gegenteil von dem, was im Vorstellungsgespräch abgeklärt wurde und der Personalleiter bisher immer betont hatte. Man habe sich diesmal bewusst für einen jungen und daher noch relativ unerfahrenen Bewerber entschieden, den man gründlichst einarbeiten wolle. Jetzt, so scheint es, hätte man doch gerne einen erfahrenen Mitarbeiter. Warum dieser plötzliche Meinungsumschwung? An mangelndem Interesse und Einsatz meinerseits kann es jedenfalls nicht liegen. Ich will einen plausiblen Grund wissen! Warum sollte ich nun auf einmal nicht mehr für diese Position geeignet sein, wo ich doch noch nicht einmal richtig beweisen konnte, ob ich dieser Aufgabe gewachsen bin? Er weicht aus, nennt keinen Grund. Wie kann dieser Mann auch ein Urteil über jemanden abgeben, den er noch nicht einmal richtig kennt? Ich versuche weiter einen Grund für den Meinungsumschwung zu erfahren. Doch entweder will er sich dazu nicht äußern, oder es gibt keinen. Er verweist nur immer wieder auf die fehlende Erfahrung. Da ich mich laut Arbeitsvertrag in der Probezeit befinde, könne das Unternehmen das Arbeitsverhältnis ohne Angabe von Gründen mit einer Frist von einem Monat beenden. Das Gespräch dauert rund zehn Minuten, dann lässt er den Personalleiter kommen. Alle Formalitäten seien mit ihm abzuklären. Der Personalleiter ist ziemlich wortkarg, wir gehen in sein Büro. Er sei über diese Entscheidung erst gestern informiert worden, lässt er mich wissen. Ich weiß nicht so recht, ob ich ihm das glauben soll! Immerhin leitet er die Personalangelegenheiten in diesem Unternehmen und sollte bei derart drastischen Entscheidungen ein Wörtchen mitzureden haben. Auch er hat im Augenblick keine Zeit, sich ausführlicher mit mir zu unterhalten. Wir vereinbaren einen Termin für 14 Uhr. Ich versuche gefasst zu bleiben und analytisch zu denken. Vielleicht wird sich ja doch noch eine für beide Seiten akzeptable Lösung finden lassen. Eventuell kann ich wenigstens von ihm Details erfahren. Will ich mich verteidigen, brauche ich Fakten.

Ich kehre in die Abteilung zurück, in der ich heute laut Plan eingearbeitet werde. Eigentlich sollte ich hier den ganzen Tag verbringen, bleibe aber nur bis Mittag und suche danach meinen Schreibtisch auf. Das alles kommt völlig überraschend, sodass ich überhaupt keinen Plan habe, wie jetzt am besten vorzugehen wäre. Beruflich bin ich schon mit einer Vielzahl von Herausforderungen fertig geworden, wobei ich oft auch keine

Erfahrung mitbrachte. Ich hatte mich den jeweiligen Anforderungen immer gestellt und sie gemeistert. Dabei konnte ich wertvolle Erfahrung sammeln. Ich bin überzeugt, auch in diesem Unternehmen mit der nötigen Unterstützung erfolgreich tätig sein zu können. Doch diese Unterstützung, so scheint es, will man mir hier nicht geben. Ich sitze am Schreibtisch und überdenke die Situation. Während der Bewerbungsphase zeigten weitere Unternehmen im Raum Stuttgart Interesse an meinem Werdegang. Nach der Unterzeichnung des aktuellen Arbeitsvertrags ging ich dem aber nicht weiter nach. Das, so sehe ich jetzt, war ein Fehler! Diesen Unternehmen habe ich jedoch bis heute nicht abgesagt. Vielleicht ist es noch nicht zu spät! Ich sollte jetzt auf jeden Fall alle Chancen nutzen! Zudem befindet sich die Hauptverwaltung eines Unternehmens, das Koordinaten-Messmaschinen herstellt, nicht weit von hier. Da ich aufgrund meiner Tätigkeit in Großbritannien sowohl das Produkt als auch den Markt kenne, sollte ich auch dort einmal vorsprechen.

Mittlerweile ist es 14 Uhr, Zeit das Personalbüro aufzusuchen. Dort starte ich einen erneuten Versuch, den Grund darüber zu erfahren, warum mir vor nur wenigen Monaten ein Arbeitsvertrag angeboten wurde, den man jetzt nicht einhalten will. Der Personalleiter weicht aus. Er kenne selbst den wahren Grund nicht. Vielleicht, so fügt er hinzu, hätte ich sofort Kunden besuchen sollen, anstatt eingearbeitet zu werden. Das ist jetzt aber neu! Er ist es doch selbst gewesen, der meinen Einarbeitungsplan zusammengestellt hat. Und wenn dem so wäre, warum hat sich dann diesbezüglich niemand geäußert? Bis heute hat die Vertriebsleitung nicht einmal mit mir gesprochen! Bisher hieß es immer, ich werde gründlichst eingearbeitet. Der Personalleiter versteht sehr gut, dass ich einen Grund erfahren möchte. Doch er könne mir keinen nennen. Unglaublich! Eigentlich sollte ich froh sein, hier nicht länger bleiben zu müssen. Bei aller Tragik empfinde ich tatsächlich so etwas wie Erleichterung! So richtig wohl habe ich mich in diesem Unternehmen vom ersten Tag an sowieso nicht gefühlt. Einen letzten Versuch starte ich dann doch noch. Ich will wissen, welche Position die Tochter des Hauses anstrebe, wenn sie demnächst ins Unternehmen eintrete. Mein Gegenüber merkt, worauf ich abziele. Er glaube nicht, dass sie die Position des Exportmanagers anstrebe, definitiv ausschließen könne er das aber auch nicht. Wir besprechen nun die Formalitäten. Für einen Monat werde das Gehalt weiter überwiesen, den Firmenwagen könne ich ebenfalls noch solange behalten. Dadurch bleibe ich wenigstens mobil. Arbeitslosenunterstützung würde ich erhalten, die Beiträge zur Arbeitslosenversicherung in Großbritannien würden anerkannt. Die Hälfte der Umzugskosten werde erstattet. Außerdem erfolge die sofortige Freistellung. Was den Mietvertrag für das Reihenhaus beträfe, so versuche man, intern einen Nachmieter zu finden.

Ich kehre an meinen Schreibtisch zurück, packe zusammen und verlasse das Büro. An der Tür drehe ich mich noch einmal um. Doch es hat wenig Sinn zurückzublicken. Dort liegt nur Vergangenes. Ich sollte lieber nach vorne schauen, denn dort kann ich reagieren. Ich schließe die Tür hinter mir, bin sehr enttäuscht. Vor zwei Monaten schien die berufliche Rückkehr ins eigene Land zu gelingen. Jetzt habe ich alles verloren! Wie wird es weitergehen? Niemand fragte heute auch nur einmal nach meiner Frau oder unserer sieben Monate alten Tochter. Niemand zeigte auch nur das geringste Interesse daran, wie es den beiden geht. Seit drei Wochen leben wir in einer Ferienwohnung. Wir freuten uns so sehr auf den Einzug in das Reihenhaus. Daraus wird nun nichts! Ein schwerer Teil steht mir jetzt noch bevor! Wie wird Marie reagieren, wenn ich ihr nachher alles berichte? Wir haben jedoch schon so vieles durchgestanden, dass ich mir sicher bin, sie wird zwar sehr enttäuscht, aber trotzdem gefasst sein. Ich setze mich in den Wagen, fahre nach Hause und informiere meine Frau. Für sie ist es natürlich ebenfalls ein riesiger Schock! Keiner von uns hatte mit einer solchen Entwicklung gerechnet. Die Richtung, die unser Leben zu nehmen schien, ändert sich damit völlig. Dachten wir noch gestern, wir könnten die nächsten Jahre in dieser Gegend verbringen, so wissen wir heute nicht, wie alles weitergehen wird.

An diesem Abend laufe ich alleine durch den Ort und denke nach. Es ist bereits dunkel und beginnt leicht zu regnen. Warum sollte das, was mir in Großbritannien gelungen ist, nicht auch im eigenen Land möglich sein? Vielleicht könnte ich auch hier durch Eigeninitiative schnell etwas erreichen. Ich sollte in den nächsten Tagen einfach mal ein paar Firmen in der Umgebung besuchen und mich spontan vorstellen. Vor allem sollte ich aber gezielt die Unternehmen aufsuchen, die noch vor wenigen Wochen Interesse an einem Gespräch mit mir signalisiert hatten. Der Spaziergang tut gut. Ich sammle neue Kraft, Mut und Zuversicht in die eigene Stärke. Es ist eben doch das Beste, sich nicht auf andere, sondern nur auf sich selbst zu verlassen. Zuhause hat sich auch Marie vom ersten Schock erholt. Rebecca schläft, wir setzen uns ins Wohnzimmer und haben Zeit und Ruhe über alles zu sprechen. Ich erkläre meinen Plan. Schon morgen werde ich in Stuttgart bei einem der Unternehmen vorsprechen, die mich in Großbritannien kontaktiert und an einem Gespräch Interesse gezeigt hatten. Wir schöpfen wieder Hoffnung. Vielleicht geht alles schneller als gedacht.

In der Nacht wache ich auf und verspüre Angst, die durch die Dunkelheit und Stille noch verstärkt wird. Der Job ist weg, die Heimat der letzten Jahre ebenfalls, die neue Heimat ungewiss, die Freunde sind fern! Wohin sollen wir gehen? Wo werden wir leben? Wie schnell finde ich eine neue Stelle? Ich liege wach und kann nicht mehr einschlafen. In dieser Nacht treffe ich auf den absoluten Tiefpunkt meines Lebens. Ich habe viel riskiert und verloren. Waren wir am Freitagabend nach der Unterzeichnung des Mietvertrags noch ganz oben, so sind wir jetzt, nur vier Tage später, ganz unten. So schnell kann das gehen! Warum habe ich so blind vertraut? Hätten wir das Haus in Melbourne etwas länger behalten, wäre eine Rückkehr möglich gewesen. Zudem hatte ich mich im Herbst auch bei einem internationalen Konzern in den East Midlands beworben und war auf Interesse gestoßen. Doch das ist nun alles weit weg! Wir wollten das Neue zu schnell erreichen, haben verloren und müssen nun mit den Folgen zurechtkommen. Ich versuche wieder einzuschlafen, doch das gelingt nur schwer. Zu viele Gedanken schwirren mir durch den Kopf.

Mittwoch, 01. März. Strahlender Sonnenschein begrüßt den neuen Tag. Schon bei Zeiten mache ich mich auf den Weg nach Stuttgart, erreiche das Unternehmen, das ich heute besuchen will, gelange dank des damaligen Antwortschreibens problemlos am Pförtner vorbei und sitze schon wenig Minuten später im Personalbüro. Dessen Leiter ist erstaunt zu erfahren, was mir in der Zwischenzeit widerfahren ist, und rät zur Besonnenheit. Er selbst könne das Verhalten des Unternehmens nicht nachvollziehen. Dieses eine Missgeschick, so versichert er mir, verderbe noch lange nicht meinen Lebenslauf. Mit vier Jahren Auslandserfahrung hätte ich gute Chancen auf dem Arbeitsmarkt. Das Gespräch baut mich wieder auf. Ideal wäre es natürlich, wenn hier aktuell eine Position zu besetzen wäre, für die ich in Frage käme. Konkret gebe es leider keine offene Stelle, doch in näherer Zukunft wäre die Position eines

Länderreferenten sowie die eines Exportsachbearbeiters zu besetzen. Aufgrund meines bisherigen Werdegangs wolle man herausfinden, ob ich für eine der beiden Stellen geeignet wäre. Ich hatte mich bei diesem Unternehmen vor ein paar Monaten aufs Geratewohl beworben, ein konkretes Stellenangebot lag nicht vor. Nun hat sich meine Situation jedoch verändert. Ich kann nicht ein paar Wochen oder vielleicht sogar Monate warten, bis die Stellen zu besetzen sind, sondern brauche jetzt einen Job, zumindest in den nächsten drei bis vier Wochen. Der Personalleiter versteht das, greift zum Telefon und ruft den Leiter der Abteilung an, in der ein Exportsachbearbeiter gesucht wird. Man wolle zwar einen viel jüngeren Bewerber, trotzdem erklärt sich der Abteilungsleiter bereit, ein Gespräch mit mir zu führen. Das dauert eine gute Stunde, bringt wegen meines Alters nicht den gewünschten Erfolg, gibt mir jedoch viel Selbstvertrauen zurück. Der Abteilungsleiter, in dessen Bereich der Länderreferent fallen würde, sei aktuell in Urlaub. Ihn könne ich heute leider nicht sprechen. Diese Stelle wäre eher etwas für mich, meint der Personalleiter. Doch zuerst müsse ich ein Gespräch mit dem Verantwortlichen führen. In der nächsten Woche solle ich anrufen, dann könnten wir einen Gesprächstermin vereinbaren.

Spontan will ich heute noch den Hersteller von Koordinaten-Messmaschinen besuchen, dessen Hauptverwaltung nur eine gute Autostunde von Stuttgart entfernt liegt. Ich fahre los, bin guten Mutes. Meine Hoffnung endet jedoch jäh am Fabriktor. Ohne Einladungsschreiben, kein Durchkommen! Da ich dieses Unternehmen von Großbritannien aus nicht kontaktiert hatte, besitze ich auch kein solches Schreiben. Zumindest darf ich in der Personalabteilung anrufen. Doch auch das führt nicht zum Erfolg. Ich solle mich schriftlich bewerben, dann werde über eine Einladung entschieden. Der Weg war umsonst! Unverrichteter Dinge muss ich abziehen. Auf der Rückfahrt sinkt meine Stimmung. Die Euphorie von heute Morgen ist verflogen. So einfach wie in Großbritannien wird es in Deutschland nicht laufen.

Am Abend rufe ich meine Eltern an. Das wollte ich eigentlich vermeiden, denn wer spricht schon gerne über Niederlagen. Doch die Jobsuche wird zeitintensiv sein, und so lange können wir nicht in der Ferienwohnung bleiben. Im Haus meiner Eltern ist Platz, dort könnten wir auch die Möbel einlagern. Die beiden sind natürlich überrascht, reagieren aber sehr gut. Es sei kein Problem, für einige Zeit bei ihnen unterzukommen. Am Wochenende werden wir sie besuchen, um alles zu besprechen.

Donnerstag, 02. März. Am Morgen rufe ich zwei Unternehmen an, mit denen ich ebenfalls schriftlichen Kontakt hatte. Bei einer dieser Firmen könne ich noch heute vorsprechen, bei der anderen solle ich am kommenden Montag vorbeischauen. Das Gespräch am Nachmittag verläuft konstruktiv, mein altes Selbstvertrauen kehrt zurück. Ich spreche mit dem Marketingleiter, der Geschäftsführer sei in Urlaub. Hier interessiert man sich vor allem für meine vier Jahre in Großbritannien. Ich solle in ein bis zwei Wochen wieder anrufen, um einen Termin mit dem Geschäftsführer zu vereinbaren. Nach diesem Gespräch habe ich ein gutes Gefühl. Ich trat selbstbewusst auf, das negative Erlebnis belastet nicht. Diese positive Stimmung lässt mich auf der Heimfahrt ein Experiment wagen. Ich möchte herausfinden, ob es auch in Deutschland möglich ist, genauso wie in Großbritannien bei Unternehmen einfach aufs Geratewohl anzuklopfen und nach einem Job zu fragen. Probieren geht ja bekanntlich über Studieren. Jetzt will ich es einfach mal wissen. Ich entdecke ein mittelgroßes Unternehmen, halte an und frage am Eingang, ob ich in der Personalabteilung vorsprechen dürfte. Zu meinem Erstaunen werde ich nicht abgewiesen, sondern solle einen Augenblick warten. Nach ein paar Minuten erscheint ein älterer Herr. Ich merke sofort, dass ihm unklar ist, was genau ich eigentlich will. Ich erkläre es ihm, schildere meine Situation, frage nach einem Job. Wir sprechen Englisch, dann wechselt er ins Französische. Am Ende des Gesprächs stellt sich heraus, dass der Firmeninhaber selbst vor mir steht. Leider habe er aktuell keine offenen Stellen in dem Bereich zu besetzen, für den ich in Frage käme. Trotzdem war dieses spontane Gespräch am Werkstor ein Teilerfolg. Ich wurde nicht abgewiesen und konnte aus dem Stand ein Gespräch mit dem Firmeninhaber führen. Das Experiment beginnt mir Spaß zu machen. Auf der Rückfahrt stoppe ich bei acht weiteren Unternehmen, an denen ich gerade vorbeifahre und die mir von der Größe und dem äußeren Erscheinungsbild her interessant erscheinen. Doch leider bleibt der Erfolg aus. Ich werde höflich behandelt, aber immer darauf hingewiesen, dass ich mich zuerst schriftlich bewerben müsse. Dies sei hierzulande der übliche Weg. Ob er aber auch der effektivste ist, sei dahingestellt. Am Abend überwiegt das positive Gefühl, da mein bisheriger Werdegang noch immer auf großes Interesse stößt.

Freitag, 03. März. Heute steht erneut ein Termin im Personalbüro meines aktuellen Arbeitgebers an. Es gilt noch Formalitäten abzuklären, wie Firmenwagen, Arbeitszeugnis, Umzugskosten. In allen Punkten kommt man mir entgegen. Den Firmenwagen darf ich bis Ende des Monates behalten, das Arbeitszeugnis nennt einen plausiblen Grund für die Trennung und mir werden die halben Umzugskosten erstattet. Damit könne ich zufrieden sein. Am Nachmittag investiere ich trotzdem 50 DM in einen Rechtsanwalt, um prüfen zu lassen, ob ich auf Grund finanzieller Nachteile Ansprüche geltend machen kann. Mir wird erklärt, dass dem nicht so ist. Während der Probezeit könne das Arbeitsverhältnis von beiden Seiten ohne Angabe von Gründen beendet werden. Was den Mietvertrag für das Reihenhaus betrifft, so wären das »private Investitionskosten« und seien alleine mein Risiko. So ist das nun mal, wenn man zu viel riskiert. Diese Lektion habe ich gelernt! Das nächste Mal passiert mir das nicht noch einmal. An diesem Abend muss ich dem Besitzer des von uns angemieteten Reihenhauses mitteilen, dass aus dem Mietverhältnis leider nichts werden wird. Er weiß von alledem noch gar nichts. Wie wird er reagieren? Er reagiert vernünftig, versteht die Situation, will helfen. Bei der heutigen Lage auf dem Wohnungsmarkt dürfte es nicht allzu schwer sein, schon bald einen Nachmieter zu finden. Sollte dies jedoch zum ersten des Monats nicht gelingen, sei eine Monatsmiete zu zahlen.

Über das Wochenende besuchen wir meine Eltern und besprechen das weitere Vorgehen. Zwei Zimmer unter dem Dach wären frei, die Möbel könnten im Keller eingelagert werden. Während dieses Besuchs will ich auch einen gebrauchten Kleinwagen kaufen, habe Glück und finde relativ schnell ein Fahrzeug, das ich mir aktuell leisten kann.

Montag, 06. März. Für heute steht ein Gesprächstermin in der Nähe von Heilbronn an. Auf die Stellenanzeige eines dort ansässigen Unternehmens hatte ich mich im November beworben, wurde eingeladen, konnte den Termin aber nicht wahrnehmen. Heute wird der nun nachgeholt. Das Gespräch führt jedoch nicht zum erhofften Erfolg, die ausgeschriebene Stelle setze spezielle Berufserfahrung voraus. Gut, dass solch wichtige Kriterien bereits im Vorstellungsgespräch abgeklärt werden, sodass es danach kein böses Erwachen gibt.

Im Laufe der Woche nehme ich weitere Bewerbungschancen im Raum Stuttgart wahr, führe ein Gespräch in einer Unternehmensberatung und versuche spontan in Personalabteilungen vorzudringen. Das gelingt nicht immer, einige Treffer sind jedoch dabei. In einem Industriegebiet gelingt es mir, mit dem Inhaber einer kleinen Maschinenfabrik zu sprechen. Derzeit suche man einen Mitarbeiter im Einkauf. Bei Interesse könne ich mich bewerben. Mich interessiert aber eine Stelle im Verkauf. Zumindest ist es mir gelungen, ohne Anmeldung und Einladung bis zum Firmeninhaber durchzukommen und ein interessantes Gespräch zu führen. Es geht also manchmal doch, sogar in Deutschland! Mitte der Woche rufe ich das Unternehmen in Stuttgart an, bei dem ich in der letzten Woche bereits ein erstes Gespräch führen konnte, der betreffende Abteilungsleiter jedoch in Urlaub war. Nun ist er zurück, ich bekomme einen Termin für Freitag. Dieses Gespräch ist sehr interessant. Die Stelle eines Länderreferenten wäre jedoch frühestens im Juni zu besetzen und werde offiziell ausgeschrieben. So lange müsse ich mich gedulden. Warten ist jedoch nur gut, wenn man einen Job hat. Ich kann mir Warten aber nicht leisten, sondern muss alle Hebel in Bewegung setzen, um schnell wieder in Arbeit zu kommen. Ich mache mir daher keine große Hoffnung, da es sicher zu lange dauern wird.

Am Samstag, dem 18. März, verlassen wir den Ort, der leider nur für ein paar Wochen unser provisorisches Zuhause war, uns jedoch kein Glück gebracht hat. Wir sind stolz, Ruhe bewahrt und besonnen gehandelt zu haben. Alles in allem verläuft der Rückzug in geordneten Bahnen. Am darauffolgenden Montag folgen dann auch unsere Möbel. Ein Lkw bringt sie von Baden-Württemberg nach Bayern. Endlich sind wir wieder im Besitz unseres Eigentums. Als wir die Möbel vor zwei Monaten verpackt und verladen haben, hätten wir nie gedacht, dass es so lange dauern würde, sie endlich wiederzubekommen. Die Kartons und Möbel wandern in den Keller, wir richten uns die beiden Zimmer unter dem Dach her. Das eine wird zum Kinderzimmer, das andere unser Wohn- und Schlafzimmer. In dieser Woche unterscheibe ich auch die Aufhebung des Mietvertrags. Der Besitzer des Reihenhauses hat zum 01. Mai einen Nachmieter gefunden. Wir müssen also nur für einen Monat Miete zahlen, danach sind wir aus dem Vertrag raus. Mit dieser Regelung sind wir zufrieden, es hätte schlimmer kommen können. Jede Woche bewerbe ich mich jetzt auf Stellenanzeigen. Als ich noch einen Job hatte, war mir die Zeit egal. Jetzt, ohne Anstellung, fällt das Warten schwer. Doch ich muss Geduld haben!

Am Mittwoch, dem 29. März, gebe ich wie vereinbart den Firmenwagen ab und kehre per Bahn zurück. Als der Zug die Stadt verlässt, kann ich einen letzten Blick auf die Umgebung werfen. Auf der anderen Seite des Tals, oben am Waldrand, erkenne ich für einen kurzen Augenblick das Reihenhaus, das in wenigen Tagen unser neues Zuhause hätte werden sollen. Nun ist alles ganz anders gekommen, jetzt wird dort eine andere Familie einziehen. Wir werden hoffentlich ebenfalls bald eine neue Heimat finden.

Am Dienstag, dem 04. April, bin ich zu einem Vorstellungsgespräch mit dem Geschäftsführer des Unternehmens eingeladen, bei dem ich bereits ein Gespräch mit dem Marketingleiter führen konnte. Ich fahre früh los, bis Stuttgart ist es weit. Das Gespräch dauert eine Stunde. Hier wird ein Mitarbeiter speziell für den britischen Markt gesucht. Der geeignete Kandidat soll nach der Einarbeitung vor Ort den Vertrieb aufbauen. Bisher war es dem Unternehmen nie richtig gelungen, in Großbritannien Fuß zu fassen. Klingt sehr verlockend! Damit wäre eine

Rückkehr auf die Insel verbunden. Wäre meine Familie noch in Melbourne, könnte das ein wirklich interessantes Angebot sein. Doch wir entschieden uns, vor allem des Kindes wegen, auf den Kontinent zurückzukehren. Für einen erneuten Umzug nach Großbritannien ist es jetzt zu spät.

Ich bewerbe mich weiter. Der April vergeht, Einladungen zu Gesprächen bleiben aus. Wenn ich in Deutschland nur ganz wenige Unternehmen direkt besuchen und spontan nach einem Job fragen kann, wäre es dann nicht sinnvoller, erneut im Ausland zu suchen? Ich könnte mich bei inländischen Firmen schriftlich bewerben, in der Zwischenzeit aber auch im Ausland aktiv werden. Somit wäre die Zeit sinnvoll genutzt und meine Moral bekäme gewaltigen Auftrieb. Ein Plan beginnt zu reifen! Welches Land käme dafür wohl in Frage? In Großbritannien war ich bereits und beherrsche die Sprache. Es sollte also ein Land mit einer anderen Sprache sein. Was böte sich da nicht besser an, als das Heimatland meiner Frau, Frankreich! Ich beginne den Plan zu schmieden. Welch befreiendes Gefühl, aktiv zu werden. Noch ist das alles nur ein theoretisches Gedankenspiel. Bisher sah ich keine Möglichkeit, in Frankreich einen qualifizierten Job zu finden, da meine Französischkenntnisse, vor allem die schriftlichen, aktuell bei weitem nicht so gut sind wie mein Englisch.

Eigeninitiative, Jobsuche
in Frankreich und Deutschland

Seitdem ich diesen theoretischen Plan schmiede, fühle ich mich regelrecht befreit. Ich sollte wieder losziehen und meinen weiteren Lebensweg aktiv bestimmen. In den französischen Alpen gibt es eine Stadt, für die ich mich schon länger interessiere, Grenoble. Auf diesen Ort konzentriere ich die Planung. Dort könnte ich, wie 1985 in Großbritannien, lokalen Unternehmen meine Sprach- und Fachkenntnisse sowie Berufserfahrung anbieten. Zu verlieren habe ich nichts. Mit etwas Glück könnte das Experiment gelingen. Der Plan wird konkreter, ich bin hochmotiviert, behalte ihn aber vorerst für mich, übersetze den Lebenslauf ins Französische und erkunde eine Reiseroute durch die Schweiz. Aus dem Gepäck krame ich das Zelt, den Schlafsack und die Luftmatratze hervor und kaufe einen Campingtisch plus Stuhl.

Donnerstag, 20. April. Am Nachmittag klingelt das Telefon. Ein Unternehmen aus München lädt mich für Mittwoch kommender Woche zu einem Gespräch ein. Das Projekt Grenoble wird dadurch erst einmal gestoppt. Kurz darauf erhalte ich noch eine Einladung nach Frankfurt. Somit stehen für nächste Woche zwei Gesprächstermine an. Der Termin in München wird kurzfristig verschoben, bleibt also nur das Gespräch in Frankfurt. Die zu besetzende Position erfordert jedoch keine Fremdsprachenkenntnisse. Ich habe aber keine vier Jahre in die englische Sprache investiert, um dieses Kapital beruflich nicht zu nutzen.

Am Samstagmorgen, dem 29. April, breche ich auf, den bisher nur theoretisch existierenden Plan zu realisieren. Campingausrüstung plus Proviant sind im Wagen, Zeugniskopien und Lebenslauf in französischer Sprache griffbereit. Es ist ein Befreiungsschlag! Ich nehme mein Schicksal wieder in die eigenen Hände, agiere, warte nicht nur ab. Angst verspüre ich keine, habe ich doch bereits Erfahrung bei der Jobsuche im Ausland. Was mir vor ein paar Jahren in dem einen Land gelang, könnte doch auch in einem anderen machbar sein. Die heutige Etappe soll mich an den Genfer See bringen. Bei Lindau überquere ich die österreichische Grenze, passiere Bregenz und bin kurz darauf in der Schweiz. Die Landschaft ist herrlich, die Berge strahlen Ruhe und Geborgenheit aus. Ursprünglich wollte ich am Rande der Alpen entlangfahren. Wegen der Schönheit der Landschaft ändere ich jedoch kurzerhand die Route, fahre bis Chur, möchte von dort aus durch das Tal des Vorderrheins über zwei Pässe hinüber ins Rhonetal und durch das Wallis weiter nach Montreux. Doch diese Route ist leider unpassierbar! Bereits hinter Chur weisen Schilder darauf hin, dass die Straßen über den Oberalp- und Furkapass noch gesperrt sind. Das hätte ich mir ja denken können! Ende April sind die meisten Alpenpässe noch geschlossen. Es hat also keinen Sinn, das Vorderrheintal hinaufzufahren, da es weiter oben kein Durchkommen geben wird. Ich drehe um und wähle eine andere Route. Mittlerweile ist es Nachmittag und mir wird klar, Montreux heute nicht mehr erreichen zu können. Kurzerhand ändere ich das heutige Etappenziel auf Luzern. Es beginnt bereits zu dämmern, als ich dort eintrudle. Problemlos finde ich den Campingplatz und baue das Zelt auf. Anschließend bummle ich am Seeufer entlang. Vor mir träumt der Vierwaldstättersee im letzten Abendlicht, in der Ferne leuchten die Gipfel schneebedeckter Riesen, vom anderen Ufer blinken die ersten Lichter der Stadt zu mir herüber. Es ist angenehm ruhig. Mein Weg führt mich vorbei an prächtigen Hotels, hinter deren Fenstern Gäste an fein gedeckten

Tischen Platz nehmen. Ich fühle mich frei, atme tief durch, bin auf dem Weg in ein neues Abenteuer.

Sonntag, 30. April. Strahlender Sonnenschein am Morgen. Ich baue das Zelt ab und reise weiter. War mir Luzern bekannt, so ist mir Grenoble völlig fremd. Hinter Bern überquere ich bei Fribourg den »Röstigraben«. Er markiert die Sprachgrenze zwischen der deutsch- und der französischsprachigen Schweiz. Gegen Mittag erreiche ich den Genfer See, halte auf einem Rastplatz oberhalb von Lausanne kurz an und genieße den phantastischen Ausblick über die Stadt und den See. Am anderen Ufer zeigt sich bereits Frankreich. Irgendwo hinter den Bergen liegt Grenoble, das Ziel meiner Reise. Doch bis dorthin ist es noch weit. Hinter Genf überquere ich die französische Grenze, passiere Annecy und Chambery, und erreiche gegen 16 Uhr mein Ziel. Da liegt sie nun vor mir, die Stadt Grenoble in Frankreich, wie vor vier Jahren Derby in Großbritannien. Vielleicht wird sie unsere neue Heimat, wer weiß? Das hängt vor allem davon ab, wie erfolgreich meine Jobsuche sein wird. An einer Tankstelle erstehe ich einen Stadtplan, suche den Campingplatz und werde schnell fündig. Der Platz sieht jedoch nicht besonders einladend aus. Ich fahre weiter, entdecke außerhalb der Stadt einen schöneren Platz, der jedoch erst in zwei Wochen öffnen wird. Mittlerweile ist es bereits spät und wenn ich das Zelt noch bei Tageslicht aufbauen möchte, sollte jetzt schnell etwas Passendes gefunden werden. Ich kehre nach Grenoble zurück, muss dort aber feststellen, dass der lokale Campingplatz voll belegt ist. In Voiron, einer kleinen Ortschaft nördlich von hier, gebe es eine weitere Möglichkeit für Camper. Sofort mache ich mich auf den Weg dorthin, habe Glück, der Platz ist geöffnet und es gibt auch noch genügend freie Flächen.

Montag, 01. Mai. Auch in Frankreich ist der Erste Mai ein Feiertag. Somit kann ich heute noch keine Firmen besuchen, nutze aber den Tag für erste Erkundungen. Auf dem Stadtplan sind die großen Unternehmen vermerkt. Deren Standorte will ich heute anfahren, um mir einen Eindruck zu verschaffen und morgen nicht lange suchen zu müssen. Ich arbeite eine Route aus und mache mich auf den Weg. Einige der Unternehmen sind mir bekannt, wie zum Beispiel ein großer PC- und Druckerhersteller sowie ein Hersteller von Baumaschinen. Die anderen Firmen sind Neuland. Ich fahre sechs Großunternehmen in drei Industriegebieten an. Der PC- und Druckerhersteller reizt mich am meisten, das Werk scheint nagelneu zu sein. Auf meiner Besuchsliste rückt er auf Platz Eins. Zufrieden kehre ich zum Campingplatz zurück und entspanne in der Abendsonne.

Dienstag, 02. Mai. Heute wird es ernst! Um 8 Uhr dusche ich. Die sanitären Einrichtungen des Campingplatzes sind sehr sauber, für mich ein großer Vorteil. Um im Falle eventueller Vorstellungsgespräche einen guten Eindruck zu machen, ziehe ich eine Stoffhose an, ein schickes Hemd, Krawatte und das passende Sakko. Somit bin ich heute Morgen der Einzige, der schick angezogen über den Campingplatz läuft. Gegen 8.45 Uhr starte ich in Richtung Grenoble und steuere den PC- und Druckerhersteller an. Kurz nach 9 Uhr treffe ich dort ein, stelle den Wagen ab und laufe zum Haupttor. Dort steht ein Pförtnerhäuschen. Aus Erfahrung weiß ich, wie schwer es ist, ohne Anmeldung an einem Wachmann vorbeizukommen. In Großbritannien wie auch in Deutschland habe ich das bereits versucht, mal mit, mal ohne Erfolg. Dies ist nun das erste Mal in Frankreich. Wie wird der Mann reagieren? Lässt er mich passieren? Probieren geht über Studieren, also los! Ich bin nervös, mein Französisch ist bei weitem nicht so gut wie mein Englisch. Ich reiße mich zusammen, produziere mein bestes Französisch und frage den Pförtner, ob es eventuell möglich wäre, einen Mitarbeiter der Personalabteilung zu sprechen. »Möchten Sie sich bewerben«, fragt der Mann. »Ja«, das hätte ich vor. »Ich komme aus Deutschland, lebte einige Jahre in Großbritannien und würde nun gerne in Frankreich arbeiten«. Der Pförtner überlegt kurz und meint dann, ich solle in die Eingangshalle gehen, die Dame am Empfang könne mir nähere Auskünfte geben. Und schon bin ich tatsächlich am Pförtner vorbei, stehe auf dem Firmengelände und marschiere in Richtung Eingangshalle. So richtig kann ich es noch gar nicht fassen, tatsächlich ohne Anmeldung am Pförtner vorbeigekommen zu sein! Manchmal hat man eben Glück! Die Spannung steigt. Vielleicht bietet sich hier eine Chance! Ich betrete die Eingangshalle, in der noch fleißig an der Inneneinrichtung gearbeitet wird, alles ist nagelneu. Am Empfang erkläre ich der Rezeptionistin in kurzen Worten mein Anliegen. Sie scheint überhaupt nicht überrascht zu sein. Ob hier Mitarbeiter gesucht würden, möchte ich wissen. »Aber selbstverständlich«, das neue Werk in Grenoble werde bald eröffnet und die Kollegen der Personalabteilung würden jeden Tag Bewerber interviewen. Im Augenblick seien jedoch alle beschäftigt, ich müsse daher telefonisch einen Termin vereinbaren. Sie schreibt mir einen Namen und eine Telefonnummer auf ein Stück Papier. Leider könne ich aktuell nicht vom Empfang aus anrufen, dies müsste von einer Telefonzelle aus geschehen. Ich scheine zum richtigen Zeitpunkt aufzukreuzen. Doch ein Anruf wird nicht viel bringen, außer dem Hinweis, sich schriftlich zu bewerben. Will ich hier und jetzt etwas erreichen, müsste es mir gelingen, persönlich vorzusprechen. Nur so hätte ich die Chance, direkt vor Ort zu erklären, warum ich hier bin und was ich vorhabe.

Ich verlasse die Eingangshalle und laufe in Richtung Haupttor zurück. Wenn ich jetzt das Firmengelände verlasse und der Anruf in der Personalabteilung nichts bringt, wird es mir sicher kein zweites Mal gelingen, erneut auf das Betriebsgelände zu gelangen. Noch bin ich im Innenbereich. Bin ich aber erst einmal draußen, ist hier nichts mehr zu holen. Kurz vor dem Tor entscheide ich spontan, auf dem Gelände zu bleiben und die Personalabteilung auf eigene Faust zu suchen. Frechheit siegt bekanntlich und außerdem habe ich nichts zu verlieren. Ich stoppe, kehre um und laufe zu den Gebäuden zurück. Durch die Eingangshalle kann ich nicht noch einmal marschieren, dort wird mich die Rezeptionistin wiedererkennen. Also schleiche ich so unauffällig wie möglich an der Außenfassade des neuen Bürotrakts entlang. An jeder Tür prüfe ich, ob sich diese öffnen lässt. Alle Eingänge sind verschlossen. Ausdauer und Hartnäckigkeit werden oft belohnt, so auch heute. Am äußersten Ende des Gebäudekomplexes findet sich dann doch eine Tür, die nicht verschlossen ist. Diese Chance lasse ich mir nicht entgehen, trete ein und gelange auf einen langen Korridor. Überall liegen Kabel herum, die Räume sind leer, teilweise noch im Rohbau. Ich laufe den Gang entlang, öffne Türen, mache mich auf die Suche nach der Personalabteilung, habe jedoch nicht die geringste Ahnung, wo sich diese befinden könnte. Das Werk besteht aus vier großen Gebäudekomplexen. Ich bewege mich gerade im hintersten, treffe auf einige Arbeiter, die beschäftigt sind. Keiner nimmt Notiz von mir. Plötzlich steht völlig unerwartet ein uniformierter Wachmann vor mir! Was nun? Jetzt nur keine Angst zeigen und selbstbewusst auftreten. Ich grüße ihn. Er sieht mich erstaunt an und fragt: »Was machen Sie denn hier?« Ich schildere kurz den Sachverhalt. Angriff ist die beste Verteidigung! Wie wird er reagieren? Dass ich Deutscher bin, scheint eine positive Wirkung auf den Mann zu haben. Sein Bruder, bemerkt er, lebe in Frankfurt am Main. Einmal im Jahr besuche er ihn, Deutschland gefalle ihm. Das ist natürlich äußerst positiv für mich! Könnte es mir gelingen, die Sympathie für mein Heimatland zu nutzen? Ich lasse ihn noch eine Weile von Deutschland schwärmen und frage dann gezielt nach der Personalabteilung. Er überlegt. Um mich auf dem Betriebsgelände aufzuhalten, bräuchte ich einen Besucherausweis, meint er. Ohne eine solche Berechtigung dürfte ich überhaupt nicht hier sein! Während ich noch überlege, wie es jetzt wohl weitergehen könnte, überreicht mir dieser Wachmann tatsächlich einen provisorischen Besucherausweis. Damit könne ich mich nun völlig legal auf dem Betriebsgelände bewegen. Der freundliche Mann beschreibt mir sogar noch den Weg zum Personalbüro, das heißt, er versucht es zumindest, denn so ganz genau kenne auch er sich in den neuen Gebäuden noch nicht aus.»Gehen Sie den Korridor ganz durch, dann kommen Sie in die Eingangshalle. Fragen Sie am Empfang nach, dort wird man Ihnen genauere Auskünfte geben«. Das ist nun aber sehr ungünstig, denn ein Wiedersehen mit der Rezeptionistin würde ich gerne vermeiden. Sie würde mich erkennen, sich wundern, warum ich noch hier bin, und auf die Telefonnummer verweisen, die sie mir vorhin gegeben hat. Ich laufe den Korridor entlang, eine andere Richtung lässt sich nicht einschlagen. Nur noch wenige Meter trennen mich von der Eingangshalle, da entdecke ich rechts neben mir einen Treppenaufgang. Nun habe ich die Wahl. Entweder geradeaus in die Eingangshalle, dort werde ich aber sicher erkannt und nicht weiterkommen. Oder ich nutze diese Treppe und begebe mich weiter selbständig auf die Suche nach der Personalabteilung. Die Entscheidung fällt mir nicht schwer. Ich biege ab, steige die Treppe empor, öffne ein paar Türen und stehe schon bald in einem Großraumbüro. Hier sitzen Menschen an Schreibtischen, dieser Raum ist bereits eingerichtet. Da bin ich richtig! Ich erkundige mich bei der mir am nächsten stehenden Mitarbeiterin nach der Kontaktperson, deren Namen ich vorhin am Empfang genannt bekommen habe. Ob ich mich bewerben wolle, möchte die junge Frau wissen. Genau das hätte ich vor, erwidere ich. Sie führt mich an einen Tisch und bittet mich, einen Personalbogen auszufüllen. Nachdem das erledigt ist, teilt sie mir mit, dass ich schriftlich Bescheid bekäme, sollte ich zu einem Gespräch eingeladen werden. So lange kann ich aber nicht warten. Ich erkläre ihr, dass ich nur wenige Tage in Grenoble sein werde. Aus diesem Grund müsste ein Gespräch kurzfristig stattfinden. Sie schaut mich etwas ratlos an, bittet mich dann aber, ihr zu folgen, und führt mich zu einer Frau, auf deren Schreibtisch sich bereits viele Unterlagen stapeln. Sie sei für die Vergabe der Gesprächstermine zuständig. Die Frau überfliegt meinen Lebenslauf und überlegt. Interesse scheint vorhanden zu sein. Aber kurzfristig einen weiteren Gesprächs-termin in einem ziemlich ausgebuchten Terminkalender unter-zubringen, könnte problematisch werden. Sie brauche etwas Zeit, bemerkt sie dann. Ich solle heute Nachmittag zurück-rufen, vielleicht könne sie mir dann Näheres sagen. Das ist nun zu akzeptieren, weiter komme ich jetzt wirklich nicht. Trotzdem bin ich sehr zufrieden mit dem, was ich gerade er-reicht habe.

Zurück im Wagen nehme ich die Firmenliste zur Hand und starte einen neuen Versuch. Ich bin hochmotiviert, mein Selbst-vertrauen wurde durch diesen Teilerfolg enorm gestärkt. Das ist jetzt für die weitere Jobsuche zu nutzen. Ich erreiche das nächste Unternehmen, parke den Wagen, laufe zum Haupttor, komme dort aber nicht am Pförtner vorbei. Ohne Termin, kein Durchkommen! Der Wachmann lässt sich nicht überreden, hält sich strikt an die Vorschrift. Na ja, es gibt ja noch mehr Unternehmen, also auf zum nächsten. Dort sitzt kein Pförtner, das Verwaltungsgebäude lässt sich direkt von der Straße aus erreichen. Ich trete an den Empfang, die Rezeptionistin ruft in der Personalabteilung an und reicht mir den Hörer. Die

Mitarbeiterin am anderen Ende der Leitung überrascht mein Anliegen. Es scheint auch hier nicht alle Tage vorzukommen, dass jemand auf diesem direkten Weg versucht, einen Job zu ergattern, noch dazu ein Ausländer. Eine Entscheidung könne nur der Personalleiter treffen, der sei aber in Urlaub. Laut ihrem Kenntnisstand gebe es aber aktuell im Exportbereich keine offenen Stellen. Wenn ich möchte, könne ich mich jedoch gerne schriftlich bewerben. Hier komme ich also auch nicht weiter als bis an den Empfang. Es war ein Versuch, und jeder Versuch ist es wert, versucht zu werden. Das nächste Unternehmen liegt gleich um die Ecke. Neuer Ort, neue Chance! Es ist wieder wie in den Zeiten meiner Jobsuche in Großbritannien. Ich bin vor Ort aktiv. Hier werden Baumaschinen hergestellt. Leider blockiert erneut ein Wachmann den Eingang. Ich habe wenig Hoffnung an ihm vorbeizukommen, kneife nicht, versuche es und darf passieren! Im Besuchszimmer neben dem Pförtnerhaus muss ich ein paar Minuten warten, dann erscheint ein Mitarbeiter aus der Personalabteilung. Ich beschreibe kurz meinen bisherigen Berufsweg, er ist beeindruckt. Doch leider käme ich zu einem sehr ungünstigen Zeitpunkt. Im gesamten Unternehmen gelte aktuell ein strikter Einstellungsstopp. Auch wenn er wollte, könne er derzeit leider gar nichts für mich tun. Er behält jedoch meinen Lebenslauf, wünscht mir alles Gute und gibt mir noch einige interessante Informationen über lokale Unternehmen mit auf den Weg.

Es ist Mittag, ich lege eine Pause ein. Gegen 14 Uhr stehe ich dann wieder pünktlich auf der Matte, besser gesagt vor dem Pförtnerhaus einer weiteren potentiellen Chance. Auch hier komme ich weiter. Der Pförtner stellt mir einen Passierschein aus, erklärt den Weg zum Personalbüro und schon bin ich auf dem Betriebsgelände. Ich finde das Büro, muss kurz warten, werde dann von einer Sekretärin begrüßt, gebe ihr eine Kopie meines Lebenslaufs und erkläre mein Anliegen. Wieder muss ich ein paar Minuten warten, dann kehrt sie zurück und erklärt, ich könne jemanden sprechen, der für den Exportbereich zuständig sei. Alles läuft hier wie am Schnürchen! Ich konnte problemlos das Tor passieren und darf sogar in der Exportabteilung vorsprechen. Na, wenn das kein Erfolg ist! Ich werde abgeholt und zum Büro des Mannes geführt, der den Exportbereich betreut. Schon bald sitze ich ihm gegenüber. Er scheint aber sehr wenig Zeit zu haben, andauernd klingelt das Telefon und unterbricht unser Gespräch. Das ist nicht gerade ideal! »Sind Sie ein Ingenieur?« will er wissen. »Leider nicht, ich habe Betriebswirtschaftslehre studiert«, erwidere ich. Leider gebe es in diesem Bereich aktuell keine offenen Stellen, lässt er mich daraufhin wissen. Auch er scheint an meinen Sprachkenntnissen interessiert zu sein. Doch leider könne er im Moment nicht mehr für mich tun, als meine Zeugnisse zu kopieren und die Unterlagen zu behalten. Wäre ich ein Maschinenbauingenieur, wer weiß, vielleicht hätte ich hier einen Treffer landen können. Trotzdem ist dieses Gespräch, da es ohne schriftliche Bewerbung und Einladung überhaupt zustande kam, ein persönlicher Erfolg.

Um 15 Uhr ist es Zeit, wie vereinbart die Personalabteilung des PC- und Druckerherstellers von heute Morgen anzurufen. Dabei lande ich einen sensationellen Treffer! Ich solle morgen Vormittag um 9.30 Uhr zu einem ersten offiziellen Vorstellungsgespräch erscheinen! Ob mir dieser Termin passe? Und ob er passt, Wahnsinn! Ich kann es noch gar nicht so richtig fassen, könnte die ganze Welt umarmen, herumhüpfen und Freudenschreie auszustoßen. Was für ein Erfolg! Es hätte ja auch sein können, dass mit diesem Telefonat alle Hoffnungen zerplatzt wären. So nahe liegen manchmal Freude und Enttäuschung beieinander. Man sollte nie aufgeben! Hinter einer oder mehreren Niederlagen kann bereits der Erfolg warten. Ich schwebe auf Wolke Sieben!

Auf meiner Besuchsliste stehen für heute noch zwei weitere Unternehmen. Eines davon stellt Kopiergeräte her. Das Verwaltungsgebäude beeindruckt mit seiner Glasfassade und einem modernen Brunnen vor dem Haupteingang. Doch noch bevor ich den Eingang erreichen kann, stoppt mich ein Wachmann. Auch er hat seine Vorschriften! Ich ziehe alle Register der Überredungskunst, ohne Erfolg. Er ist nicht weich zu kriegen, lässt mich nicht einmal telefonieren. Zumindest nennt er mir eine Telefonnummer und einen Namen. Dort solle ich anrufen, aber von außerhalb. Also, zurück zur Telefonzelle. Zum Glück habe ich noch genügend Kleingeld. Eine Frauenstimme meldet sich. Ich schildere mein Anliegen und frage nach der Möglichkeit, meine Unterlagen persönlich abgeben zu dürfen. Die Frau ist kein bisschen erstaunt und bittet mich vorbeizukommen. Also, zurück zum Wachmann. Diesmal öffnet sich das Tor und ich darf passieren. Eigentlich habe ich keinen Beweis, dass ich angerufen habe und eingeladen wurde. So hartnäckig der Mann vorhin auch gewesen ist, so leichtfertig glaubt er mir jetzt und lässt mich passieren. Ich kann mich eines siegreichen Grinsens nicht erwehren, als ich an ihm vorbeilaufe. Am Empfang nenne ich den Namen der Mitarbeiterin, mit der ich gerade gesprochen habe, und werde bereits nach wenigen Minuten abgeholt. Die Frau hat jedoch nicht viel Zeit, nimmt meine Unterlagen in Empfang und verspricht, diese zu prüfen. Sollte seitens des Unternehmens Interesse bestehen, würde ich benachrichtigt. Das war es dann auch schon! Sehr erfolgreich bin ich hier letztendlich nun doch nicht gewesen, abgesehen von der Tatsache, dass ich an einem äußerst hartnäckigen Wachmann vorbeigekommen bin.

Mittlerweile ist es bereits nach 16 Uhr. Einen Firmenbesuch möchte ich heute aber doch noch durchführen, muss mich aber beeilen, sonst treffe ich niemanden mehr an. Das Unternehmen zu finden ist gar nicht so einfach! Ich verfahre mich mehrmals, erreiche dann aber doch noch den Standort. Den Tipp, dieses Unternehmen zu besuchen, bekam ich heute von einem Gesprächspartner. Es ist jetzt kurz vor 17 Uhr, vielleicht schon zu spät für das, was ich vorhabe. Trotzdem versuche ich es. Auch hier wacht ein Pförtner über das Tor. Der junge Mann ist aber sehr hilfsbereit und ruft in der Personalabteilung an. Dort ist noch jemand anwesend, ich solle meine Unterlagen abgeben. Der Mann beschreibt mir den Weg und schon bin ich auf dem Werksgelände. Ein Mitarbeiter erwartet mich, hat es aber sehr eilig, der Feierabend naht. Der Zeitpunkt ist doch ungünstig! Ich übergebe meine Unterlagen. Man werde sie prüfen und mich gegebenenfalls benachrichtigen. Das war nun aber wirklich der letzte Besuch für heute. Ich bin müde. Hinter mir liegt ein anstrengender, erlebnisreicher, im Großen und Ganzen sehr erfolgreicher Tag. Ich kehre zum Campingplatz zurück. Auf dem Weg dorthin kaufe ich mir noch schnell etwas zum Essen. An diesem Abend lege ich mich auf die Luftmatratze neben das Zelt, träume in der Abendsonne vor mich hin und male mir in Gedanken aus, wie schön es wäre, in dieser herrlichen Gegend leben und arbeiten zu können. Doch so weit ist es leider noch nicht! Bei aller Träumerei sollte ich die Realität nicht aus den Augen verlieren. Morgen liegt ein hartes Stück Arbeit vor mir. Ich wurde zwar zu einem Gespräch eingeladen, doch geschenkt wird mir sicher nichts. Will ich den Job, muss ich überzeugen. Dafür sollte ich ausgeruht sein. Also schlüpfe ich zeitig in den Schlafsack, um morgen fit zu sein.

Mittwoch, 03. Mai. Ich stehe früh auf, dusche, ziehe mich an und verlasse den Campingplatz ziemlich genau um 9 Uhr.

Zwanzig Minuten später erreiche ich das Unternehmen, bei dem ich um 9.30 Uhr den Vorstellungstermin habe. Diesmal bin ich offiziell eingeladen, passiere den Pförtner problemlos und betrete die Eingangshalle. Dort muss ich kurz warten und werde dann von der Mitarbeiterin abgeholt, mit der ich diesen Termin vereinbart habe. Mit ihr führe ich auch das Gespräch. Die Konzernsprache sei Englisch, informiert sie mich. Daher könnten wir gerne in dieser Sprache kommunizieren. Das kommt mir natürlich sehr gelegen, denn im Englischen fühle ich mich wesentlich sicherer als im Französischen. Das Gespräch dauert eine knappe Stunde. Die Frau informiert mich erst einmal über das Unternehmen und beschreibt anschließend die Position, für die ein geeigneter Mitarbeiter gesucht werde. Hierbei handelt es sich um die Stelle eines »Customer Support Engineers«, der den Kontakt zwischen den Werken in Europa und den USA hält. Dafür seien sehr gute englische Sprachkenntnisse Voraussetzung. Für mich kein Problem. Deutsche Sprachkenntnisse würden zwar nicht ausdrücklich verlangt, wären aber ein Plus. Dann beschreibe ich meinen bisherigen Lebens- und Berufsweg. Am Ende will sie wissen, ob auch meine Frau gerne in Grenoble leben würde. Und ob sie das würde! Zum einen liegt diese Stadt in ihrem Heimatland und zum anderen inmitten einer herrlichen Landschaft. Nach rund einer Stunde geht dieses erste Gespräch zu Ende. Meine Gesprächspartnerin wird in den nächsten Tagen mit den Verantwortlichen der betreffenden Fachabteilung sprechen. Käme es zu einem zweiten Termin, würde ich in den nächsten zwei Wochen benachrichtigt. Ich bin zufrieden, konnte ich doch heute ein Gespräch in einem Unternehmen führen, in dem eine konkrete Stelle zu besetzen ist, die für mich interessant sein könnte. Was will ich mehr! Die Reise nach Grenoble hat sich schon jetzt voll gelohnt. Ich bin hier durch Zufall, sicher auch durch Glück, vor allem aber durch Eigeninitiative, auf etwas gestoßen, das für mich vielleicht sogar der ganz große Treffer werden könnte. Ein Job in diesem internationalen Unternehmen würde mir wirklich gefallen. Doch noch ist es nicht soweit. Jetzt heißt es erst einmal abzuwarten und zu hoffen, dass es zu einem zweiten Gespräch kommt.

Nachdem ich das Betriebsgelände verlassen habe, will ich mir Grenoble noch einmal ganz genau ansehen, bevor ich morgen die Rückreise antrete. Wer weiß, vielleicht bekomme ich den Job ja wirklich. Dann würde diese Stadt unsere neue Heimat werden. Ich bummle interessiert durch die Altstadt, kaufe mir ein frisches Baguette plus Ziegenkäse, setze mich auf eine Parkbank und genieße das entspannende Gefühl, das einen überkommt, wenn man nach anspruchsvoller Prüfung mit seiner Leistung zufrieden ist, sich ein gutes Ergebnis ausrechnet und nur noch abwarten kann, bis das Resultat feststeht. Auf der Fahrt zum Campingplatz erstehe ich dann auch noch eine Flasche Rotwein. An diesem letzten Abend vor der Rückreise will ich feiern! Alles in allem waren die Tage in Grenoble erfolgreicher als gedacht. Ich öffne die Flasche Wein, verzehre den Rest an Brot und Käse, bin glücklich, fühle mich sprichwörtlich wie »Gott in Frankreich«! Danach sitze ich noch lange vor dem Zelt und verfolge die letzten Strahlen der untergehenden Sonne, welche die Gipfel der umliegenden Berge in einem matten Rosa erstrahlen lassen. Atemberaubend schön! Dann wird es dunkel. Der Himmel ist klar, die ersten Sterne zeigen sich. Ich könnte noch stundenlang so dasitzen und in den Himmel schauen, wäre es jetzt nicht ziemlich frisch. Die Kälte treibt mich dann doch ins Zelt, hinein in den warmen Schlafsack.

Nach Hause zurückgekehrt, muss ich abwarten, ob es überhaupt zu einer erneuten Einladung kommen wird. Erst dann können wir träumen. In der darauffolgenden Woche absolviere ich zwei Vorstellungsgespräche in Deutschland. Am Freitag, dem 12. Mai, klingelt gegen 9 Uhr das Telefon. Der Anruf kommt aus Grenoble. Ich werde tatsächlich für Mittwoch, dem 24. Mai, zu einem zweiten Gespräch eingeladen! Nachdem ich den Hörer wieder aufgelegt habe, muss ich mich erst einmal kneifen, um ganz sicher zu sein, nicht zu träumen. Dann ist die Freude riesengroß! Vielleicht ist es tatsächlich möglich, in dieser interessanten Stadt in den Bergen leben und arbeiten zu können. Davor liegt aber noch viel Arbeit. Das zweite Gespräch wird sicher kein leichtes werden. Diesmal gilt es die Fachabteilung zu überzeugen, dass ich der Richtige für den Job bin. Ein paar Tage später erhalte ich einen Anruf aus München. Auch von einem dort ansässigen Unternehmen werde ich zu einem Gespräch eingeladen, und zwar ebenfalls für den 24. Mai. Somit muss ich mich für ein Unternehmen entscheiden. Beide kann ich am gleichen Tag nicht besuchen, dazu liegen die Standorte zu weit auseinander. Ich entscheide mich für Grenoble, versuche München auf einen anderen Termin zu verschieben. Das gelingt jedoch nur bedingt, da mein Gesprächspartner nach dem vorgeschlagenen Termin verreise. Das ist riskant! Vielleicht werde ich danach nicht mehr eingeladen. Doch auf keinen Fall verschiebe ich Grenoble!

Am Dienstag, dem 23. Mai, fahre ich erneut in die französischen Alpen. Diesmal mit dem Zug auf Kosten des Unternehmens, das mich einlädt. Über Frankfurt, Basel und Bern erreiche ich Genf. Dort nutze ich den zweistündigen Aufenthalt für einen Spaziergang am See. Grenoble erreiche ich gegen 21 Uhr und nehme ein Taxi in das Hotel, in dem bereits ein Zimmer für mich reserviert ist. Was für ein Unterschied zu meinem ersten Eintreffen in dieser Stadt vor nur drei Wochen! Musste ich mir damals erst einmal einen Zeltplatz suchen, brauche ich mich heute Abend um nichts zu kümmern. Ein komfortables

Zimmer in einem luxuriösen Hotel ist der Lohn für Mut und Hartnäckigkeit. Ich gehe früh zu Bett, denn morgen wartet ein sehr wichtiger Tag auf mich.

Mittwoch, 24. Mai. Strahlender Sonnenschein am Morgen. An einem solch herrlichen Tag kann sicher nichts schiefgehen, rede ich mir ein, frühstücke und ziehe mich danach noch etwas aufs Zimmer zurück. Mein Termin ist erst um 13.30 Uhr. Pünktlich stehe ich dann in der Empfangshalle des PC- und Druckerherstellers, bei dem ich mir heute den großen Durchbruch erhoffe. Eine Unternehmensberaterin holt mich ab. Mit ihr führe ich das erste von insgesamt vier Gesprächen. Jedes dieser Gespräche dauert eine Stunde. Dabei wechseln die Gesprächspartner, die Fragen ähneln sich. Dazwischen gibt es so gut wie keine Pausen. Die Unternehmensberaterin kommuniziert auf Französisch. In dieser Sprache fühle ich mich aktuell nicht so sicher wie im Englischen, schlage mich aber wacker. Mein zweiter Gesprächspartner ist der Gruppenleiter, dem der neue Mitarbeiter unterstellt sein wird. Diesmal wird Englisch gesprochen. Das kommt mir natürlich sehr gelegen. Der dritte Gesprächspartner ist dann der Hauptabteilungsleiter, dem der Gruppenleiter unterstellt ist. Wiederum sprechen wir Englisch. Von ihm erfahre ich mehr über die zu besetzende Stelle. Die wichtigste Sprache im Unternehmen sei Englisch. Französisch müsse jedoch ebenfalls fließend beherrscht werden, um Informationen präzise an die französischen Kollegen weitergeben zu können. Wie gut ich Französisch spräche, möchte er wissen. »So perfekt wie mein Englisch ist mein aktuelles Französisch leider nicht«, erwidere ich. »Doch wenn ich erst einmal im Lande bin, lässt sich das schnell verbessern«. Grund der Frage sei ein Mitarbeiter mit Englisch als Muttersprache, der noch immer Probleme mit der französischen Sprache habe, obwohl er bereits seit Längerem hier lebt. Vierter und finaler

Gesprächspartner ist dann der Marketingleiter. Und wieder gibt es keine Pause zwischen den Sitzungen. Müdigkeit macht sich bemerkbar. Mir wird freigestellt, das Gespräch auf Englisch oder auf Französisch zu führen. Ich entscheide mich für Englisch. Nach vier Stunden ist es dann geschafft! Ein Taxi bringt mich zurück ins Hotel. Dort ruhe ich mich aus und unternehme danach einen Abendspaziergang. Ab jetzt kann ich nur noch abwarten, bis mir im Laufe der nächsten Woche das Ergebnis mitgeteilt wird. Ich weiß, dass ich nicht der Einzige bin, der sich für diese Stelle interessiert. Mehrere Bewerber wurden zur zweiten Gesprächsrunde eingeladen. Dass ich einer davon war, ist schon alleine ein großer Erfolg. Am nächsten Morgen bringt mich ein Zug über Genf und Basel nach Hause zurück.

Freitag, 02. Juni. Noch immer kein Bescheid aus Grenoble. Heute will ich es wissen, rufe an und erkundige mich nach dem Stand der Dinge. Die Antwort ist ernüchternd! In der nächsten Woche werde ich eine schriftliche Benachrichtigung erhalten. Diese werde leider negativ sein, man habe sich für einen Mitbewerber entschieden. Der Traum vom Leben und Arbeiten in den französischen Alpen zerplatzt in nur wenigen Sekunden. Ich hätte das vierte und finale Gespräch auf Französisch führen sollen, nicht auf Englisch. Ein kleiner, aber wahrscheinlich der entscheidende Fehler! Nachher ist man immer schlauer! Es war eine große Chance, doch nur einer konnte gewinnen. Ich war es diesmal nicht. Doch auch meine Chance wird ganz sicher kommen, ich muss nur gezielt und mutig weitersuchen. Moralisch habe ich für einen negativen Ausgang vorgesorgt. Im Falle einer Absage nahm ich mir vor, erneut nach Frankreich zu reisen, um in Orléans einen weiteren Versuch zu starten. Anstatt den Kopf hängen zu lassen, beginne ich sofort mit der Planung eines neuen Abenteuers. Der Gedanke an diese Herausforderung lässt mich die Niederlage schnell vergessen.

Am Dienstag, dem 06. Juni, breche ich voller Tatendrang auf. Am frühen Nachmittag erreiche ich Saarbrücken, meinen ehemaligen Studienort. Seit Jahren bin ich nicht mehr hier gewesen, Erinnerungen werden wach. Eigentlich wollte ich Saarbrücken nur streifen, um noch heute so nahe wie möglich an Orléans heranzurücken. Doch ich ändere kurzerhand den ursprünglichen Plan, verlasse die Autobahn, fahre ins Stadtzentrum, tauche ein in Erinnerungen. An der FH und Universität des Saarlandes habe ich erfolgreich studiert. Schön, wieder einmal hier zu sein! Gegen 17 Uhr überquere ich die Grenze nach Frankreich. Alles ist noch so vertraut, obwohl ich diese Gegend schon vor Jahren verlassen habe. Die Erinnerung an die erfolgreiche Studienzeit hat mir nochmal viel Selbstvertrauen gegeben. Vor mir zieht sich die Autobahn nach Westen, in Richtung Paris. Orléans werde ich heute nicht mehr erreichen, will aber so lange fahren, bis ich müde bin. An diesem Abend rücke ich bis auf 80 Kilometer an Paris heran. Gegen 23 Uhr kann ich die Augen kaum noch offenhalten, biege auf den nächsten Rastplatz ab, parke den Wagen zwischen Lkws, deren Fahrer hier ebenfalls übernachten, klappe den Sitz um und versuche wenigstens etwas zu ruhen. Eigentlich will ich mich nur kurz erholen und anschließend weiterfahren. Dann schlafe ich doch ein.

Als ich aufwache, ist es bereits 7 Uhr. Ich setze die Reise fort. An diesem Morgen hätte ich Paris besser weitläufig umfahren sollen, denn schon bald stecke ich mitten im Stau. Es geht nur extrem langsam voran. Nach einer halben Stunde droht der Motor zu überhitzen, die Nadel nähert sich beängstigend dem roten Bereich. Das würde jetzt noch fehlen! Ich verlasse die Autobahn, versuche die französische Hauptstadt auf Landstraßen zu umfahren. Das bringt mich zwar aus dem Stau, aber nicht ans Ziel. Ohne detaillierte Landkarte fällt die Orientierung schwer. Ich fahre im Kreis und treffe irgendwann wieder auf die Stelle, an der ich die Autobahn verließ. Dort darf sich der Motor erst einmal abkühlen. Danach wage ich mich erneut auf die Piste. Der Berufsverkehr hat nachgelassen, es geht jetzt zügiger voran. Ich bin heilfroh, die Großstadt endlich hinter mir zu haben. Je weiter ich mich vom Zentrum entferne, desto leerer wird die Autobahn. Gegen 13 Uhr erreiche ich Orléans. Im Gegensatz zu Grenoble ist mir diese Stadt alles andere als fremd. Ich kenne einen idyllischen Campingplatz an der Loire und errichte dort das Zelt mit Blick auf den Fluss. Nun ist erst einmal Ruhe angesagt. Nachdem ich in der Sonne Energie getankt habe, will ich die Industrie- und Handelskammer aufsuchen, um an die Adressliste lokaler Unternehmen zu gelangen. Wie bereits in Grenoble, so will ich mir auch in Orléans einen Besuchsplan erstellen. Im Stadtzentrum mache ich mich zu Fuß auf die Suche und frage mich durch. Es dauert auch nicht lange, dann stehe ich vor der besagten Kammer. Dort erkläre ich mein Anliegen, erhalte die Liste, treffe eine Auswahl, markiere die Adressen interessanter Unternehmen und lokalisiere sie auf dem Stadtplan. Bei diesen Firmen will ich während der nächsten Tage Jobmöglichkeiten ausloten. Ich bin voller Tatendrang, meine Motivation könnte kaum besser sein. Am Abend wandere ich an der Loire entlang. Es ist ein lauer Sommerabend, negative Stimmung kann da überhaupt nicht aufkommen.

Am Donnerstag, dem 08. Juni, geht es dann los. Als Erstes will ich ein internationales IT-Unternehmen besuchen. Werde ich auch hier so erfolgreich sein wie in Grenoble? Das besagte Unternehmen hat mehrere Standorte, ich fahre den am nächsten gelegenen an. Am Tor stoppt die Wachmannschaft den Durchmarsch! Die Personalabteilung befinde sich an einem anderen Standort, einige Kilometer von hier entfernt. Ich lasse mir die genaue Route beschreiben und mache mich auf den Weg. Dort angekommen, stehe ich vor einem hohen Zaun. Dahinter wachsen Bäume, Gebäude sind keine zu erkennen. Diese verbergen sich bestimmt im Wald, von außen nicht einsehbar. Beim harten Konkurrenzkampf führender Unternehmen lässt sich keiner gerne in die Karten schauen. Somit erklärt sich wohl auch dieser abgeschirmte Standort. Ich fahre am Zaun entlang. Irgendwo muss es doch auch hier eine Zufahrt geben. Hinter einem verschlossenen Tor führt eine Straße in den Wald, ein Pförtnerhäuschen steht innerhalb des Geländes. Über eine Sprechanlage kann man mit dem Wachpersonal kommunizieren. Es bleibt mir also nichts anderes übrig, als diese Anlage zu nutzen. Ich drücke den Knopf. Eine forsche Stimme fragt, was ich wolle. »Ich möchte zur Personalabteilung«. Ob ich einen Termin hätte? »Nein, leider nicht«. Weiter komme ich nicht. Wachpersonal über eine Sprechanlage erfolgreich zu überreden ist so gut wie unmöglich. Ich solle mich schriftlich bewerben. Bei Interesse bekäme ich eine Einladung. Vorerst ist ein Durchkommen unmöglich. Ich bin enttäuscht! Gerade von diesem Unternehmen hatte ich mir viel erhofft, zumal ich bei der Konkurrenz in Grenoble auf Anhieb so erfolgreich war. Am Stadtrand passiere ich das Verwaltungsgebäude eines bekannten Parfumherstellers. Dort versuche ich mein Glück als nächstes. Doch auch hier gibt es einen Pförtner und auch er hat seine Vorschriften. Zumindest kann ich ihn überreden, mir wenigstens einen Namen und eine Telefonnummer aus der Personalabteilung zu nennen. Ich fahre weiter ins Stadtzentrum. Dort erweckt ein imposantes Verwaltungsgebäude mein Interesse. Der Name des Unternehmens ist nicht ersichtlich, doch Fragen kostet nichts. Der Pförtner am Eingang zeigt ein völlig anderes Verhalten als seine Kollegen zuvor. Selbstverständlich könne ich die Personalabteilung aufsuchen, bemerkt er und beschreibt mir sogar den Weg dorthin. Das geht so schnell, dass ich selbst erstaunt bin, wie leicht ich hier durchkomme. Es gibt Pförtner, an denen kommt man nicht um alles in der Welt vorbei, und es gibt Tore, die öffnen sich von ganz alleine. Ein solches hat sich gerade vor mir aufgetan. Schnell schlüpfe ich darunter hindurch, bevor es sich womöglich wieder schließt. Am Empfang erfahre ich, dass es sich hier um die Hauptverwaltung einer Bank handelt. Die Rezeptionistin ist freundlich, aber auch verwundert darüber, dass jemand unangemeldet aufkreuzt und sich nach einer Anstellung erkundigt, lässt sich aber überreden, im Personalwesen anzurufen. Jemand werde kommen, um mit mir zu sprechen. Das ist doch immerhin der erste Teilerfolg des heutigen Tages. Ich warte kurz, dann erscheint eine Mitarbeiterin der Personalabteilung. Auch sie ist freundlich, ich erkläre ihr den Grund meines Besuches. Fremdsprachenkenntnisse würden leider keine gebraucht, jedoch hin und wieder Mitarbeiter mit Erfahrung im Bankgeschäft. Damit kann ich leider nicht dienen. Trotzdem verbuche ich dieses erste persönliche Gespräch als Erfolg. Als Nächstes rufe ich in der Personalabteilung der Parfumfirma an, deren Pförtner mich vorhin nicht passieren ließ. Obwohl nur knapp fünf Autominuten entfernt, gelingt es mir nicht, einen Gesprächstermin zu vereinbaren. Um mir weitere vergebliche Fahrten zu ersparen, rufe ich von der Telefonzelle aus gleich noch ein paar Firmen an. Doch es gelingt mir auch bei diesen Unternehmen nicht, einen kurzfristigen Gesprächstermin zu vereinbaren. Es ist bereits Nachmittag, ich will noch zwei Industriegebiete im Norden der Stadt aufsuchen. Dort entdecke ich einige Betriebe, bei denen sich morgen ein Besuch lohnen könnte. Am Abend bin ich mit meiner Leistung zufrieden. Ich konnte zwar noch keinen Job finden, kam aber sprachlich gut zurecht. Das verbuche ich unter persönlicher Erfahrung. Je mehr Unternehmen ich in Frankreich besuche, desto sicherer werde ich in der Fremdsprache, desto couragierter wende ich diese an. In der Nacht schlafe ich in meinem Zelt am Ufer der Loire tief und fest. Am nächsten Morgen weckt mich eine strahlende Sonne, die Loire fließt gemächlich dahin, ein beruhigender, friedlicher Anblick. Ich kann es kaum erwarten, loszuziehen und mit der Jobsuche fortzufahren.

Freitag, 09. Juni. Ich steuere eines der beiden Industriegebiete an, die ich gestern Nachmittag ausgekundschaftet habe. Dabei ist mir ein Unternehmen aufgefallen, auf dessen Außenwand die Flaggen verschiedener Länder abgebildet sind. Wer Flaggen zeigt, den könnten eventuell auch Fremdsprachen interessieren, denke ich und will dieses Unternehmen heute als Erstes besuchen. Das Tor zum Betriebsgelände steht offen, kein Wächter weit und breit, der mich aufhalten könnte. Am Empfang trage ich mein Anliegen vor und es gelingt mir auf Anhieb, ein Gespräch mit der Personalleiterin zu führen. Der Tag fängt ja äußerst positiv an! Ich erfahre, dass hier ein technisches Produkt hergestellt wird, man an Fremdsprachenkenntnissen interessiert sei, derzeit aber nur wenig exportiere. In den nächsten Jahren plane man jedoch zu expandieren. Das heißt, im Augenblick könne die Personalleiterin leider noch nichts für mich tun, in ein paar Jahren bräuchte man jedoch Mitarbeiter wie mich. Ich lasse den Lebenslauf sowie einen kompletten Satz Zeugniskopien hier. Das Gespräch war informativ und das erste Erfolgserlebnis des Tages. Ich besuche mehrere mittelgroße Betriebe, erreiche jedoch nur wenig. Bei einigen darf ich meine Unterlagen abgeben, bei anderen komme ich nicht am Pförtner vorbei. Eine kleine Maschinenfabrik bietet mir den Job eines Gelegenheitsarbeiters an, vergleichbar mit den ersten Tätigkeiten in Großbritannien. Doch an solch limitierten Arbeitsverhältnissen bin ich jetzt nicht wirklich interessiert. Wäre ich ein paar Jahre jünger, würde ich vielleicht noch einmal so beginnen wie vor vier Jahren. Doch jetzt bin ich 33 Jahre alt, muss eine Familie ernähren, brauche einen qualifizierten Job. Trotzdem freue ich mich über diesen Teilerfolg, wenngleich ich ihn nicht nutzen kann. Bei einem anderen Betrieb gelingt es mir auf ganz besondere Weise auf das Firmengelände vorzudringen. Die Zufahrt ist verschlossen. Ich will gerade weitergehen, da nähert sich ein Fahrzeug, das Tor öffnet sich automatisch und bietet auch mir die Chance auf das Betriebsgelände zu gelangen, zumal sich weder ein Pförtner noch eine Kamera in der Nähe befinden. Kurz entschlossen nutze ich diese unerwartete Öffnung. Insgeheim erwarte ich, dass der Fahrer des Fahrzeugs anhalten und mich darauf hinzuweisen werde, dass ich hier nichts zu suchen hätte. Doch nichts dergleichen geschieht! Der Wagen rollt an mir vorbei, der Fahrer beachtet mich nicht. Während ich dem Eingang eines Bürogebäudes zustrebe, schließt sich das Tor wieder hinter mir. Am Empfang löst mein Erscheinen erst einmal Erstaunen aus. Der Personalleiter sei nicht im Hause, lässt man mich nach der ersten Überraschung wissen. Ich übergebe einer Sekretärin meine Unterlagen, mehr kann ich nicht erreichen. Nun lege ich erst mal eine Pause ein, esse etwas und besuche im Laufe des Nachmittags weitere Unternehmen. Doch der Erfolg bleibt aus. Ein Glückstreffer wie in Grenoble gelingt mir in Orléans nicht. Am Abend sind alle Unternehmen besucht, die auf meiner Liste standen. Ich konnte zwar keinen Job finden, habe mich jedoch mutig durchgekämpft, die Fremdsprache aktiv angewandt, das Selbstvertrauen gestärkt. Somit war diese Aktion kein Misserfolg. Will man etwas erreichen, muss man beherzt zupacken. Natürlich darf auch das Quäntchen Glück nicht fehlen, das so mancher erfolgreiche Mensch für sich verbuchen konnte, als er zum richtigen Zeitpunkt, am richtigen Ort, die richtige Person traf. Nur wer etwas wagt, intensiv sucht, sich durch Misserfolge und Niederlagen nicht entmutigen lässt, der hat zumindest die Chance, auf eine dieser Glücksmomente zu stoßen. Während der Jobsuche in Großbritannien traf ich ein paarmal auf dieses Glück und nutzte es. Der Misserfolg bei der Rückkehr nach Deutschland war schmerzlich. Für eine kurze Zeit litt mein Selbstvertrauen. Dann griff ich wieder an. In Grenoble glitt ich haarscharf an einem Volltreffer vorbei. Hätte ich dort nicht aktiv gesucht, wäre ich nie darauf gestoßen. Nichts war umsonst. Leider war diesmal kein Treffer dabei, doch es hätte ja sein können. Ich bin müde. Das viele Laufen, Sprechen, Erklären, Überreden fordert seinen Zoll. An diesem Abend sitze ich vor meinem Zelt und blicke über die gemächlich dahinfließende Loire ans andere Ufer, dessen Sträucher und Bäume in der milden Abendsonne intensiv zu leuchten beginnen. Die Ruhe der Flusslandschaft überträgt sich auf mich. Ich überdenke die Rückreise, die erneut durchs Saarland führen wird, und entscheide spontan, auch dort Arbeitsmöglichkeiten auszuloten.

Samstag, 10. Juni. Am späten Morgen breche ich auf. Bei Verdun passiere ich die ehemaligen Schlachtfelder des Ersten Weltkriegs. Damals konnte man nicht so einfach wie heute von der Maas an die Mosel gelangen. Genau hier verlief die Front. Heute gibt es keine Hindernisse mehr. Irgendwo in der Landschaft halte ich an, lege eine kurze Pause ein und blicke zurück in Richtung Verdun. Am westlichen Horizont ziehen dunkle Gewitterwolken auf, in der Ferne rollen Donner. So in etwa müssen die Menschen damals den Geschützdonner vernommen haben. Heute ist es nur ein Unwetter. Und wieder grollt es in der Ferne. Ich fahre weiter, erreiche Saarbrücken und steuere einen Campingplatz an. Jetzt noch schnell das Zelt aufbauen, bevor es dunkel wird. Den Sonntag verbringe ich in Saarbrücken und lasse mich erneut von Erinnerungen leiten.

Am Montag, dem 12. Juni, beginnt die Jobsuche im Saarland auf der Vermittlungsstelle für Fachkräfte im Arbeitsamt.

Viel lässt sich dort aber nicht erreichen! Da sich mein aktueller Wohnort in einer anderen Stadt befindet, sei die Vermittlungsstelle des dortigen Arbeitsamtes zuständig. Hier in Saarbrücken könne man leider nichts für mich tun! Warum verlasse ich mich schon wieder auf andere? Will ich während der nächsten Tage etwas erreichen, ist Eigeninitiative gefragt. Mein nächster Gang führt mich zur Industrie- und Handelskammer. Für ein paar Mark erhalte ich dort das Verzeichnis aller Unternehmen im Saarland mit hohem Exportanteil. Wer exportiert, der braucht auch Mitarbeiter mit Fremdsprachenkenntnissen. Und genau auf diesem Gebiet habe ich etwas zu bieten. Ich setze mich in eine ruhige Ecke, erstelle einen Besuchsplan und beginne mit der Suche. Gleich der erste Versuch endet am Pförtnerhaus. Ohne Termin, kein Durchkommen! Ich fahre ins nördliche Saarland zu einem Hersteller von Keramikwaren. Gegen 12.30 Uhr erreiche ich die Konzernzentrale in Mettlach. Teile der Gebäude werden renoviert, Handwerker laufen herum, ein Tor steht offen. Frei nach der Devise »Wo eine Türe offensteht, da gehe hinein und versuche dein Glück«, betrete ich das Verwaltungsgebäude. Nach wenigen Metern stoppt mich ein Wachmann! Kommt der Vorstoß hiermit zum Erliegen? Zum Glück noch nicht! Auf meine Frage nach der Personalabteilung führt mich der Mann in einen Raum, von dem aus ich dort anrufen könne. Die Mitarbeiterin am anderen Ende der Leitung informiert mich, dass der Personalleiter außer Haus sei, jedoch gegen 14 Uhr wieder zurück sein werde. Ich solle doch um diese Uhrzeit noch einmal vorbeischauen, dann könne ich ihn sprechen. Nach der Mittagspause bin ich pünktlich wieder zur Stelle. Am Haupteingang passiere ich problemlos den Pförtner, da ich jetzt mit einem offiziellen Termin aufwarten kann, finde das Büro, muss kurz warten, dann hat der Personalleiter Zeit für mich. Ich schildere meine Situation sowie bisherigen Berufs- und Studienweg. Er hört interessiert zu, behält meine Unterlagen, bittet mich jedoch, ein schriftliches Bewerbungsschreiben nachzureichen. Er werde in den nächsten Tagen intern abklären, ob es derzeit offene Stellen gebe, für die ich geeignet wäre. Das ist zwar noch kein Angebot, signalisiert jedoch Interesse. Auf dem Rückweg nach Saarbrücken will ich noch ein Unternehmen aufsuchen, das mir aus der Studienzeit bekannt ist. Der Feierabend naht, ich muss mich beeilen, erreiche das Firmengelände, betrete ungehindert das Verwaltungsgebäude, klopfe an einige Türen, öffne sie, finde aber nur leere Räume vor. Seltsam! Ich steige eine Treppe empor und versuche mein Glück im ersten Stock. Endlich kreuzt eine Mitarbeiterin meinen Weg. Ich spreche sie an, frage nach dem Personalbüro. Ich hätte Glück, der Personalleiter sei noch im Haus, lässt sie mich wissen, führt mich zu seinem Büro, doch auch dort ist niemand anwesend. Ich solle warten, er würde bald wiederkommen. Ich setze mich auf einen Stuhl vor den Schreibtisch und harre der Dinge, die jetzt kommen werden. Es dauert auch wirklich nicht lange, da öffnet sich die Tür und der Personalleiter erscheint. Wir führen ein interessantes Gespräch, ich teste die Gunst der Stunde. Leider kann er mir kurzfristig nichts Konkretes sagen, die Angelegenheit müsse erst intern besprochen werden. Auch er behält meine Unterlagen, ein schriftliches Bewerbungsschreiben solle ich nachreichen. Bei zwei Unternehmen, die ich heute besucht habe, gibt es Hoffnung. Durch das persönliche Vorsprechen konnte ich wichtige Vorarbeit leisten. Jetzt ist es bereits 17 Uhr, zu spät, um weitere Firmen zu besuchen. Ich kehre zum Campingplatz zurück und studiere die lokale Zeitung. Dabei fällt mir eine interessante Stellenanzeige auf. Gesucht wird ein Mitarbeiter im Export. Das betreffende Unternehmen ist nicht weit entfernt. Morgen werde ich dort vorsprechen.

Dienstag, 13. Juni. Ich frühstücke und mache mich auf den Weg. Von dem heutigen Besuch verspreche ich mir sehr viel, da laut Stellenanzeige eine Position zu besetzen ist, deren Kriterien ich erfülle. Am Eingang stoppt mich der Pförtner. Ich zeige ihm die Anzeige, er ruft in der Personalabteilung an. Danach ist der Weg frei. Ich darf passieren und meine Unterlagen persönlich abgeben. Jetzt gilt es, einen kurzfristigen Gesprächstermin zu ergattern. Da ich nun schon einmal hier sei und nicht erst von weit her anreisen müsse, wäre es doch sicher kostengünstiger, bereits heute ein erstes Gespräch zu führen. Doch der Versuch scheitert! Ich darf nur die Unterlagen abgeben. Der Auswahlprozess würde dann seinen gewohnten Lauf nehmen. Ich bin enttäuscht, hätte mich gerne ausführlicher über die ausgeschriebene Position informiert und einen persönlichen Eindruck hinterlassen. In ein paar Wochen würde ich benachrichtigt, so lange müsse ich mich gedulden. Ich kehre ohne den erhofften Erfolg zum Campingplatz zurück und verspüre keine große Lust mehr, weitere Unternehmen zu besuchen. Anhand der Liste der Industrie- und Handelskammer werde ich in der nächsten Woche interessante Betriebe anschreiben. Vielleicht bringt das ja mehr. Ich baue das Zelt ab und trete die Rückreise an. Vor mir liegen knapp 340 Kilometer. Insgesamt war ich eine Woche lang unterwegs, legte rund 2000 Kilometer zurück und besuchte zahlreiche Unternehmen in Frankreich sowie einige im Saarland. Neben Enttäuschungen gab es auch ganz ansehnliche Teilerfolge. Alles in allem bin ich zufrieden. Ich habe agiert, mich im Französischen sprachlich verbessert, Erfahrung gesammelt, das Selbstvertrauen gestärkt, Teilerfolge erzielt. Sicher, so erfolgreich wie aus Grenoble kehre ich diesmal nicht zurück. Doch wer nichts wagt, der kann auch nichts gewinnen. Es hätte ja sein können.

Zuhause angekommen, freue ich mich sehr, meine kleine Familie wiederzusehen. Erstaunlich, wie sich ein knapp elf

Monate altes Kind in nur einer Woche verändert. Hätte ich Frau und Kind Anfang des Jahres in Großbritannien zurückgelassen und wäre alleine vorausgegangen, um die berufliche Situation auszuloten, hätte ich sehr viel von Rebeccas Entwicklung verpasst. Das wollte ich nicht! Deshalb riskierten wir viel, blieben zusammen, gaben den Wohnsitz auf, setzten alles auf eine Karte und mussten eine Niederlage einstecken. Doch jetzt ist nicht der Zeitpunkt, um zurückzuschauen und nach Schuldigen zu suchen. Wir sollten besser nach vorne blicken, weiter angreifen, das Beste aus der aktuellen Situation machen. Aus den Listen der Industrie- und Handelskammern wähle ich exportorientierte Firmen aus und schicke Bewerbungsschreiben an deutsche und französische Unternehmen. Kurz darauf werde ich von einem ortsansässigen Betrieb eingeladen, der einen Mitarbeiter für die Exportplanung sucht. Das Gespräch verläuft konstruktiv, man werde sich wieder melden.

Anfang Juli kommen Debby und Andrew, unsere australischen Freunde aus Cambridge, für ein langes Wochenende zu Besuch. Sie leben jetzt in der Schweiz. Es ist das erste Mal, seitdem wir Großbritannien verließen, dass wir Freunde aus dieser Zeit wiedersehen. Zu erzählen gibt es viel!

Weitere Einladungen zu Vorstellungsgesprächen treffen ein. Das lokale Unternehmen, das die Exportplanung verstärken möchte, lädt mich zu einem zweiten Gespräch ein. Diesmal treffe ich den Export- sowie den Vertriebsleiter und bekomme den Aufgabenbereich beschrieben. Auch dieses Gespräch verläuft positiv. Danach absolviere ich einen Gesprächstermin nahe Koblenz. Kurz darauf gelingt der Durchbruch! Das Unternehmen, bei dem ich bereits zwei Gespräche bezüglich der Exportplanung geführt habe, bietet mir einen Arbeitsvertrag an. Beginn der Anstellung wäre der 01. August.

Erfolg, Arbeitsvertrag in Deutschland

Am Freitag, dem 14. Juli, gilt es noch einige Details hinsichtlich des neuen Arbeitsvertrags abzuklären. Diesmal bin ich vorsichtiger als zu Beginn des Jahres, spreche eingehend mit dem Exportleiter, bekomme die Kollegen vorgestellt, sehe den Arbeitsplatz, erhalte einen detaillierten Überblick über das, was mich erwartet. Die Position und das Einkommen entsprechen meinen Vorstellungen. Endlich ist der Erfolg da! Im Personalbüro unterschreibe ich den neuen Vertrag!

Erstaunlicherweise folgt nun eine Einladung nach der anderen. Ein Unternehmen möchte sogar in Großbritannien ein Gespräch mit mir führen. Wer die Wahl hat, der hat bekanntlich auch die Qual. Was mache ich mit all den Einladungen, die mich jetzt noch erreichen? Lasse ich sie verfallen, wie Ende letzten Jahres nach der Unterzeichnung des damaligen Arbeitsvertrags? Oder nehme ich sie wahr, um herauszufinden, ob eventuell ein lukrativeres Angebot darunter sein könnte? Ich entscheide mich, die Termine wahrzunehmen, soweit sie vor dem 01. August liegen. Diesmal möchte ich alle Chancen nutzen, um den besten Job zu finden.

Am Montag, dem 17. Juli, reise ich zu einem Termin nach Kulmbach. Zum ersten Mal gilt es, ein Gespräch zu führen, wissend, bereits einen Vertrag in der Tasche zu haben. Werde ich genauso überzeugend auftreten, als hätte ich noch keine Anstellung? Werden meine Gesprächspartner etwas bemerken? Das ist absolutes Neuland für mich! Doch gerade das reizt. Man muss alles einmal ausprobiert haben. Ich fahre hin, führe das Gespräch, das Experiment gelingt. Ich trete souverän auf, mein Gesprächspartner bemerkt nichts. In ein paar Wochen würde man sich wieder melden. Das wird mich aber kaum in Entscheidungsnot bringen, denn der angebotene Job ist bei weitem nicht so interessant wie der, den ich bereits vertraglich in der Tasche habe. Tags darauf steht ein Besuch bei dem Hersteller von Keramikwaren im Saarland an, bei dem ich bereits vor einigen Wochen durch Eigeninitiative ein erstes Gespräch führen konnte. Ich bekam tatsächlich einen zweiten Termin, diesmal mit dem Leiter der Abteilung Übersee. Entschieden werde heute aber noch nichts. Die Einladung zu einem Vorstellungsgespräch nach Großbritannien sage ich ab. Wie gerne hätte ich auch diesen Termin wahrgenommen. Wir wollten aber auf den Kontinent zurückkehren. Mit Kind geht Sicherheit vor Abenteuer, das muss auch ich einsehen! Am Freitag stehen zwei Termine im Raum Stuttgart an. Für den Vormittag lädt mich der Hersteller von Messmaschinen ein, bei dem ich vor ein paar Wochen erfolglos versuchte, spontan vorstellig zu werden. Am Nachmittag würde mich die deutsche Niederlassung einer britischen Firma gerne kennenlernen. Da beide Standorte nahe beieinander liegen, sollte es möglich sein, beide Unternehmen am gleichen Tag zu besuchen. Das Gespräch bei dem Messmaschinenhersteller ist äußerst interessant. Ich riskiere es daher nicht, den Verlauf zu unterbrechen. Am Ende reicht die Zeit für den zweiten Termin leider nicht mehr. Weitere Gespräche folgen. Ich reise auch erneut ins Saarland. Das Unternehmen, auf dessen Zeitungsannonce hin ich meine Unterlagen persönlich abgab, möchte mich nun doch persönlich kennenlernen. Während der letzten drei Wochen erhielt ich zwölf Einladungen zu Vorstellungsgesprächen. Zehn davon konnte ich wahrnehmen, zwei mussten aus terminlichen Gründen abgesagt werden.

Die letzten Tage im Juli verbringen wir in Frankreich und feiern Rebeccas ersten Geburtstag im Kreis der Familie. Marie bleibt mit Rebecca eine weitere Woche in Frankreich, ich kehre nach Deutschland zurück, um am 01. August die neue Stelle anzutreten. Am Arbeitsplatz lerne ich die Kolleginnen und Kollegen kennen, arbeite mich ein. Der berufliche Alltag beginnt.

Über ein Wochenende im August fahren wir nach Obersdorf ins Allgäu, um Nancy und Wilfried wiederzusehen, unsere Freunde aus Belper, die dort gerade Urlaub machen. Das tut gut! Nach den Turbulenzen der letzten Monate beginnt sich unser Leben langsam wieder zu normalisieren. Wir verbringen erholsame Tage in den Bergen und haben uns viel zu erzählen. Natürlich sind wir sehr neugierig, Aktuelles aus der ehemaligen Wahlheimat zu erfahren. Als wir zusammensitzen und erzählen, könnte man fast meinen, wir wären für einen Augenblick wieder daheim in Derbyshire.

Mitte September reise ich beruflich für zwei Wochen nach Hannover zur Industriemesse. Das ist die Gelegenheit, die Produkte meines neuen Arbeitgebers näher kennenzulernen, Kunden zu treffen, wie auch den Wettbewerb zu studieren. Vielleicht werde ich sogar einige meiner ehemaligen britischen Kollegen wiedersehen, die diese Messe ebenfalls besuchen werden. Und dann erlebe ich eine Riesenüberraschung! Der Stand meines ehemaligen britischen Arbeitgebers befindet sich dem unsrigen genau gegenüber! Näher beisammen hätten beide Messestände nicht sein können! Was für ein Zufall, bei diesem riesengroßen Messegelände. Da stehe ich nun am Stand meines neuen Arbeitgebers und blicke hinüber in die Vergangenheit. Dort drüben ist alles noch so vertraut, die Menschen, das Produkt, die Sprache. Natürlich gibt es ein freudiges Wiedersehen! Ich muss viele Fragen beantworten, wie es mir geht, wo ich jetzt wohne, was ich beruflich mache, wie es meiner kleinen Tochter geht, ob ich Großbritannien vermisse, und so weiter. Von meinem ehemaligen Chef erfahre ich, dass meine Position im Unternehmen noch immer vakant ist. Ob ich Interesse hätte, zurückzukehren, möchte er wissen. Tief in meinem Herzen würde ich das noch immer sehr gerne tun. Sicher müsste sich einiges ändern. Doch nicht nur meine Interessen sind ausschlaggebend, sondern auch die meiner Familie. Ein Zurück auf die Insel gibt es daher nicht mehr, so verlockend der Gedanke auch wäre. Die Zeit auf der Messe ist interessant. Ich lerne die neuen Kolleginnen und Kollegen besser kennen, mache mich mit den Produkten vertraut, lasse mir technische Details erklären. Ein paarmal ertappe ich mich dann aber doch dabei, wie ich in Gedanken versunken zum Stand meines früheren Arbeitgebers hinüberblicke und mich an vergangene Zeiten erinnere. Drei Jahre lang war ich für dieses britische Unternehmen tätig, alles ist noch immer vertraut. Doch es gibt keinen Weg mehr zurück. Ich habe mich entschieden, darf jetzt nicht sentimental werden. Zu wissen, dass ich den Job in Großbritannien wiederhaben könnte, tut sehr gut.

Wohnungssuche und
Mietwohnung in Deutschland

Mitte Oktober beginnen wir mit der Wohnungssuche. Diese erweist sich als unerwartet schwierig. Dachten wir anfangs, nur in deutschen Ballungsräumen herrsche Wohnungsnot, so müssen wir feststellen, dass es auch in kleineren Städten nicht viel besser aussieht! Wir versuchen es über Immobilienmakler, das Ergebnis ist frustrierend! Im Augenblick hat keiner etwas Passendes im Angebot. Auch die Anzeigen in der Zeitung sind spärlich. Zum Glück stehen wir nicht unter Zeitdruck. Doch wir möchten endlich wieder in unseren eigenen vier Wänden leben, nach neun Monaten wieder Vertrautes um uns haben. Es dauert ein paar Wochen, dann erhalten wir ein Angebot. Die Wohnung gefällt uns auf Anhieb. Da heißt es, schnell zuzugreifen, bevor andere Interessenten mutiger sind. Mit der Wohnung scheint unsere Glückssträhne zurückzukehren. Sie liegt in einem angenehmen Wohnviertel, ist mit ihren dreieinhalb Zimmern geräumig und die Küche voll eingerichtet. Am Donnerstag, dem 02. November, ziehen wir ein. Endlich haben wir wieder ein eigenes Zuhause! Während der folgenden Wochen sind wir damit beschäftigt, Kisten und Kartons auszupacken, sowie Möbel zusammenzubauen und aufzustellen. Langsam wird es wohnlich. Wir sind wieder sesshaft!

Im Dezember sind die vier Monate Probezeit bei meinem neuen Arbeitgeber um, ich werde in ein festes Angestelltenverhältnis übernommen. Das bedeutet Sicherheit! Unser Leben beginnt sich zu normalisieren. Das Jahr war äußerst turbulent! Doch jetzt haben wir es geschafft und in der neuen »alten Heimat« wieder Fuß gefasst. Einfach und leicht war es nicht. Ein Jahr hat es gedauert, bis wir nach der Rückkehr wieder einigermaßen fest im Sattel sitzen. Bei der Übersiedlung nach Großbritannien dauerte es ebenfalls ein Jahr, bis ich einen qualifizierten Job gefunden hatte und wir finanziell abgesichert waren. Alles braucht seine Zeit! Als am 31. Dezember um Mitternacht das traditionelle Silvesterfeuerwerk den nächtlichen Himmel erhellt, verspüre ich Erleichterung. Das Jahr ist vorbei! Es war turbulent, aufregend, hatte Höhen und Tiefen. Das Abenteuer, welches am 11. März 1985 mit der Ankunft in Harwich begann, findet heute, am 31. Dezember 1989, ein gutes Ende. Das Feuerwerk flacht ab, nur noch vereinzelt steigen Raketen in den dunklen Himmel. Unsere kleine Tochter schläft tief, sie bekommt von dem ganzen Trubel überhaupt nichts mit. Vor uns liegt ein neues Jahr und wie immer stellen wir uns auch diesmal die Frage: Was wird die Zukunft wohl bringen? Doch wir blicken selbstbewusst nach vorne. Die Rückkehr ist geschafft, wir haben uns wieder integriert, in Deutschland erneut Fuß gefasst. Alles, was jetzt vor uns liegt, ist ein weiteres Abenteuer auf der Reise durch das Leben. In den ersten Minuten des Jahres 1990 kehren meine Gedanken wie so oft nach Großbritannien zurück. Es waren vier außergewöhnliche Jahre, sie haben mich geprägt.

Nachwort

Wir haben Besonderes gewagt, haben gewonnen, aber auch verloren. Vieles würden wir wieder so machen, einiges nicht. Trotz intensiver Planung unterlief mir bei der Rückkehr nach Deutschland ein gravierender Fehler. Ich hätte Arbeitgeber und Wohnsitz nicht gleichzeitig wechseln dürfen. Vertrauen ist gut, Vorsicht jedoch besser! Aus Erfahrung wird man klug. Der Entschluss, für ein paar Jahre ins Ausland zu gehen, um Berufs- und Lebenserfahrung zu sammeln sowie die Sprachkenntnisse auszubauen, war richtig. Ich würde mich auch jetzt wieder so entscheiden. Unsere Zeit in Großbritannien entwickelte sich erfolgreicher als erhofft. Sicher war auch viel Glück mit im Spiel. Hätten wir jedoch den Schritt nicht gewagt, wären wir diesem Glück auch nie begegnet. Die Kündigungen der ersten Aushilfsjobs waren riskant, aber richtig. Trotz hoher Arbeitslosenquote, gerade bei unqualifizierten Tätigkeiten, ging ich das Risiko ein und verbesserte Schritt für Schritt meine berufliche Situation. Mut und Hartnäckigkeit zahlten sich aus! Die Verlängerung des Auslandsaufenthalts im Vereinigten Königreich von zwei auf vier Jahre kann man unterschiedlich beurteilen. Nach zwei Jahren im englischen Sprachraum wären ein paar Jahre in Frankreich eine interessante Option gewesen. 1987 hatten wir es jedoch gerade geschafft, feste Arbeitsverträge und relativ gute Einkommen zu haben, mit denen wir uns zwei Autos und ein Haus auf dem Lande leisten konnten. Das wollten wir nicht aufgeben, um in einem anderen Land wieder ganz von vorne zu beginnen. Die Entscheidung, nach Deutschland zurückzukehren, war langfristig gesehen richtig. So gut die Rückkehr auch vorbereitet war, so unerwartet kompliziert verlief sie dann. Doch alles in allem sind wir auch in Deutschland wieder erfolgreich. Es brauchte seine Zeit und lief nicht ganz so reibungslos wie erhofft. Dank positiver Einstellung, einer guten Ausbildung, Spezialwissen und sehr viel Eigeninitiative, haben wir es dann doch relativ schnell geschafft. Einen nicht unerheblichen Anteil am Gelingen dieses Auslandsabenteuers hatten unsere Freunde in Großbritannien. Sie gaben uns stets das Gefühl, nicht alleine zu sein. Wann immer wir Hilfe brauchten, waren sie zur Stelle. Vor allem während des ersten, für den Erfolg so wichtigen Jahres, gaben sie uns die nötige Unterstützung und den Rückhalt, den wir so dringend brauchten. Die Gewissheit, sich immer auf jemanden verlassen zu können, gab uns die nötige Sicherheit, zielstrebig voranzugehen. Den Erfolg erkämpften wir uns selbst, darauf sind wir besonders stolz. Wer es sich leisten kann, der sollte für eine gewisse Zeit ins Ausland gehen. Man erweitert nicht nur den persönlichen Horizont, man lernt auch andere Sprachen, Denkweisen und Lösungsansätze kennen. Nur entmutigen lassen darf man sich nie! Jeder Morgen birgt neue Chancen, sich zu verändern. Was für immer bleibt, sind unbezahlbare Erinnerungen an einen spannenden Lebensabschnitt, eine Zeit grenzenloser Freiheit, in der man sein Schicksal in die eigenen Hände nehmen und die Richtung selbst bestimmen konnte. Das alles gibt enorme Kraft für die Herausforderungen der Zukunft.

Autor

Johannes Maria Ludwig (Jahrgang 1956) studierte Betriebs- und Volkswirtschaftslehre an der FH und Universität des Saarlandes und sammelte erste Berufserfahrung in Niedersachsen, im Raum Osnabrück.

1985 entschloss er sich, zusammen mit seiner französischen Ehefrau, für ein paar Jahre ins Ausland überzusiedeln. Bei der Planung des Wohnorts fiel die Wahl auf Derby, Osnabrücks Partnerstadt in Großbritannien.

Nach der Rückkehr aus dem Vereinigten Königreich nach Deutschland war Ludwig bis zur Pensionierung für einen internationalen Konzern in der Unternehmenskommunikation tätig.

Er ist verheiratet, hat zwei Töchter, mehrere Enkel und lebt in Süddeutschland.

Noch heute kehrt er gerne in die ehemalige Wahlheimat im Herzen Englands zurück, besucht Freunde, wandert in den malerischen Bergen und Tälern von Derbyshire, schätzt die Sehenswürdigkeiten der Region, fühlt sich noch immer der Landschaft und den Menschen eng verbunden.